읽기력

비판적 사고력

분석력

육각형 신문 기사 읽기

1 | 과학·기술·환경·오피니언 |

요약력

연상 추론력

어휘력

배혜림
지음

메가스터디BOOKS

머리말

6가지 빈틈없는 읽기 전략으로 완벽한 독해 근력 키워 봐요!

오늘날, 신문 읽기는 초등학생에게 꼭 필요한 문해력 공부로 자리 잡았어요. 신문은 매일 우리의 삶과 연결된 최신 정보와 다양한 시사 문제를 전달하며, 어린이들에게 세상을 이해하고 자신의 생각을 키울 기회를 주기 때문이지요. 그러나 단순히 기사를 읽는 것만으로는 부족해요. 우리가 뉴스를 읽을 때 '무엇을' 읽는지뿐만 아니라, 그 내용을 '어떻게' 읽고 이해하며, 내 것으로 받아들일지가 더 중요하지요.

이 책 〈육각형 신문 기사 읽기〉라는 이름에는 특별한 의미가 담겨 있어요. 여섯 가지 핵심 능력인 읽기력, 분석력, 요약력, 어휘력, 연상 추론력, 그리고 비판적 사고력을 함께 길러서 신문을 '제대로' 읽게 해 주기 때문이에요.

읽기력은 말 그대로 많이 읽는 연습을 하는 거예요. 신문 기사에는 다양한 표현과 문장 구조가 있어서 처음에는 읽는 데 어려움을 느낄 수 있어요. 하지만 기사를 많이 접하다 보면, 어디서 끊어 읽을지 잘 파악할 수 있고, 자주 등장하는 어휘와 키워드를 찾아내는 연습을 자연스럽게 할 수 있지요.

분석력은 단순히 읽는 것을 넘어, 세부적인 내용을 파악하여 기사 속에서 중요한 정보를 알아내는 것이에요. 그런 연습을 하다 보면 글의 핵심을 몇 문장으로 요약할 수 있는 요약력도 자라나게 되지요.

이러한 것들의 기초는 어휘력이에요. 신문 여러 분야에서 자주 등장하는 어휘를 학습해 언어적 감각과 문해력을 동시에 향상시킬 수 있어요.

여기서 끝이 아니에요. 문해력이라는 것은 내가 알고 있는 것에서 가지를 뻗어나가, 그 가지를 튼튼하게 해야 쑥쑥 자라나게 되거든요. 내가 이미 알고 있는 것을 연상하거나 단서를 바탕으로 새로운 것을 추론하는 습관도 길러 주는 것이 중요해요. 이렇게 확장된 사고는 하나의 주제에 대해 더 깊이 있게 이해할 수 있도록 도와줘요.

마지막으로 그 주제에 대해서 그대로 받아들이는 것이 아니라, 비판적으로 사고하는 것이 필요해요. 나의 생각을 정리하고 표현하는 작업을 하는 거예요. 그래야 그것을 완전히 내 것으로 만들 수 있어요.

이러한 6가지 읽기 전략을 연습하고 키워 나간다면 어떤 글을 읽어도 완벽하게 이해할 수 있는 독해 근력이 생길 거예요.

중학교, 고등학교 교과서는 내용이 길고 읽을 분량이 많아지기 때문에 핵심 내용을 파악하고 요점을 정리하는 능력이 더욱 중요해져요. 또 논리적 사고와 폭넓은 시각을 요구하므로 다양한 주제에 대한 깊이 있는 이해가 필요하지요. 사회, 과학, 경제, 문화, 국제 등 복합적인 주제를 다루고 이를 비판적으로 접근하는 능력도 필요해요. 이러한 능력을 평가받는 것이 수능이에요. 따라서 초등 때부터 다양한 분야의 신문 기사를 읽고 분석하는 훈련은 중학교, 고등학교, 나아가 수능 공부까지 도움이 될 거예요.

최신 이슈를 담은 신문 읽기를 통해 세상에 대한 시야를 넓히고 스스로 생각하는 힘을 길러 독해 근력을 탄탄히 해 보세요!

배혜림

6가지
읽기 전략

1 읽기력

처음 보는 생소한 주제의 글이어도 문장을 잘 끊어 가며 차근차근 읽는다면 익숙해질 수 있어요. 자주 등장하는 키워드에 밑줄, 동그라미 등 표시를 하면서 읽으면 내용을 이해하는 데 도움돼요. 모르는 단어가 나오면 앞뒤 문장을 통해 뜻을 유추해 보세요.

6 비판적 사고력

다양한 관점에서 글을 바라보는 연습을 해 보세요. 그러다 보면 어떤 상황에서도 내 생각을 논리적으로 표현할 수 있지요. 비판적 사고력을 키우려면 자신의 생각을 자주 이야기하고, 그 이유를 설명하는 연습을 하는 게 좋아요.

5 연상 추론력

이미 알고 있는 정보나 주어진 내용을 바탕으로 새로운 것을 이해하고 문제를 해결할 수 있어요. 여러 가지 정보를 접하고, 글에 나온 키워드에 대해 따로 찾아보면 그게 나의 배경지식이 돼요. 이 영역은 창의력과도 연결돼요.

어떻게 훈련하면 좋을까?

분석력 2

내가 읽은 정보가 정확한지 아닌지를 확인해요. 문단별로 중요한 내용을 체크해 두면 좋아요. 아까 읽을 때 표시했던 것들을 중심으로 분석해 봐요. 시험같이 제한 시간이 있는 상황이라면 문제를 먼저 읽어 봐요. 그러면 그 글이 무슨 이야기를 하려고 하는지 파악할 수 있을 거예요.

요약력 3

긴 글을 몇 문장으로 요약하는 것은 글을 내 것으로 이해하는 중요한 과정이에요. 내가 글을 읽으며 체크했던 핵심 키워드를 연결하는 작업이지요. 키워드를 잘 찾고 그것을 자연스럽게 연결하면 그게 바로 중심 문장이 되거든요.

어휘력 4

어휘력을 키우려면 신문이나 책을 많이 읽고 대화할 때 상대방이 쓰는 어휘에 주목해야 해요. 국어사전을 곁에 두고 자주 찾아보는 습관도 기르는 게 좋아요. 국어사전은 비슷한 어휘와 반대 어휘를 모두 알려 줘서 어휘력이 정말 많이 좋아져요.

구성과 특징

✔ 읽기력, 분석력, 요약력, 어휘력, 연상 추론력, 비판적 사고력의 완벽한 6가지 읽기 전략!
✔ 초등 눈높이에 맞게 풀어 낸 과학, 기술, 환경 분야의 최신 뉴스와 기사!

① 또박또박 읽어 보기

내용 이해에 도움되는 신문 기사 속 키워드에 밑줄로 표시했어요. 지문 읽는 연습을 통해 글 읽기에 대한 자신감을 키워요.

② 샤샤샥 팩트 체크

사실 확인을 꼼꼼히 해 보며 내가 읽은 신문 기사의 내용을 점검해 볼 수 있어요.

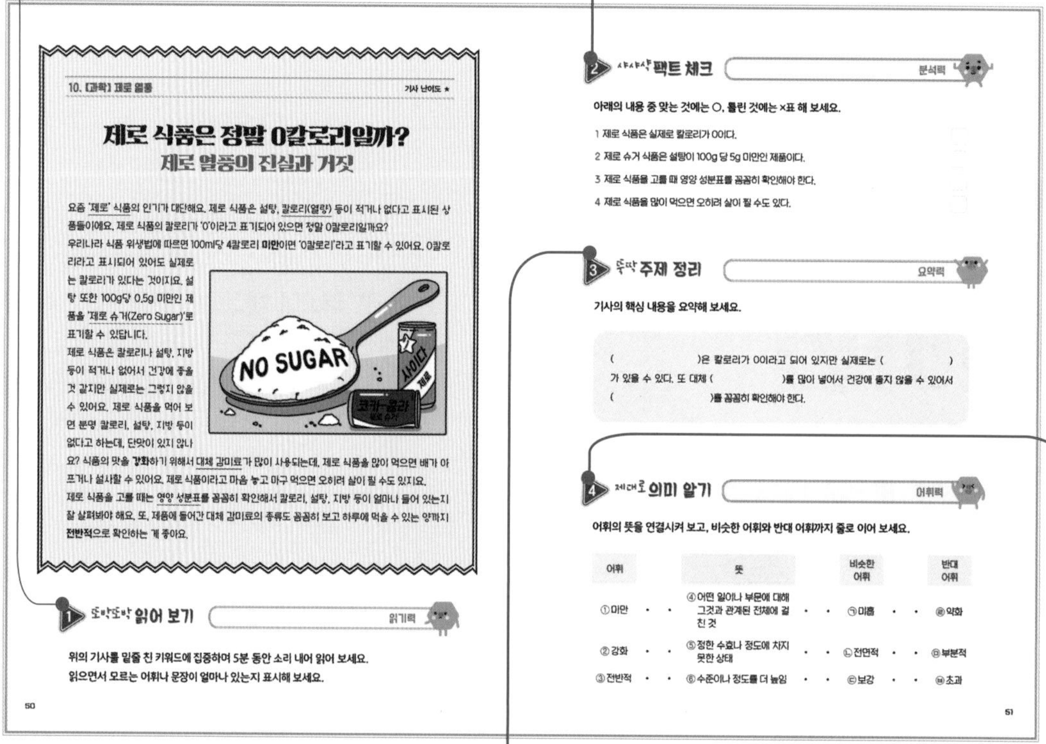

10. [과학] 제로 열풍 기사 난이도 ★

제로 식품은 정말 0칼로리일까?
제로 열풍의 진실과 거짓

요즘 '제로' 식품의 인기가 대단해요. 제로 식품은 설탕, 칼로리(열량) 등이 적거나 없다고 표시된 상품들이에요. 제로 식품의 칼로리가 '0'이라고 표기되어 있으면 정말 0칼로리일까요?
우리나라 식품 위생법에 따르면 100ml당 4칼로리 **미만**이면 '0칼로리'라고 표기할 수 있어요. 0칼로리라고 표시되어 있어도 실제로는 칼로리가 있다는 것이지요. 설탕 또한 100g당 0.5g 미만인 제품을 '제로 슈거(Zero Sugar)'로 표기할 수 있답니다.
제로 식품은 칼로리나 설탕, 지방 등이 적거나 없어서 건강에 좋을 것 같지만 실제로는 그렇지 않을 수 있어요. 제로 식품을 먹어 보면 분명 칼로리, 설탕, 지방 등이 없다고 하는데, 단맛이 있지 않나요? 식품의 맛을 **강화**하기 위해서 대체 감미료가 많이 사용되는데, 제로 식품을 많이 먹으면 배가 아프거나 설사할 수 있어요. 제로 식품이라고 마음 놓고 마구 먹으면 오히려 살이 찔 수도 있지요.
제로 식품을 고를 때는 영양 성분표를 꼼꼼히 확인해서 칼로리, 설탕, 지방 등이 얼마나 들어 있는지 잘 살펴봐야 해요. 또, 제품에 들어간 대체 감미료의 종류도 꼼꼼히 보고 하루에 먹을 수 있는 양까지 **전반적**으로 확인하는 게 좋아요.

1 또박또박 **읽어 보기** 읽기력

위의 기사를 밑줄 친 키워드에 집중하여 5분 동안 소리 내어 읽어 보세요.
읽으면서 모르는 어휘나 문장이 얼마나 있는지 표시해 보세요.

50

2 샤샤샥 **팩트 체크** 분석력

아래의 내용 중 맞는 것에는 ○, 틀린 것에는 ×표 해 보세요.

1 제로 식품은 실제로 칼로리가 0이다.
2 제로 슈거 식품은 설탕이 100g 당 5g 미만인 제품이다.
3 제로 식품을 고를 때 영양 성분표를 꼼꼼히 확인해야 한다.
4 제로 식품을 많이 먹으면 오히려 살이 찔 수도 있다.

3 뚝딱 **주제 정리** 요약력

기사의 핵심 내용을 요약해 보세요.

( )은 칼로리가 0이라고 되어 있지만 실제로는 ( ) 가 있을 수 있다. 또 대체 ( )를 많이 넣어서 건강에 좋지 않을 수 있어서 ( )를 꼼꼼히 확인해야 한다.

4 제대로 **의미 알기** 어휘력

어휘의 뜻을 연결시켜 보고, 비슷한 어휘와 반대 어휘까지 줄로 이어 보세요.

어휘	뜻	비슷한 어휘	반대 어휘
① 미만	④ 어떤 일이나 부문에 대해 그것과 관계된 전체에 걸친 것	㉠ 미흡	㉣ 약화
② 강화	⑤ 정한 수효나 정도에 차지 못한 상태	㉡ 전면적	㉤ 부분적
③ 전반적	⑥ 수준이나 정도를 더 높임	㉢ 보강	㉥ 초과

51

③ 뚝딱 주제 정리

신문 기사의 핵심 내용을 몇 문장으로 요약하는 힘을 길러요.

④ 제대로 의미 알기

신문 기사에 나오는 여러 어휘와 함께 비슷한 어휘와 반대 어휘까지 알아 가며 하나의 기사에서 다양한 어휘를 학습해요.

✔ 균형적인 시각과 비판적인 사고를 키우는 오피니언 분야 구성!
✔ 신문을 읽은 뒤 스스로 문해력을 진단해 볼 수 있는 육각형 체크!

⑤ 번뜩 배경지식 활용

내가 이미 알고 있거나 주어진 내용을 바탕으로 더 알 수 있는 것을 추론해 볼 수 있어요.

⑥ 이리저리 생각하기

신문 기사 내용에 대해 다양하게 생각해 보면서 나의 관점을 정리해 봐요.

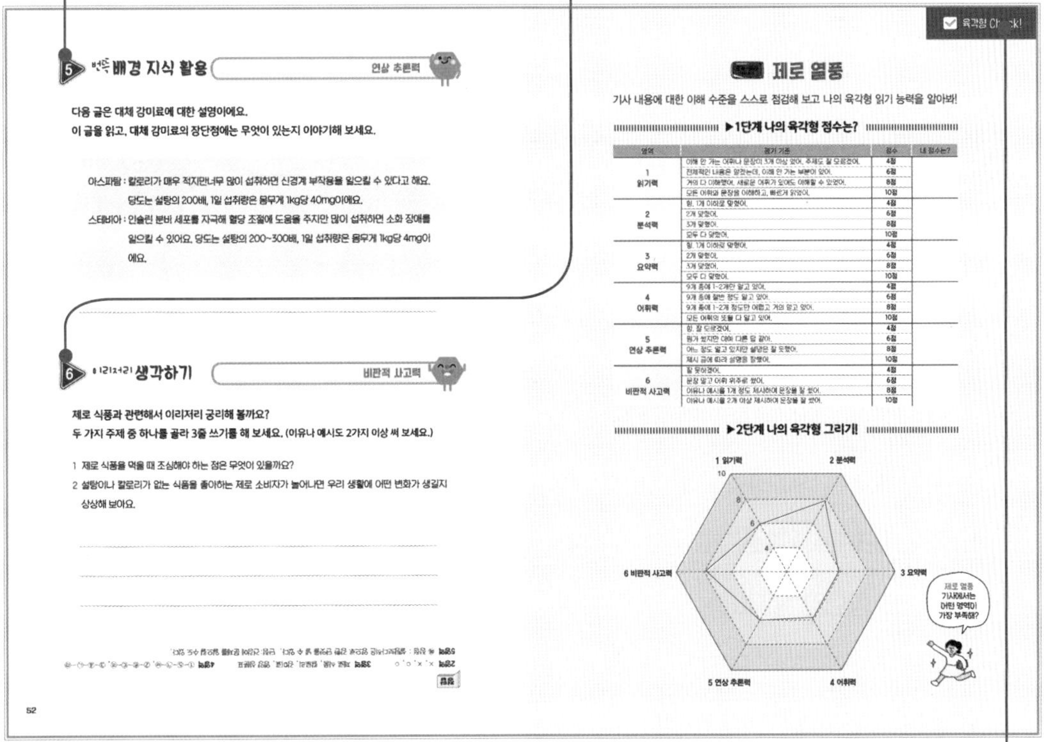

5 번뜩 배경 지식 활용 — 연상 추론력

다음 글은 대체 감미료에 대한 설명이에요.
이 글을 읽고, 대체 감미료의 장단점에는 무엇이 있는지 이야기해 보세요.

아스파탐 : 칼로리가 매우 적지만 너무 많이 섭취하면 신경계 부작용을 일으킬 수 있다고 해요. 당도는 설탕의 200배, 1일 섭취량은 몸무게 1kg당 40mg이에요.
스테비아 : 인슐린 분비 세포를 자극해 혈당 조절에 도움을 주지만 많이 섭취하면 소화 장애를 일으킬 수 있어요. 당도는 설탕의 200~300배, 1일 섭취량은 몸무게 1kg당 4mg이에요.

6 이리저리 생각하기 — 비판적 사고력

제로 식품과 관련해서 이리저리 궁리해 볼까요?
두 가지 주제 중 하나를 골라 3줄 쓰기를 해 보세요. (이유나 예시도 2가지 이상 써 보세요.)

1 제로 식품을 먹을 때 조심해야 하는 점은 무엇이 있을까요?
2 설탕이나 칼로리가 없는 식품을 좋아하는 제로 소비자가 늘어나면 우리 생활에 어떤 변화가 생길지 상상해 보아요.

52

육각형 Check!

제로 열풍

기사 내용에 대한 이해 수준을 스스로 점검해 보고 나의 육각형 읽기 능력을 알아봐!

▶1단계 나의 육각형 점수는?

영역	평가 기준	점수	내 점수는?
1 읽기력	이해 안 가는 어휘나 문장이 3개 이상 있어. 주제도 잘 모르겠어.	4점	
	전체적인 내용은 알겠는데, 이해 안 가는 부분이 있어.	6점	
	거의 다 이해했어. 새로운 어휘가 있어도 이해할 수 있었어.	8점	
	모든 어휘와 문장을 이해하고, 빠르게 읽었어.	10점	
2 분석력	힝, 1개 이하로 맞혔어.	4점	
	2개 맞혔어.	6점	
	3개 맞혔어.	8점	
	모두 다 맞혔어.	10점	
3 요약력	힝, 1개 이하로 맞혔어.	4점	
	2개 맞혔어.	6점	
	3개 맞혔어.	8점	
	모두 다 맞혔어.	10점	
4 어휘력	9개 중에 1~2개만 알고 있어.	4점	
	9개 중에 절반 정도 알고 있어.	6점	
	9개 중에 1~2개 정도만 어렵고 거의 알고 있어.	8점	
	모든 어휘의 뜻을 다 알고 있어.	10점	
5 연상 추론력	힝, 잘 모르겠어.	4점	
	뭔가 썼지만 예시 다른 답 같아.	6점	
	어느 정도 알고 있지만 설명은 잘 못했어.	8점	
	제시 글에 따라 설명을 잘했어.	10점	
6 비판적 사고력	잘 못하겠어.	4점	
	문장 말고 어휘 위주로 썼어.	6점	
	이유나 예시를 1개 정도 제시하여 문장을 잘 썼어.	8점	
	이유나 예시를 2개 이상 제시하여 문장을 잘 썼어.	10점	

▶2단계 나의 육각형 그리기!

육각형 Check

1단계 : 나의 점수 계산 먼저 신문 기사에 대한 나의 이해 정도를 점수로 매겨 보세요.

2단계 : 나의 육각형 그리기 1단계의 점수에 따라 나만의 육각형을 만들어 보세요. 사람마다 육각형의 모양은 다르지만 꾸준히 연습하면 모든 영역을 골고루 향상시킬 수 있어요.

차례

PART1 | 과학

PART2 | 기술

PART3 | 환경

★ ★ ★

PART4 | 오피니언

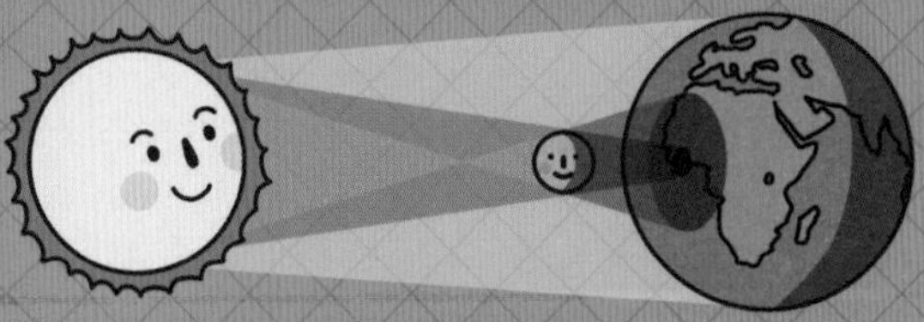

과학 기사에는 여러분들이 호기심을 가질 만한
다양한 정보와 새로운 지식들이 가득하답니다.
그리고 미래가 어떻게 변화할지도 알 수 있지요.
과학 기사를 읽으며 세상 보는 눈을 키우고
새로운 가능성에 대해 마음껏 상상해 보세요.

PART 1
과학

읽기력

분석력

응용력

어휘력

유추 추론력

비판적 사고력

1. 【과학】 동물 신장 이식 기사 난이도 ★★

장기 이식, 새 길 열리나
세계 최초의 유전자 변형 돼지 신장 이식 수술

미국의 리처드 슬레이먼(62세)은 세계 최초로 유전자 **변형** 돼지의 **신장 이식** 수술을 받았어요. 오랫동안 신장 질환을 앓았던 슬레이먼은 다른 사람의 신장을 이식받았지만, 효과가 없어 다시 이식이 필요했어요. 하지만 장기 기증자를 찾기 어려워서 유전자 변형 돼지의 신장을 이식하기로 했어요.

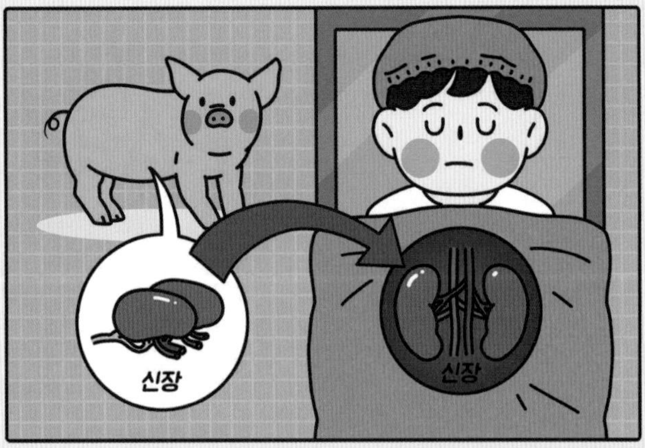

의사들은 최소 2년은 이 신장이 잘 작동할 것이라고 기대했지만, 안타깝게도 슬레이먼은 이식 2개월 뒤에 사망했어요. 의사들은 슬레이먼의 사망 원인이 돼지의 신장 이식 때문은 아니라고 했지요.

이식 수술에 사용된 돼지 신장은 미국의 한 바이오 회사가 제공한 거예요. 돼지에서 일부 유전자를 제거하고 다른 유전자를 넣는 등 69번이나 유전자를 교정했다고 해요. 이렇게 해서 사람에게 돼지 신장을 이식하면 **면역** 거부 반응을 줄일 수 있기 때문이죠.

돼지 신장 이식 수술은 또 다른 환자에게도 이루어졌어요. 그 환자는 지금 건강을 되찾아 퇴원했다고 해요.

동물 장기 이식 수술은 아직 시작 단계이지만, 사람의 장기를 이식받지 못하는 환자들에게는 희망으로 떠오르고 있어요.

1 또박또박 읽어 보기 읽기력

위의 기사를 밑줄 친 키워드에 집중하며 5분 동안 소리 내어 읽어 보세요.
읽으면서 모르는 어휘나 문장이 얼마나 있는지 표시해 보세요.

2 샤샤샥 팩트 체크

분석력

아래의 내용 중 맞는 것에는 ○, 틀린 것에는 ×표 해 보세요.

1 슬레이먼은 유전자 변형 돼지의 신장을 이식받았다. ( )

2 슬레이먼의 사망 원인은 신장 이식 때문이다. ( )

3 유전자 변형 돼지 신장은 유전자를 교정한 것이다. ( )

4 현재 많은 사람이 유전자 변형 돼지 신장 이식 수술을 받았다. ( )

3 뚝딱 주제 정리

요약력

기사의 핵심 내용을 요약해 보세요.

세계 최초로 유전자 변형 (　　　　　　)의 신장 이식 (　　　　　　)을 받은 슬레이먼은 사망했지만 (　　　　　　) 장기 이식 기술이 발전하면 (　　　　　　)을 기다리는 사람들에게 희망이 될 것이다.

4 제대로 의미 알기

어휘력

어휘의 뜻을 연결시켜 보고, 비슷한 어휘까지 줄로 이어 보세요.

어휘			뜻			비슷한 어휘
① 변형	•	•	⑤ 모양이나 형태가 달라지거나 달라지게 함	•	•	㉠ 저항력
② 신장	•	•	⑥ 몸에 생긴 불필요한 물질을 몸 밖으로 보내는 장기의 하나	•	•	㉡ 콩팥
③ 이식	•	•	⑦ 미생물에 대항하는 항체를 생산해 다음에는 그 병에 걸리지 않도록 된 상태	•	•	㉢ 이종
④ 면역	•	•	⑧ 살아 있는 조직이나 장기를 생체로부터 떼어 내어, 옮겨 붙임	•	•	㉣ 꼴바꿈

5 번뜩 배경지식 활용

연상 추론력

아래 써 있는 키워드를 들어 본 적 있나요?
앞의 기사와 관련 있어 보이는 것을 모두 골라 보고 정확한 의미도 알아보세요.

플로깅 면역력
소변 지문 인플레이션

6 이리저리 생각하기

비판적 사고력

동물 신장 이식과 관련해서 이리저리 궁리해 볼까요?
두 가지 주제 중 하나를 골라 3줄 쓰기를 해 보세요. (이유나 예시도 2가지 이상 써 보세요.)

1 유전자 변형 돼지 신장 이식을 할 때 조심해야 하는 점은 무엇이 있을까요?
2 동물 장기 이식 수술로 우리 생활에 어떤 변화가 생길지 상상해 보아요.

정답

2영역 ○, ×, ○, × **3영역** 돼지, 수술, 동물(돼지), 장기 이식 **4영역** ①-⑤-㉣, ②-⑥-㉡, ③-⑧-㉢, ④-⑦-㉠
5영역 면역력 : 외부에서 들어온 균에 저항하는 힘 소변 : 신장에서 노폐물과 수분 등을 걸러 내어 만든 오줌을 이르는 말

동물 신장 이식

기사 내용에 대한 이해 수준을 스스로 점검해 보고 나의 육각형 읽기 능력을 알아봐!

▶1단계 나의 육각형 점수는?

영역	평가 기준	점수	내 점수는?
1 읽기력	이해 안 가는 어휘나 문장이 3개 이상 있어. 주제도 잘 모르겠어.	4점	
	전체적인 내용은 알겠는데, 이해 안 가는 부분이 있어.	6점	
	거의 이해했어. 이해 안 가는 부분은 앞뒤 문맥을 통해 파악했어.	8점	
	모든 어휘와 문장을 이해하고, 빠르게 읽었어.	10점	
2 분석력	힝. 1개 이하로 맞혔어.	4점	
	2개 맞혔어.	6점	
	3개 맞혔어.	8점	
	모두 다 맞혔어.	10점	
3 요약력	힝. 1개 이하로 맞혔어.	4점	
	2개 맞혔어.	6점	
	3개 맞혔어.	8점	
	모두 다 맞혔어.	10점	
4 어휘력	8개 중에 1-2개만 알고 있어.	4점	
	8개 중에 절반 정도 알고 있어.	6점	
	8개 중에 1-2개 정도만 어렵고 거의 알고 있어.	8점	
	모든 어휘의 뜻을 다 알고 있어.	10점	
5 연상 추론력	이번에 다 처음 봤어.	4점	
	1개 정도만 들어 봤어.	6점	
	답은 맞혔지만 무엇인지는 잘 모르겠어.	8점	
	답도 맞히고, 무엇인지도 잘 알고 있어.	10점	
6 비판적 사고력	잘 못하겠어.	4점	
	문장 말고 어휘 위주로 썼어.	6점	
	이유나 예시를 1개 정도 제시하여 문장을 잘 썼어.	8점	
	이유나 예시를 2개 이상 제시하여 문장을 잘 썼어.	10점	

▶2단계 나의 육각형 그리기!

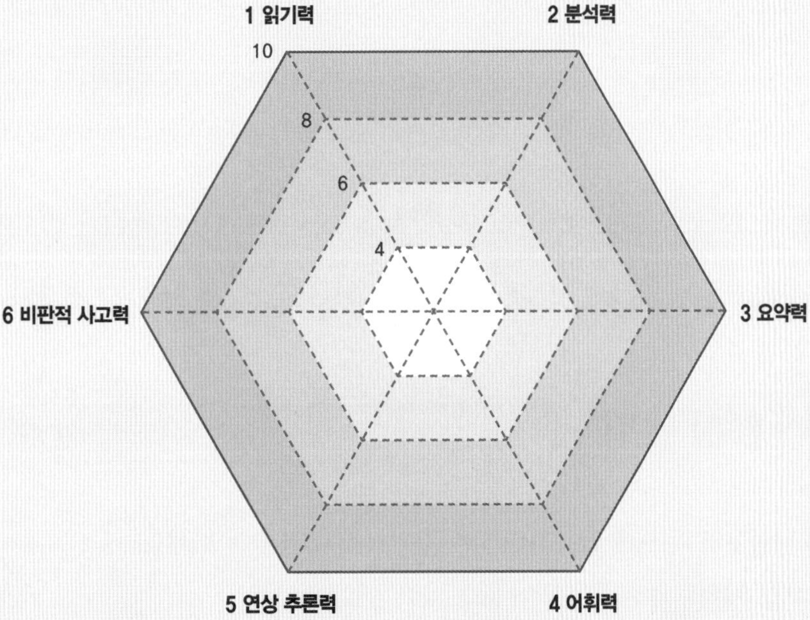

 기사 난이도 ★★

개기 일식이 사라질 수도 있다고?
지구에서 멀어지는 달

2024년 4월 8일, 멕시코에서 시작해 미국과 캐나다 하늘까지 이어지는 대규모 개기 **일식**이 일어났어요. 대규모 개기 일식은 7년 만에 일어났고, 뉴욕에서는 99년 만의 일이지요. 개기 일식이 일어난 멕시코, 미국, 캐나다의 여러 지역에는 이 우주 쇼를 보기 위해 3,200만 명이 모여들었어요. 경제적으로도 약 2조 원의 효과가 있었다고 해요.

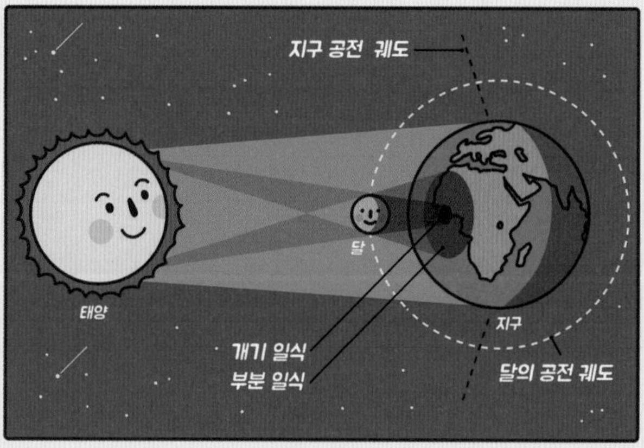

개기 일식은 달이 태양을 완전히 가리는 현상이에요. 개기 일식이 일어나려면 태양, 달, 지구가 정확하게 일직선으로 있어야 해요. 달이 태양을 완전히 가리면 하늘이 어두워지고, 달 주변에 태양의 가장자리만 보이게 된답니다.

그런데 과학자들은 수백만 년 또는 수십억 년 뒤에는 개기 일식을 볼 수 없게 될 거라고 말해요. 왜냐하면 달이 지구에서 점점 멀어지고 있기 때문이죠. 달이 멀어지면 지구에서 보이는 달의 크기가 점점 작아져서 태양을 완전히 가릴 수 없게 돼요.

달은 지구에서 매년 약 3.8cm 정도 멀어지고 있어요. 속도가 일정하지 않아 정확하게 언제부터 개기 일식을 볼 수 없게 될지 예측하기는 어렵지만, 수십억 년 동안 해마다 약 0.7cm씩 멀어질 거라고 해요.

이렇게 달과 지구, 태양의 관계가 변화하면서 우리가 볼 수 있는 천문 현상도 달라지고 있어요.

1 또박또박 읽어 보기

읽기력

위의 기사를 밑줄 친 키워드에 집중하며 5분 동안 소리 내어 읽어 보세요.
읽으면서 모르는 어휘나 문장이 얼마나 있는지 표시해 보세요.

2 샤샤샥 팩트 체크

분석력

아래의 내용 중 맞는 것에는 ○, 틀린 것에는 ×표 해 보세요.

1 대규모 개기 일식은 영국에서 일어났다. ( )

2 개기 일식은 달이 태양을 완전히 가리는 현상이다. ( )

3 개기 일식은 태양, 달, 지구가 정확히 일직선에 있어야 한다. ( )

4 달이 지구에서 매년 약 5cm씩 멀어지고 있다. ( )

3 뚝딱 주제 정리

요약력

기사의 핵심 내용을 요약해 보세요.

2024년 4월, (   )이 관측되었는데, 달이 (   )을 완전히 가리면서 (   )이 어두워지고 태양의 가장자리만 보이는 멋진 장면이었다. 하지만 달이 점점 (   )에서 멀어지면 언젠가는 개기 일식을 볼 수 없을지도 모른다.

4 제대로 의미 알기

어휘력

'일식'이 무슨 뜻인지 사전을 찾아보았어요. 글자는 같아도 뜻은 다 달라요.
기사에서 말하는 '일식'이 몇 번 뜻인지 찾고 그 어휘를 활용해서 짧은 문장을 만들어 보세요.

① 일식[1](一式) : 그릇, 가구 따위의 한 벌. 또는 그 전부

② 일식[2](一食) : 한 끼의 식사. 또는 한 번의 식사

③ 일식[3](一息) : 1. 잠시 쉼 2. 한 번 숨을 쉼

④ 일식[4](日食) : 일본 음식

⑤ 일식[5](日蝕/日食) : 달이 태양의 일부나 전부를 가림. 또는 그런 현상

5 번뜩 배경지식 활용

연상 추론력

아래 써 있는 키워드를 들어 본 적 있나요?
앞의 기사와 관련 있어 보이는 것을 모두 골라 보고 정확한 의미도 알아보세요.

생물 본그림자
인체 토양 천문 현상

6 이리저리 생각하기

비판적 사고력

개기 일식과 관련해서 이리저리 궁리해 볼까요?
두 가지 주제 중 하나를 골라 3줄 쓰기를 해 보세요. (이유나 예시도 2가지 이상 써 보세요.)

1 사진이나 동영상으로 개기 일식을 본 적 있나요? 그때 어떤 느낌이 들었나요?
2 개기 일식은 우리 생활과 어떤 관계가 있을까요?

정답

2일차 ×, ○, ○, × **3일차** 개기 일식, 태양, 하늘, 지구 **4일차** ⑤
5일차 본그림자 : 빛을 전혀 받지 못해 아주 깜깜하게 나타나는 그림자 천문 현상 : 하늘에서 일어나는 자연적인 현상

개기 일식

기사 내용에 대한 이해 수준을 스스로 점검해 보고 나의 육각형 읽기 능력을 알아봐!

▶1단계 나의 육각형 점수는?

영역	평가 기준	점수	내 점수는?
1 읽기력	이해 안 가는 어휘나 문장이 3개 이상 있어. 주제도 잘 모르겠어.	4점	
	전체적인 내용은 알겠는데, 이해 안 가는 부분이 있어.	6점	
	거의 이해했어. 이해 안 가는 부분은 앞뒤 문맥을 통해 파악했어.	8점	
	모든 어휘와 문장을 이해하고, 빠르게 읽었어.	10점	
2 분석력	힝. 1개 이하로 맞혔어.	4점	
	2개 맞혔어.	6점	
	3개 맞혔어.	8점	
	모두 다 맞혔어.	10점	
3 요약력	힝. 1개 이하로 맞혔어.	4점	
	2개 맞혔어.	6점	
	3개 맞혔어.	8점	
	모두 다 맞혔어.	10점	
4 어휘력	힝. 잘 모르겠어.	4점	
	어휘만 맞혔어.	6점	
	어휘는 맞혔는데, 기사에 나오는 문장을 따라 썼어.	8점	
	어휘도 맞혔고, 내가 스스로 문장을 만들었어.	10점	
5 연상 추론력	이번에 다 처음 봤어.	4점	
	1개 정도만 들어 봤어.	6점	
	답은 맞혔지만 무엇인지는 잘 모르겠어.	8점	
	답도 맞히고, 무엇인지도 잘 알고 있어.	10점	
6 비판적 사고력	잘 못하겠어.	4점	
	문장 말고 어휘 위주로 썼어.	6점	
	이유나 예시를 1개 정도 제시하여 문장을 잘 썼어.	8점	
	이유나 예시를 2개 이상 제시하여 문장을 잘 썼어.	10점	

▶2단계 나의 육각형 그리기!

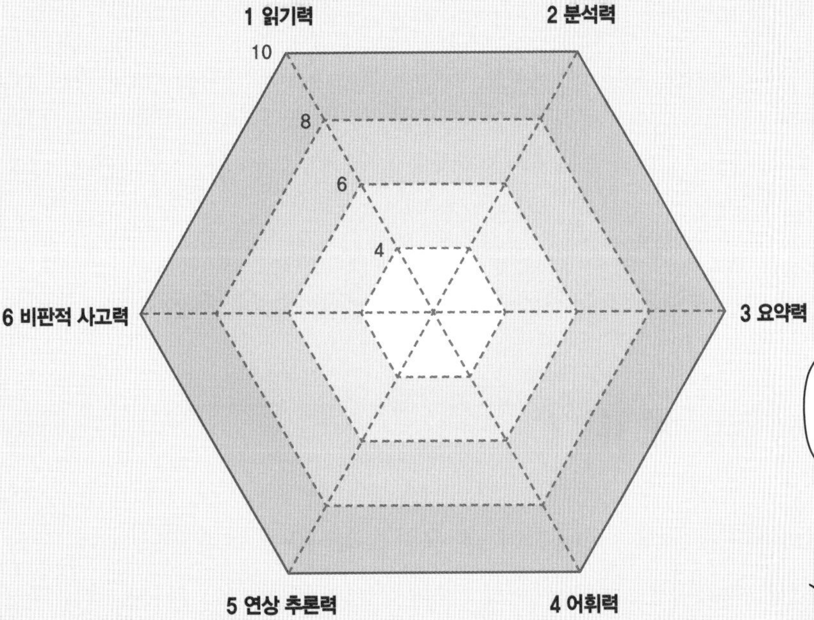

3. 【과학】 지진

기사 난이도 ★

우리나라도 지진에서 안전하지 않아
무서운 지진 피해

2024년 4월, 일본 서쪽 규슈와 시코쿠 사이 해협에서 규모 6.6의 강한 지진이 발생했어요. 이 지진은 **진도** 6약 수준으로, 서 있기 힘들 정도로 심하게 흔들렸지요. 규슈와 시코쿠 지역에서 일어난 지진으로 가로등이 쓰러지고 전선이 끊어졌으며, 벽의 타일이나 창문 유리가 깨지고 책장이 넘어지는 등의 피해가 있었어요. 지진이 일어나면 **쓰나미**도 발생할 수 있는데, 다행히 쓰나미 경보는 없었어요.

지진은 지구 내부에서 일어나는 현상이에요. 지구 내부에는 뜨거운 암석이 있는데, 이 암석들이 움직이면서 에너지가 쌓이게 돼요. 그러다가 어느 순간 한꺼번에 에너지가 터져 나오면서 지진이 발생하는 거예요. 지진이 발생하면 **지표면**이 크게 흔들려요.

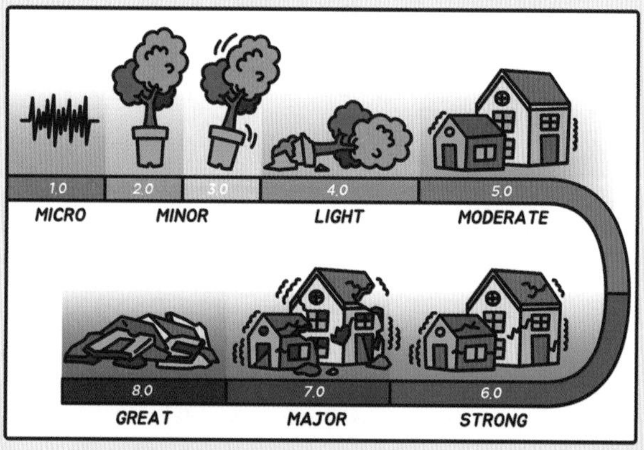

우리나라도 일본 지진의 영향으로 부산광역시와 울산광역시, 경남과 경북 일부 지역에서 진도 2 수준의 약한 흔들림이 있었어요. 많은 사람이 지진을 느꼈다고 신고했지만, 다행히 큰 피해는 없었지요.

지진은 언제 어디서 일어날지 모르는 자연재해이기 때문에 항상 대비가 필요해요. 몇 년 전, 우리나라에서도 지진이 크게 발생한 적이 있어요. 지진이 일어날 때를 대비해 미리 안전한 대피 공간을 파악해 두면 좋아요. 지진이 일어났을 때에는 침착하게 행동하며, 가스와 전기를 **차단**하고 문과 창문을 열어 두는 것도 중요해요.

1 또박또박 읽어 보기

읽기력

위의 기사를 밑줄 친 키워드에 집중하며 5분 동안 소리 내어 읽어 보세요.
읽으면서 모르는 어휘나 문장이 얼마나 있는지 표시해 보세요.

2 샤샤샥 팩트 체크 분석력

아래의 내용 중 맞는 것에는 ○, 틀린 것에는 ×표 해 보세요.

1 지진은 지구 외부에서 일어나는 현상이다. ( )

2 지진이 발생하면 지표면이 크게 흔들린다. ( )

3 지진이 발생하면 무조건 쓰나미도 일어난다. ( )

4 지진이 발생하면 문과 창문을 꼭 닫아야 한다. ( )

3 뚝딱 주제 정리 요약력

기사의 핵심 내용을 요약해 보세요.

(　　　　　　)은 지구 내부의 (　　　　　　　)가 터져 나오면서 생기는데, 일본에서 발생한 지진으로 우리나라 여러 지역에서도 흔들림이 있었다. 지진은 언제든 일어날 수 있는 (　　　　　　　)이므로 잘 알고 (　　　　　　)해야 한다.

4 제대로 의미 알기 어휘력

다음의 뜻을 가진 어휘를 쓰고, 그 어휘를 활용해서 짧은 문장을 만들어 보세요.

뜻	어휘	짧은 문장
① 지진이나 화산 폭발로 발생하는 해일	ㅆ ㄴ ㅁ	
② 지구의 표면, 또는 땅의 겉면	ㅈ ㅍ ㅁ	
③ 자연 또는 구조물의 피해 등으로 나타나는 지진 진동의 세기	ㅈ ㄷ	
④ 다른 것과의 관계나 접촉을 막거나 끊음	ㅊ ㄷ	

5 번뜩 배경지식 활용

연상 추론력

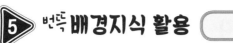

다음 설명과 그림을 보고, 진원과 진앙이 어디인지 그림에서 찾아 써 보세요. 그리고 두 어휘와 관련된 짧은 문장을 만들어 보세요.

진원 : 지진이 발생한 곳

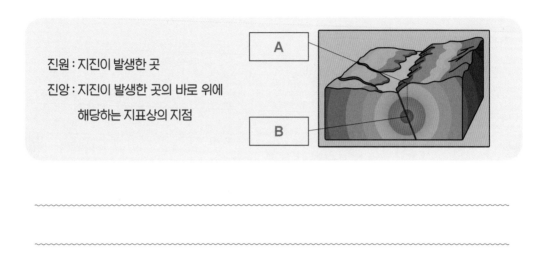

진앙 : 지진이 발생한 곳의 바로 위에 해당하는 지표상의 지점

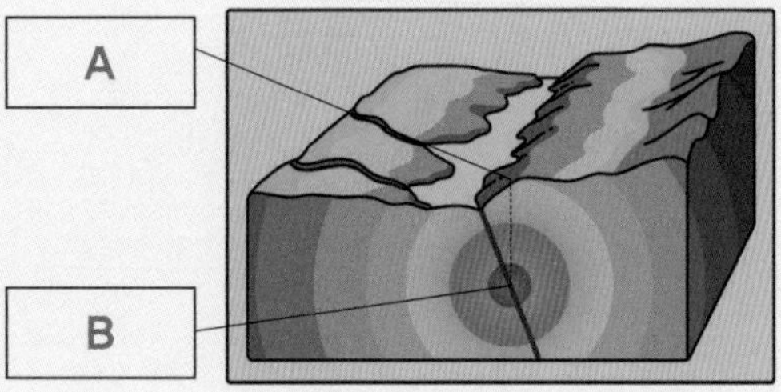

6 이리저리 생각하기

비판적 사고력

지진과 관련해서 이리저리 궁리해 볼까요?
두 가지 주제 중 하나를 골라 3줄 쓰기를 해 보세요. (이유나 예시도 2가지 이상 써 보세요.)

1 학교에서 지진 대피 훈련을 했을 때를 떠올리며 지진이 일어났을 때 해야 할 일을 정리해 보아요.

2 일본에서 지진이 발생했는데, 우리나라 일부 지역에서도 흔들림을 느낀 이유는 무엇일까요?

정답

2영역 ×, ○, ×, × **3영역** 지진, 에너지, 자연재해, 대비 **4영역** ① 쓰나미, ② 지표면, ③ 진도, ④ 차단

5영역 A 진앙, B 진원 / 예 진원에서 지진이 발생하며, 진원에서 가장 가까운 지표가 진앙이다.

지진

기사 내용에 대한 이해 수준을 스스로 점검해 보고 나의 육각형 읽기 능력을 알아봐!

▶1단계 나의 육각형 점수는?

영역	평가 기준	점수	내 점수는?
1 읽기력	이해 안 가는 어휘나 문장이 3개 이상 있어. 주제도 잘 모르겠어.	4점	
	전체적인 내용은 알겠는데, 이해 안 가는 부분이 있어.	6점	
	거의 이해했어. 이해 안 가는 부분은 앞뒤 문맥을 통해 파악했어.	8점	
	모든 어휘와 문장을 이해하고, 빠르게 읽었어.	10점	
2 분석력	힝. 1개 이하로 맞혔어.	4점	
	2개 맞혔어.	6점	
	3개 맞혔어.	8점	
	모두 다 맞혔어.	10점	
3 요약력	힝. 1개 이하로 맞혔어.	4점	
	2개 맞혔어.	6점	
	3개 맞혔어.	8점	
	모두 다 맞혔어.	10점	
4 어휘력	어휘만 1개 이하로 맞혔어.	4점	
	어휘만 2개 이상 맞혔어.	6점	
	어휘는 다 맞혔는데, 문장은 1-2개 정도만 만들었어.	8점	
	어휘도 다 맞혔고, 모든 문장도 만들었어.	10점	
5 연상 추론력	힝. 잘 모르겠어.	4점	
	위치만 맞혔어.	6점	
	위치는 맞혔지만 설명이 부족했어.	8점	
	위치도 잘 알고 있고 설명도 잘했어.	10점	
6 비판적 사고력	잘 못하겠어.	4점	
	문장 말고 어휘 위주로 썼어.	6점	
	이유나 예시를 1개 정도 제시하여 문장을 잘 썼어.	8점	
	이유나 예시를 2개 이상 제시하여 문장을 잘 썼어.	10점	

▶2단계 나의 육각형 그리기!

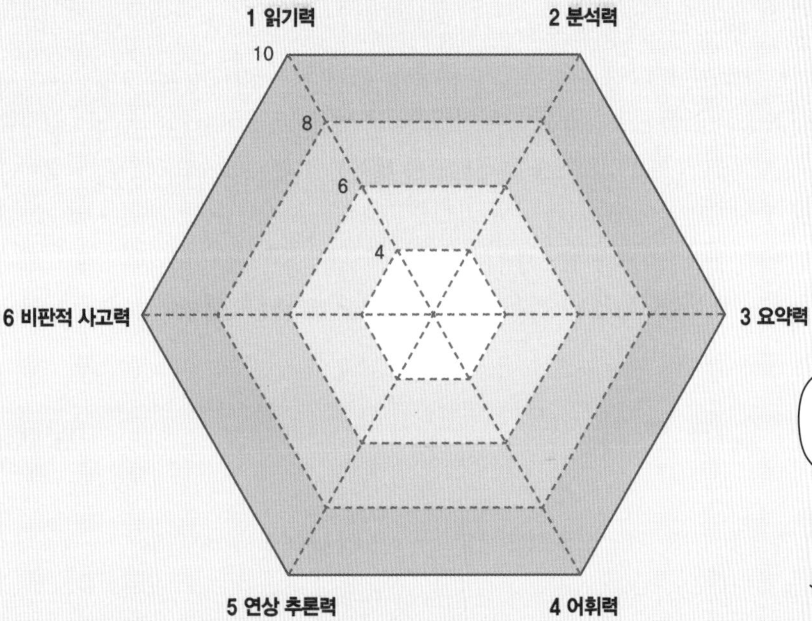

우리나라도 이제 지진에 잘 대비해야 해!

창문 열어야 바이러스도 줄어든다
이산화 탄소 농도의 위험성

코로나 19는 바이러스가 공기를 통해 **전파**될 수 있다는 것을 알려 준 최초의 팬데믹이에요. 세계 보건 기구(WHO)는 코로나 19 바이러스를 포함한 바이러스가 공기를 통해 퍼질 수 있다고 공식 발표했어요.

바이러스 전파를 막으려면 **환기**를 자주 하는 것이 중요해요. 환기하면 실내 공기 중의 바이러스를 밖으로 **배출**할 수 있거든요. 실내 이산화 탄소 농도는 환기가 잘 되고 있는지를 보여 주는 지표 중 하나예요. 이산화 탄소와 바이러스는 모두 호흡기를 통해 몸 밖으로 배출되기 때문이에요.

영국 브리스톨 대학 연구진은 실내 이산화 탄소 농도가 높을수록 바이러스 생존력이 더 강해져 감염 위험이 더 높다는 사실을 밝혀냈어요. 연구진은 실내 이산화 탄소 농도를 400~6,500ppm 사이에서 다양하게 변화시키며 이산화 탄소 농도와 감염력의 상관관계를 조사했어요. 실험 결과, 이산화 탄소 농도가 1,000ppm 이하면 비교적 환기가 잘 되었고, 2,000ppm을 초과하면 환기가 잘 되지 않았어요. 이산화 탄소 농도가 3,000ppm이면 40분 후 감염력을 유지하는 바이러스 입자가 일반 실외 공기의 10배에 이르렀다고 해요.

환기를 통해 공기 중 이산화 탄소 농도를 낮추면 코로나 19를 비롯한 여러 바이러스의 감염력을 떨어뜨릴 수 있어요. 창문을 열어 바이러스를 물리적으로 **제거**하고, 동시에 바이러스를 무력화하는 효과적인 전략이 될 수 있기 때문이에요.

1 또박또박 읽어 보기

읽기력

위의 기사를 밑줄 친 키워드에 집중하며 5분 동안 소리 내어 읽어 보세요.
읽으면서 모르는 어휘나 문장이 얼마나 있는지 표시해 보세요.

2 샤샤샥 팩트 체크

분석력

아래의 내용 중 맞는 것에는 ○, 틀린 것에는 ×표 해 보세요.

1 이산화 탄소와 바이러스는 호흡기를 통해 몸 밖으로 배출된다.

2 실내 이산화 탄소 농도가 2,000ppm을 초과하면 환기가 잘 되었다.

3 환기를 하면 이산화 탄소 농도를 낮출 수 있다.

4 이산화 탄소는 바이러스의 생존력을 낮춘다.

3 뚝딱 주제 정리

요약력

기사의 핵심 내용을 요약해 보세요.

바이러스는 공기를 통해 퍼질 수 있다. (   )를 시키면 실내 (   ) 농도가 낮아져서 (   )와 같은 (   )의 감염력을 떨어뜨릴 수 있다.

4 제대로 의미 알기

어휘력

다음의 뜻을 가진 어휘를 쓰고, 그 어휘를 활용해서 짧은 문장을 만들어 보세요.

뜻	어휘	짧은 문장
① 널리 전하여 퍼뜨림	ㅈ ㅍ	
② 안에서 밖으로 밀어 내보냄	ㅂ ㅊ	
③ 탁한 공기를 맑은 공기로 바꿈	ㅎ ㄱ	
④ 없애 버림	ㅈ ㄱ	

5 번뜩 배경지식 활용

연상 추론력

다음 글은 환기에 대한 설명이에요.
이 글을 읽고, 환기를 하지 않으면 어떻게 될지 이야기해 보세요.

오랜 시간 환기를 하지 않으면 집 안에 이산화 탄소 농도가 높아지고 미세 먼지, 라돈 등 유해 물질이 쌓이게 돼요. 특히 주방에서 요리할 때 나오는 일산화 탄소나 미세 먼지가 호흡기 질환이나 폐 질환을 일으킨다고 해요. 집 안의 공기를 쾌적하게 만들려면 오염 물질을 줄이고 원인을 없애야 해요. 집 안 공기를 쾌적하게 바꾸는 가장 쉬운 방법은 하루 두 번씩 환기하는 거예요. 아침저녁으로 30분씩만 환기해도 집 안의 나쁜 공기 대부분을 밖으로 내보낼 수 있다고 하니, 매일 환기해 봐요.

6 이리저리 생각하기

비판적 사고력

환기와 관련해서 이리저리 궁리해 볼까요?
두 가지 주제 중 하나를 골라 3줄 쓰기를 해 보세요. (이유나 예시도 2가지 이상 써 보세요.)

1 환기를 할 때 주의해야 하는 점은 무엇이 있을까요?

2 앞으로 환기를 할 때 어떻게 할 건지, 나의 결심을 정리해 보아요.

정답

2영역 ○, ×, ○, ×　**3영역** 환기, 이산화 탄소, 코로나 19, 바이러스
4영역 ① 전파, ② 배출, ③ 환기, ④ 제거　**5영역** 예 호흡기 질환이나 폐 질환 등에 걸릴 수 있다.

이산화 탄소 농도

기사 내용에 대한 이해 수준을 스스로 점검해 보고 나의 육각형 읽기 능력을 알아봐!

▶1단계 나의 육각형 점수는?

영역	평가 기준	점수	내 점수는?
1 읽기력	이해 안 가는 어휘나 문장이 3개 이상 있어. 주제도 잘 모르겠어.	4점	
	전체적인 내용은 알겠는데, 이해 안 가는 부분이 있어.	6점	
	거의 이해했어. 이해 안 가는 부분은 앞뒤 문맥을 통해 파악했어.	8점	
	모든 어휘와 문장을 이해하고, 빠르게 읽었어.	10점	
2 분석력	힝. 1개 이하로 맞혔어.	4점	
	2개 맞혔어.	6점	
	3개 맞혔어.	8점	
	모두 다 맞혔어.	10점	
3 요약력	힝. 1개 이하로 맞혔어.	4점	
	2개 맞혔어.	6점	
	3개 맞혔어.	8점	
	모두 다 맞혔어.	10점	
4 어휘력	어휘만 1개 이하로 맞혔어.	4점	
	어휘만 2개 이상 맞혔어.	6점	
	어휘는 다 맞혔는데, 문장은 1-2개 정도만 만들었어.	8점	
	어휘도 다 맞혔고, 모든 문장도 만들었어.	10점	
5 연상 추론력	힝. 잘 모르겠어.	4점	
	뭔가 썼지만 아예 다른 답 같아.	6점	
	어느 정도 알고 있지만 설명은 잘 못했어.	8점	
	제시 글에 따라 설명을 잘했어.	10점	
6 비판적 사고력	잘 못하겠어.	4점	
	문장 말고 어휘 위주로 썼어.	6점	
	이유나 예시를 1개 정도 제시하여 문장을 잘 썼어.	8점	
	이유나 예시를 2개 이상 제시하여 문장을 잘 썼어.	10점	

▶2단계 나의 육각형 그리기!

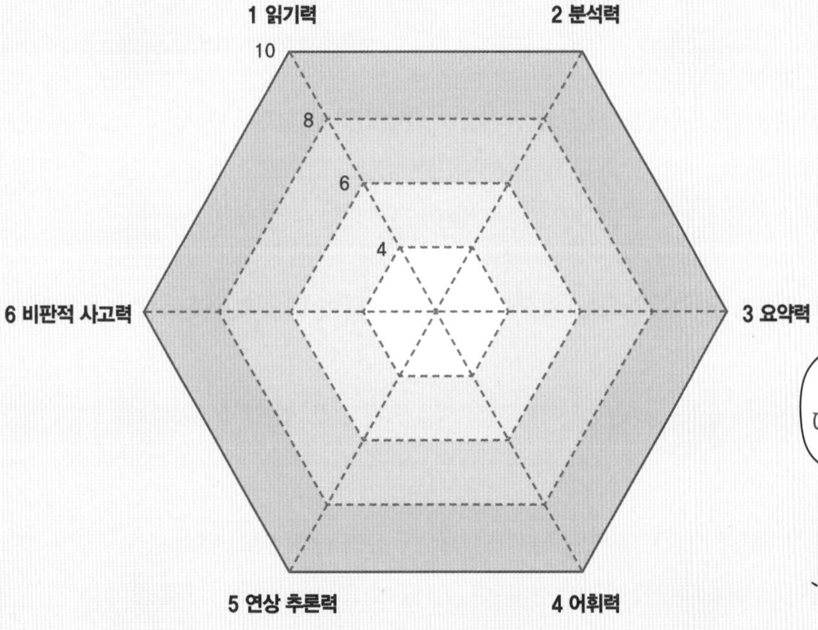

5. [과학] 유전자 가위 기사 난이도 ★★★

싹둑 잘라 DNA를 바꾼다고?
신기한 유전자 가위

유전자 가위 기술은 현대 과학의 **한계**를 뛰어넘는 엄청난 발전이에요. 이 기술은 'DNA'라는 우리 몸의 아주 작은 코드를 자르고 붙일 수 있어요. DNA를 잘라 내는 것뿐 아니라 DNA의 문제를 수정하거나 필요한 유전 정보를 추가하는 등 다양하게 발전하고 있어요.

유전자 가위 기술은 유전병 치료에 큰 도움이 되고 있어요. 유전자 가위를 이용해 특정 유전병을 일으키는 유전자를 싹둑 잘라 내고 새로 바꾸어서 건강한 삶을 살 수 있도록 도와주거든요.

최근 미국에서 유전자 가위 기술을 이용한 치료제인 '카스거비'가 미국 식품 의약국(FDA)의 **승인**을 받았어요. 이 치료제는 적혈구의 산소 **공급**을 제대로 받지 못하는 병을 앓는 환자들에게 필요한 약이에요. 물론 지금은 너무 비싸서 널리 쓰이지 못하지만 꾸준히 연구하면 대중화될 수 있을 거예요.

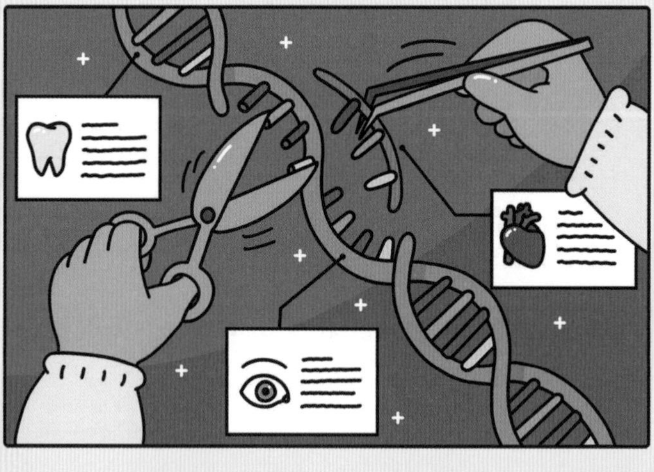

유전자 가위 치료는 기술적인 측면에서도 아직 완벽하지 않아요. 유전자 가위를 사용했다가 예상치 못한 일이 생길 수도 있거든요. 과학자들은 이 기술을 더욱 안전하게 사용할 수 있는 방법을 찾으려고 계속 연구하고 있어요. 유전자 가위 기술이 안전해지고 널리 쓰인다면 많은 사람이 건강해질 수 있을 거예요.

1 또박또박 읽어 보기 읽기력

위의 기사를 밑줄 친 키워드에 집중하며 5분 동안 소리 내어 읽어 보세요.
읽으면서 모르는 어휘나 문장이 얼마나 있는지 표시해 보세요.

2 샤샤샥 팩트 체크

분석력

아래의 내용 중 맞는 것에는 ○, 틀린 것에는 ×표 해 보세요.

1 유전자 가위는 우리 몸을 자르는 기술이다. ☐

2 유전자 가위는 유전병 치료에 큰 도움이 되고 있다 ☐

3 현재 유전자 가위 기술은 기술적으로 완벽하다. ☐

4 '카스거비'는 비교적 저렴하게 이용할 수 있는 치료제이다. ☐

3 뚝딱 주제 정리

요약력

기사의 핵심 내용을 요약해 보세요.

(   ) 기술은 우리 몸의 코드를 (   )고 (   ) 수 있게 도와주는 기술이다. 과학자들이 이 기술을 더욱 안전하게 사용하는 방법을 찾고 있으므로 언젠가 많은 사람이 (   )에서 벗어날 수 있을 것이다.

4 제대로 의미 알기

어휘력

어휘의 뜻을 연결시켜 보고, 비슷한 어휘와 반대 어휘까지 줄로 이어 보세요.

어휘		뜻		비슷한 어휘		반대 어휘
① 한계	• •	④ 요구나 필요에 따라 물품 따위를 내줌	• •	㉠ 한도	• •	㉣ 불허
② 승인	• •	⑤ 물건, 능력, 책임 등이 실제 작용할 수 있는 범위	• •	㉡ 제공	• •	㉤ 수요
③ 공급	• •	⑥ 어떤 사실을 마땅하다고 받아들임	• •	㉢ 허가	• •	㉥ 무한

5 번뜩 배경지식 활용

연상 추론력

아래 써 있는 키워드를 들어 본 적 있나요?
앞의 기사와 관련 있어 보이는 것을 모두 골라 보고 정확한 의미도 알아보세요.

3D 프린팅　　대체 식량
메타버스　　인공 장기　　유전자 편집

6 이리저리 생각하기

비판적 사고력

유전자 가위와 관련해서 이리저리 궁리해 볼까요?
두 가지 주제 중 하나를 골라 3줄 쓰기를 해 보세요. (이유나 예시도 2가지 이상 써 보세요.)

1 유전자 가위를 사용할 때 조심해야 하는 점은 무엇이 있을까요?
2 앞으로 유전자 가위 기술로 우리 생활에 어떤 변화가 생길지 상상해 보아요.

정답

2영역 ×, ○, ×, ×　**3영역** 유전자 가위, 자르, 붙일, (유전)병　**4영역** ①-⑤-㉠-㉥, ②-⑥-㉢-㉣, ③-④-㉡-㉤
5영역 인공 장기 : 사람의 장기를 대신하기 위해 만든 인위적 장기　유전자 편집 : 특정 DNA를 삽입, 삭제, 변형 등을 하는 것

유전자 가위

기사 내용에 대한 이해 수준을 스스로 점검해 보고 나의 육각형 읽기 능력을 알아봐!

▶1단계 나의 육각형 점수는?

영역	평가 기준	점수	내 점수는?
1 읽기력	이해 안 가는 어휘나 문장이 3개 이상 있어. 주제도 잘 모르겠어.	4점	
	전체적인 내용은 알겠는데, 이해 안 가는 부분이 있어.	6점	
	거의 이해했어. 이해 안 가는 부분은 앞뒤 문맥을 통해 파악했어.	8점	
	모든 어휘와 문장을 이해하고, 빠르게 읽었어.	10점	
2 분석력	힝. 1개 이하로 맞혔어.	4점	
	2개 맞혔어.	6점	
	3개 맞혔어.	8점	
	모두 다 맞혔어.	10점	
3 요약력	힝. 1개 이하로 맞혔어.	4점	
	2개 맞혔어.	6점	
	3개 맞혔어.	8점	
	모두 다 맞혔어.	10점	
4 어휘력	9개 중에 1~2개만 알고 있어.	4점	
	9개 중에 절반 정도 알고 있어.	6점	
	9개 중에 1~2개 정도만 어렵고 거의 알고 있어.	8점	
	모든 어휘의 뜻을 다 알고 있어.	10점	
5 연상 추론력	이번에 다 처음 봤어.	4점	
	1개 정도만 들어 봤어.	6점	
	답은 맞혔지만 무엇인지는 잘 모르겠어.	8점	
	답도 맞히고, 무엇인지도 잘 알고 있어.	10점	
6 비판적 사고력	잘 못하겠어.	4점	
	문장 말고 어휘 위주로 썼어.	6점	
	이유나 예시를 1개 정도 제시하여 문장을 잘 썼어.	8점	
	이유나 예시를 2개 이상 제시하여 문장을 잘 썼어.	10점	

▶2단계 나의 육각형 그리기!

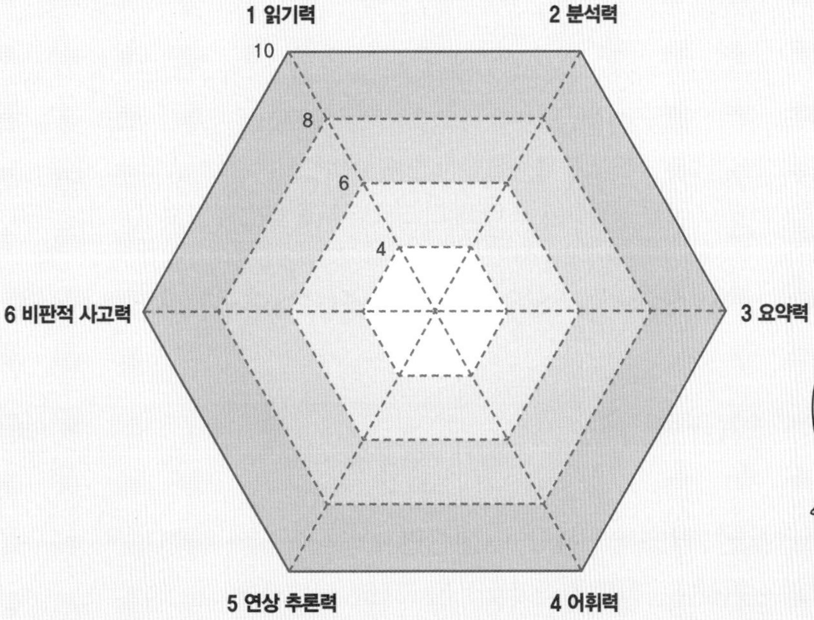

6. 【과학】 우주 탐사 기사 난이도 ★★★

태양의 힘으로 움직이는 우주선

우주를 항해하는 우주 돛단배

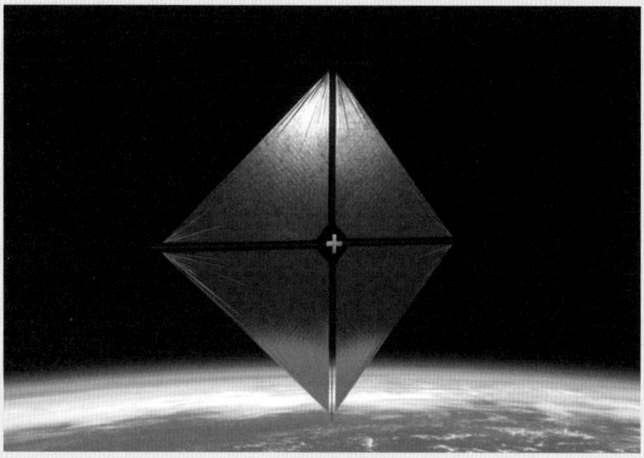

솔라 세일

2024년 4월, 미국 항공 우주국(NASA, 나사)에서 '솔라 세일(solar sail)'이라는 우주선을 발사했어요. '태양 돛단배'라는 뜻을 가진 이 우주선은 **범선**이 바람의 힘으로 바다를 항해하듯, 태양의 빛 **입자**만으로 움직이는 우주선이에요. 태양의 힘을 이용하면 연료를 계속 보충할 필요가 없어서 오랫동안 우주를 탐험할 수 있어요.

솔라 세일은 정사각형 모양으로, 각 변의 길이가 9m인 큰 돛 4개가 있어 총면적이 80m^{2}나 된답니다. 돛은 아주 얇은 고분자 소재로 만들었고, 알루미늄으로 코팅해 밤하늘에서도 볼 수 있어요. 우주선은 처음에는 느리지만, 점차 속도를 높일 수 있어요. 한 달 동안 햇빛을 받으며 시속 550km까지 갈 수 있다고 해요. 이론상으로는 우주선의 속도가 **광속**의 10~20%까지 올라갈 수 있지요.

NASA는 우주 돛을 만드는 기술을 발전시킨다면 축구장 절반 크기 정도의 돛도 만들 수 있을 것으로 내다보고 있어요. 또한 앞으로도 태양은 계속 타오르기 때문에 추진력이 **무한**하다며, 풍부한 태양 자원을 활용할 수 있는 체계를 갖춘다면 우주 탐사가 한층 더 발전할 수 있을 것이라고 전했어요.

이처럼 우주 탐사 기술이 점점 발전하면 더 멀리, 더 오래 우주를 탐험할 날도 가까워질 거예요.

1 또박또박 읽어 보기 읽기력

위의 기사를 밑줄 친 키워드에 집중하며 5분 동안 소리 내어 읽어 보세요.
읽으면서 모르는 어휘나 문장이 얼마나 있는지 표시해 보세요.

2 샤샤샥 팩트 체크

분석력

아래의 내용 중 맞는 것에는 ○, 틀린 것에는 ×표 해 보세요.

1 태양의 힘으로 우주를 항해하는 우주선을 만들 수 없다. ( )

2 솔라 세일은 정사각형 모양이다. ( )

3 돛은 알루미늄으로 만들어 밤하늘에서 볼 수 없다. ( )

4 태양은 앞으로도 계속 타오르기 때문에 추진력이 무한하다. ( )

3 뚝딱 주제 정리

요약력

기사의 핵심 내용을 요약해 보세요.

NASA는 ( )의 ( ) 입자로만 움직이는 ( )을 발사했다. 이 우주선은 돛을 펼치면 시속 ( )km까지 갈 수 있다. 이처럼 우주 탐사 기술이 나날이 발전하고 있다.

4 제대로 의미 알기

어휘력

어휘의 뜻을 연결시켜 보고, 비슷한 어휘까지 줄로 이어 보세요.

어휘	뜻	비슷한 어휘
① 범선 •	• ⑤ 물질을 구성하는 미세한 크기의 물체 •	• ㉠ 빛발
② 입자 •	• ⑥ 돛을 단 배 •	• ㉡ 알갱이
③ 광속 •	• ⑦ 진공 속에서 빛이 나아가는 속도 •	• ㉢ 돛단배
④ 무한 •	• ⑧ 수, 양, 공간 따위에 제한이나 한계가 없음 •	• ㉣ 영원

5 번뜩 배경지식 활용

연상 추론력

아래 써 있는 키워드를 들어 본 적 있나요?
앞의 기사와 관련 있어 보이는 것을 모두 골라 보고 정확한 의미도 알아보세요.

로켓 자유 비행
슈퍼버그 탄소세 우주 쓰레기

6 이리저리 생각하기

비판적 사고력

우주 탐사와 관련해서 이리저리 궁리해 볼까요?
두 가지 주제 중 하나를 골라 3줄 쓰기를 해 보세요. (이유나 예시도 2가지 이상 써 보세요.)

1 우주 탐사 기술이라고 하면 어떤 생각이 드나요?

2 우주 탐사 기술이 발달하면 우리 생활에 어떤 변화가 생길지 상상해 보아요.

정답

2영역 ×, ○, ×, ○ **3영역** 태양, 빛, 우주선, 550 **4영역** ①-⑥-ⓒ, ②-⑤-ⓛ, ③-⑦-ⓖ, ④-⑧-ⓔ
5영역 로켓 : 고압 가스를 분출시켜 그 반동으로 추진하는 장치 자유 비행 : 다른 힘을 빌리지 않는 비행
우주 쓰레기 : 수명이 다해 우주를 떠다니는 인공위성 등의 잔해

우주 탐사

기사 내용에 대한 이해 수준을 스스로 점검해 보고 나의 육각형 읽기 능력을 알아봐!

▶1단계 나의 육각형 점수는?

영역	평가 기준	점수	내 점수는?
1 읽기력	이해 안 가는 어휘나 문장이 3개 이상 있어. 주제도 잘 모르겠어.	4점	
	전체적인 내용은 알겠는데, 이해 안 가는 부분이 있어.	6점	
	거의 이해했어. 이해 안 가는 부분은 앞뒤 문맥을 통해 파악했어.	8점	
	모든 어휘와 문장을 이해하고, 빠르게 읽었어.	10점	
2 분석력	힝. 1개 이하로 맞혔어.	4점	
	2개 맞혔어.	6점	
	3개 맞혔어.	8점	
	모두 다 맞혔어.	10점	
3 요약력	힝. 1개 이하로 맞혔어.	4점	
	2개 맞혔어.	6점	
	3개 맞혔어.	8점	
	모두 다 맞혔어.	10점	
4 어휘력	8개 중에 1-2개만 알고 있어.	4점	
	8개 중에 절반 정도 알고 있어.	6점	
	8개 중에 1-2개 정도만 어렵고 거의 알고 있어.	8점	
	모든 어휘의 뜻을 다 알고 있어.	10점	
5 연상 추론력	이번에 다 처음 봤어.	4점	
	1개 정도만 들어 봤어.	6점	
	답은 맞혔지만 무엇인지는 잘 모르겠어.	8점	
	답도 맞히고, 무엇인지도 잘 알고 있어.	10점	
6 비판적 사고력	잘 못하겠어.	4점	
	문장 말고 어휘 위주로 썼어.	6점	
	이유나 예시를 1개 정도 제시하여 문장을 잘 썼어.	8점	
	이유나 예시를 2개 이상 제시하여 문장을 잘 썼어.	10점	

▶2단계 나의 육각형 그리기!

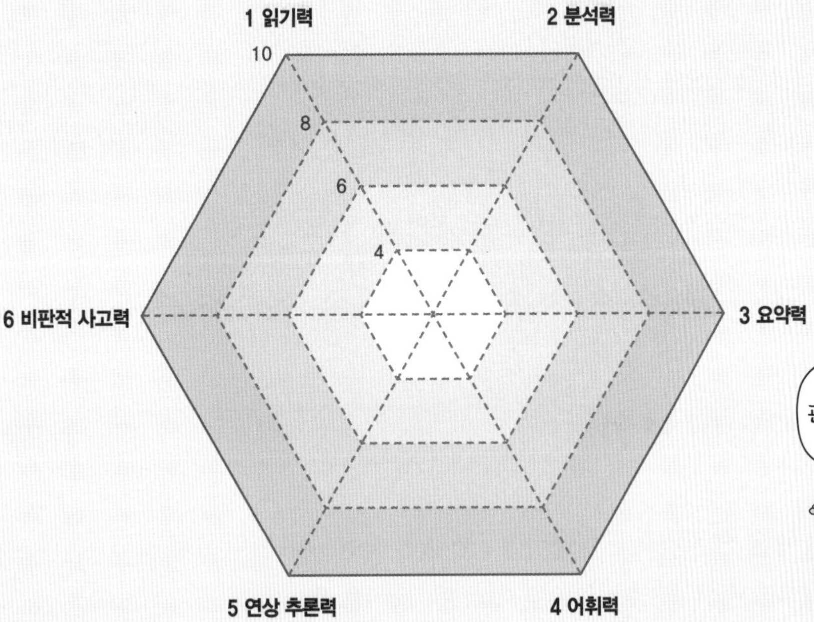

7. [과학] 노화 기사 난이도 ★

피를 바꾸면 젊어진다고?
젊은 혈액의 효과

중국 난징 대학교 생명 공학과 연구진이 최근 발표한 연구 결과에 따르면, 젊은 쥐의 혈액에서 추출한 '반(反)**노화** 물질'을 늙은 쥐에게 수혈하자 수명이 22.7% 늘어났다고 해요. 가장 오래 산 쥐는 1,266일을 살았는데, 인간으로 치면 120~130세까지 산 셈이에요.

연구진은 늙은 실험 쥐들의 근육, 심장, 뼈 등의 노화가 느려지는 것도 **관찰**했어요. 연구 결과는 국제 학술지 '네이처 노화'에 게재되었어요.

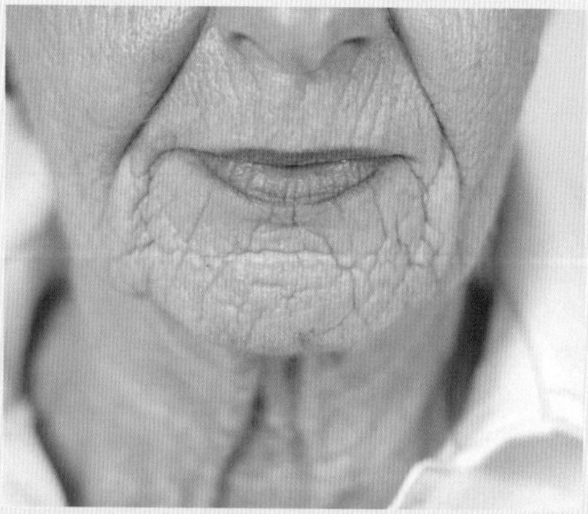
노인의 주름진 얼굴

이렇게 젊은 피를 주입하는 '혈액 **교환**'이 '불로장생'의 방법이 될 수 있다는 추측은 오래전부터 있었어요. 이번 연구는 7년간 수백 마리의 쥐를 대상으로 데이터를 쌓아 '젊은 혈액'의 효과를 밝혔다고 해요. 물론 이 연구는 젊음에 대한 노력의 시작일 뿐이에요.

실제로 노화 방지에 집착하는 것으로 유명한 미국의 백만장자 브라이언 존슨은 자신의 피를 아버지에게 수혈한 결과 아버지의 신체 나이가 25세 어려졌다고 주장했어요. 그는 **회춘**을 위해 해마다 많은 돈을 투자하고 있으며, 2018년, 2023년, 2024년 사진을 자신의 소셜 계정에 올려 비교하기도 했어요. 그는 아들의 피를 자신에게, 자신의 피를 아버지에게 수혈하는 3대에 걸친 혈액 교환 실험을 진행했다고 해요.

더 젊어지려는 사람들의 바람은 피를 이용한 연구뿐만 아니라 또 다른 회춘 연구로도 이어지고 있어요.

1 또박또박 읽어 보기

읽기력

위의 기사를 밑줄 친 키워드에 집중하며 5분 동안 소리 내어 읽어 보세요.
읽으면서 모르는 어휘나 문장이 얼마나 있는지 표시해 보세요.

2 샤샤샥 팩트 체크

분석력

아래의 내용 중 맞는 것에는 ○, 틀린 것에는 ×표 해 보세요.

1 젊은 쥐의 혈액을 늙은 쥐에게 수혈하자 늙은 쥐가 죽었다.

2 '반 노화 물질'을 수혈받아 수명이 늘어난 쥐 중 가장 오래 산 쥐는 1,266일을 살았다.

3 브라이언 존슨은 아버지의 피를 자신에게 수혈했다.

4 브라이언 존슨은 회춘을 위해 아무 노력도 하지 않는다.

3 뚝딱 주제 정리

요약력

기사의 핵심 내용을 요약해 보세요.

젊은 쥐의 혈액에서 추출한 반 (   ) 물질을 늙은 쥐에게 (   )하여 수명이 늘어난 실험이 있었다. 이러한 (   )으로 (   )을 유지할 수 있는 가능성이 생겼다.

4 제대로 의미 알기

어휘력

어휘의 뜻을 연결시켜 보고, 비슷한 어휘까지 줄로 이어 보세요.

어휘			뜻			비슷한 어휘
① 노화	•	•	⑤ 서로 주고받음	•	•	㉠ 노쇠
② 관찰	•	•	⑥ 시간의 흐름에 따라 몸이 쇠퇴하는 현상	•	•	㉡ 교류
③ 교환	•	•	⑦ 사물이나 현상을 자세히 살펴봄	•	•	㉢ 관측
④ 회춘	•	•	⑧ 도로 젊어짐	•	•	㉣ 회복

5 번뜩 배경지식 활용

연상 추론력

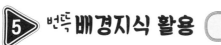

아래 써 있는 것 중 '노화-젊음'과 같은 관계에 있는 것이 무엇인지 골라 보고, 그 이유도 이야기해 보세요.

① 생명-생활

② 삶-죽음

③ 소리-음악

6 이리저리 생각하기

비판적 사고력

노화와 관련해서 이리저리 궁리해 볼까요?
두 가지 주제 중 하나를 골라 3줄 쓰기를 해 보세요. (이유나 예시도 2가지 이상 써 보세요.)

1 젊음을 유지할 수 있는 방법에는 무엇이 있을까요?

2 노화 방지 연구로 우리 생활에 어떤 변화가 생길지 상상해 보아요.

정답

2영역 ×, ○, ×, ×　**3영역** 노화, 수혈, 혈액 교환, 젊음

4영역 ①-⑥-㉠, ②-⑦-㉢, ③-⑤-㉡. ④-⑧-㉣　**5영역** ② 삶-죽음 / 예 '노화-젊음' 처럼 서로 반대되는 어휘라서.

노화

기사 내용에 대한 이해 수준을 스스로 점검해 보고 나의 육각형 읽기 능력을 알아봐!

▶1단계 나의 육각형 점수는?

영역	평가 기준	점수	내 점수는?
1 읽기력	이해 안 가는 어휘나 문장이 3개 이상 있어. 주제도 잘 모르겠어.	4점	
	전체적인 내용은 알겠는데, 이해 안 가는 부분이 있어.	6점	
	거의 이해했어. 이해 안 가는 부분은 앞뒤 문맥을 통해 파악했어.	8점	
	모든 어휘와 문장을 이해하고, 빠르게 읽었어.	10점	
2 분석력	힝. 1개 이하로 맞혔어.	4점	
	2개 맞혔어.	6점	
	3개 맞혔어.	8점	
	모두 다 맞혔어.	10점	
3 요약력	힝. 1개 이하로 맞혔어.	4점	
	2개 맞혔어.	6점	
	3개 맞혔어.	8점	
	모두 다 맞혔어.	10점	
4 어휘력	8개 중에 1-2개만 알고 있어.	4점	
	8개 중에 절반 정도 알고 있어.	6점	
	8개 중에 1-2개 정도만 어렵고 거의 알고 있어.	8점	
	모든 어휘의 뜻을 다 알고 있어.	10점	
5 연상 추론력	힝. 잘 모르겠어.	4점	
	답만 겨우 맞혔어.	6점	
	어느 정도 알고 있지만 설명은 잘 못했어.	8점	
	잘 알고 있고 설명도 잘했어.	10점	
6 비판적 사고력	잘 못하겠어.	4점	
	문장 말고 어휘 위주로 썼어.	6점	
	이유나 예시를 1개 정도 제시하여 문장을 잘 썼어.	8점	
	이유나 예시를 2개 이상 제시하여 문장을 잘 썼어.	10점	

▶2단계 나의 육각형 그리기!

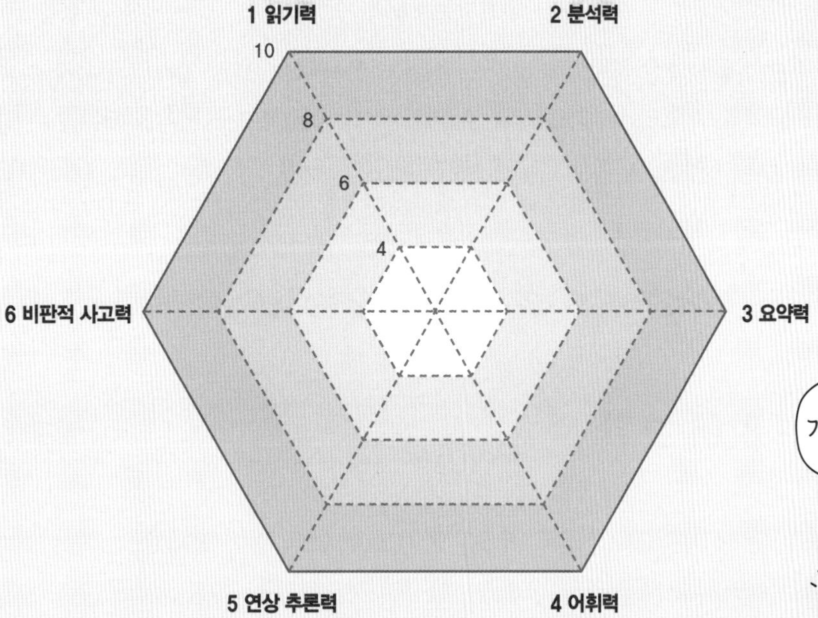

8. 【과학】 범용 혈액 기사 난이도 ★★

혈액 부족 문제 드디어 해결되나

혈액형 변환 기술, 혁신과 기대 효과

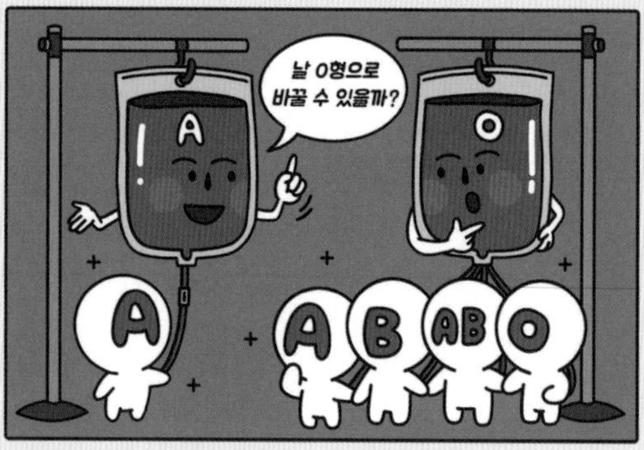

최근 덴마크 공대와 스웨덴 룬드 대학교 공동 연구진이 혁신적인 발견을 했어요. 장내 미생물에서 A형과 B형 혈액의 **항원**을 제거할 수 있는 효소를 발견한 거예요. 이것을 활용하면 A형과 B형 혈액을 **범용** 혈액인 O형으로 바꿀 수 있어요. 사람의 혈액형은 A형, B형, AB형, O형 등 4가지로 구분돼요. 혈액형은 적혈구 표면의 항원 단백질에 따라 구분되는데, A형은 A형 항원, B형은 B형 항원을 가지고 있어요. A형 혈액을 B형 환자에게 수혈하면 항원-항체 반응으로 혈액이 엉겨요. 그래서 A형과 B형은 서로에게 수혈할 수 없어요. 그런데 O형 혈액은 항원이 없어 누구에게나 수혈할 수 있어요. 그래서 O형 혈액을 가진 사람을 '범용 **공혈자**'라고 해요.

연구진은 장내 미생물인 '아커만시아 뮤시니필라'에서 A형과 B형 항원을 제거할 수 있는 효소 혼합물을 발견했어요. 이 효소를 이용하면 A형과 B형 혈액을 O형으로 바꿀 수 있어요. 현재 B형 혈액을 O형으로 바꾸는 것은 큰 어려움이 없지만, A형 혈액을 O형으로 전환하는 데에는 추가 연구가 필요하다고 해요.

혈액형 변환 기술이 발전하면 혈액형이 달라도 수혈이 가능해져서 특정 혈액형의 피가 부족한 응급 상황에서 큰 도움이 될 거예요. 또, 범용 혈액 공급이 가능해져 혈액 부족 문제를 해결할 수 있지요. 연구진은 이 기술의 **상용화**를 위해 노력할 계획이에요. 이 기술이 상용화되면 많은 사람의 생명을 구할 수 있을 거예요.

1 또박또박 읽어 보기

읽기력

위의 기사를 밑줄 친 키워드에 집중하며 5분 동안 소리 내어 읽어 보세요.
읽으면서 모르는 어휘나 문장이 얼마나 있는지 표시해 보세요.

2 샤샤샥 팩트 체크 — 분석력

아래의 내용 중 맞는 것에는 ○, 틀린 것에는 ×표 해 보세요.

1 O형은 누구에게나 수혈할 수 있는 범용 혈액형이다. ( )

2 A형은 B형에게 수혈할 수 없다. ( )

3 이번 연구에서 O형의 항원을 제거할 수 있는 효소 혼합물을 발견했다. ( )

4 A형을 O형으로 바꾸는 것은 큰 어려움이 없다. ( )

3 뚝딱 주제 정리 — 요약력

기사의 핵심 내용을 요약해 보세요.

( ) 기술은 ( )형과 ( )형의 항원을 제거해 ( ) 형으로 바꿔 혈액형이 달라도 수혈을 가능하게 하는 기술이다. 이 기술이 발전하면 혈액 부족 문제를 해결할 수 있다.

4 제대로 의미 알기 — 어휘력

어휘의 뜻을 연결시켜 보고, 비슷한 어휘까지 줄로 이어 보세요.

어휘	뜻	비슷한 어휘
① 항원 •	• ⑤ 수혈하도록 남에게 혈액를 제공하는 사람 •	• ㉠ 면역원
② 범용 •	• ⑥ 여러 분야나 용도로 널리 쓰이는 것 •	• ㉡ 헌혈자
③ 공혈자 •	• ⑦ 물품 따위가 일상적으로 쓰이게 됨 •	• ㉢ 사용
④ 상용화 •	• ⑧ 생체 속에 침입하여 항체를 형성하게 하는 단백성 물질 •	• ㉣ 일상화

5 번뜩 배경지식 활용

연상 추론력

다음 글은 혈액형에 대한 설명이에요.
이 글을 읽고, 범용 혈액이 의미 있는 이유를 이야기해 보세요.

혈액은 혈관을 통해 우리 몸 전부에 돌고 있어요. 혈액형은 적혈구 표면의 항원 단백질에 따라 구분되는데, 수혈, 헌혈, 장기 이식 등에 매우 중요한 역할을 해요. 한국인은 A형이 약 34%로 가장 많고 O형은 28%, B형은 27%, AB형은 11% 정도예요. 혈액형이 다르면 수혈을 할 경우 몸 안에서 혈액이 엉겨서 위험할 수 있어요. 쇼크로 사망에 이를 수도 있지요.

6 이리저리 생각하기

비판적 사고력

범용 혈액과 관련해서 이리저리 궁리해 볼까요?
두 가지 주제 중 하나를 골라 3줄 쓰기를 해 보세요. (이유나 예시도 2가지 이상 써 보세요.)

1 나와 가족의 혈액형을 알아보고, 어떤 혈액형을 가진 사람에게 수혈할 수 있는지 알아보아요.
2 앞으로 혈액형 변환 기술로 우리 생활에 어떤 변화가 생길지 상상해 보아요.

정답

2영역 ○, ○, ×, × **3영역** 혈액형 변환, A, B, O **4영역** ①-⑧-㉠, ②-⑥-㉢, ③-⑤-㉡, ④-⑦-㉣
5영역 예 수혈을 할 때 혈액형이 달라도 안전하게 쓸 수 있어 많은 사람을 도울 수 있다.

범용 혈액

기사 내용에 대한 이해 수준을 스스로 점검해 보고 나의 육각형 읽기 능력을 알아봐!

▶1단계 나의 육각형 점수는?

영역	평가 기준	점수	내 점수는?
1 읽기력	이해 안 가는 어휘나 문장이 3개 이상 있어. 주제도 잘 모르겠어.	4점	
	전체적인 내용은 알겠는데, 이해 안 가는 부분이 있어.	6점	
	거의 이해했어. 이해 안 가는 부분은 앞뒤 문맥을 통해 파악했어.	8점	
	모든 어휘와 문장을 이해하고, 빠르게 읽었어.	10점	
2 분석력	힝. 1개 이하로 맞혔어.	4점	
	2개 맞혔어.	6점	
	3개 맞혔어.	8점	
	모두 다 맞혔어.	10점	
3 요약력	힝. 1개 이하로 맞혔어.	4점	
	2개 맞혔어.	6점	
	3개 맞혔어.	8점	
	모두 다 맞혔어.	10점	
4 어휘력	8개 중에 1~2개만 알고 있어.	4점	
	8개 중에 절반 정도 알고 있어.	6점	
	8개 중에 1~2개 정도만 어렵고 거의 알고 있어.	8점	
	모든 어휘의 뜻을 다 알고 있어.	10점	
5 연상 추론력	힝. 잘 모르겠어.	4점	
	뭔가 썼지만 아예 다른 답 같아.	6점	
	어느 정도 알고 있지만 설명은 잘 못했어.	8점	
	제시 글에 따라 설명을 잘했어.	10점	
6 비판적 사고력	잘 못하겠어.	4점	
	문장 말고 어휘 위주로 썼어.	6점	
	이유나 예시를 1개 정도 제시하여 문장을 잘 썼어.	8점	
	이유나 예시를 2개 이상 제시하여 문장을 잘 썼어.	10점	

▶2단계 나의 육각형 그리기!

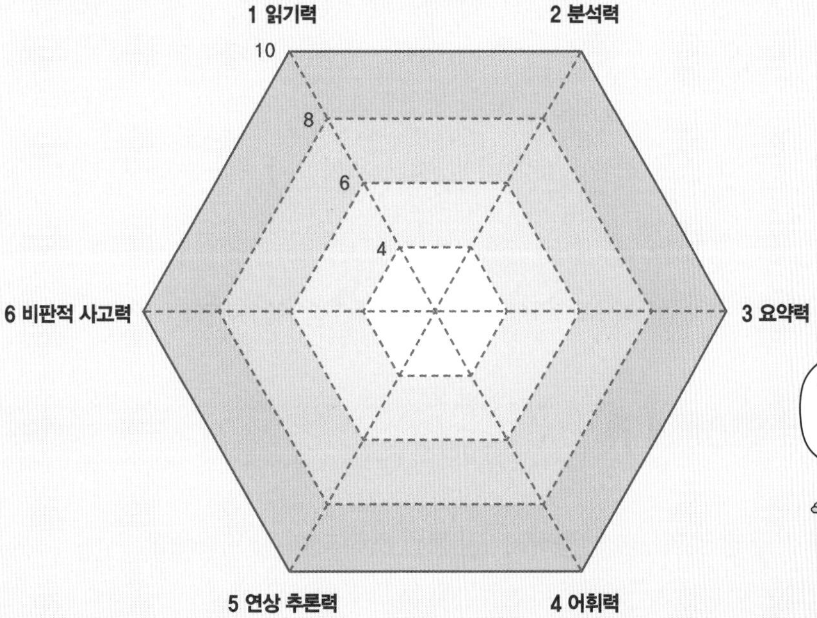

9. 【과학】 지문 　　　　기사 난이도 ★★

인공 지능이 발견한 놀라운 지문 유사성

지문 인식의 깨어진 법칙

지문은 사람마다 각기 다른 모양이에요. 죽을 때까지 모양이 바뀌지 않아 신분증이나 스마트폰 잠금 장치로도 **활용**되지요.

같은 사람의 지문이라도 손가락마다 지문이 다르다고 알려져 있어요. 그런데 최근에 같은 사람의 손가락 지문은 비슷하다는 연구 결과가 인공 지능(AI)을 통해 밝혀졌어요. 미국 컬럼비아 대학교 연구진이 AI에게 지문 5만 3,315개를 학습시킨 뒤 각기 다른 지문이 같은 사람의 것인지 다른 사람의 것인지 알아내라고 지시했어요. 그랬더니 AI가 77%의 정확도로 맞힌 거예요.

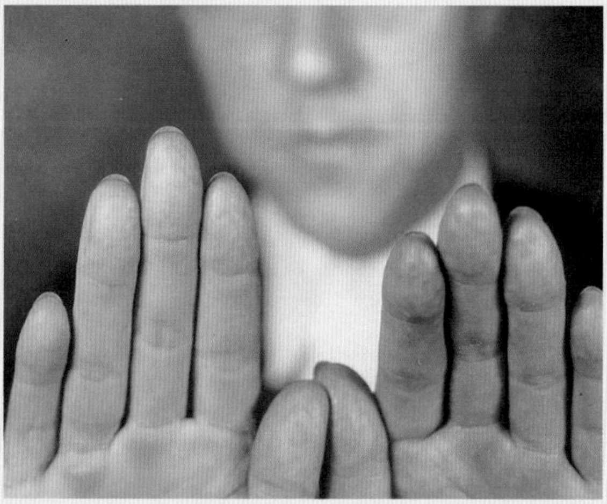
손가락 끝에 있는 지문의 모습

보통 지문을 구분할 때는 지문 **융선**의 특징을 찾아서 판단하는데, AI는 지문 중앙의 **곡률**과 각도를 분석해서 비슷한 점을 찾아냈어요. 새로운 방법으로 지문을 인식해서 "모든 지문은 고유한 모양을 가지고 있다."라는 이전의 법칙을 무너뜨렸어요.

현재 범죄 사건 현장에서 지문 2개가 발견되면 두 지문이 같은 사람의 지문인지, 다른 두 사람의 지문인지 알아내는 데 시간이 많이 걸려요. 결국 **해결**하지 못했던 문제들도 있었지요. 하지만 앞으로 AI 기술이 더 발전하면 과학 수사 분야에서도 큰 변화가 일어날 것으로 보여요.

1 또박또박 읽어 보기 　　　　읽기력

위의 기사를 밑줄 친 키워드에 집중하며 5분 동안 소리 내어 읽어 보세요.
읽으면서 모르는 어휘나 문장이 얼마나 있는지 표시해 보세요.

2 샤샤샥 팩트 체크

분석력

아래의 내용 중 맞는 것에는 ○, 틀린 것에는 ×표 해 보세요.

1 한 사람의 지문은 손가락마다 다르다고 알려져 있다. ( )

2 지문은 죽을 때까지 모양이 여러 번 바뀐다. ( )

3 AI는 지문 중앙의 곡률과 각도를 분석해 유사성을 찾았다. ( )

4 AI 기술이 발달하면 과학 수사 분야에서도 큰 변화가 일어날 것이다. ( )

3 뚝딱 주제 정리

요약력

기사의 핵심 내용을 요약해 보세요.

미국 컬럼비아 대학교 연구진이 (   )을 활용해 사람의 지문에서 (   ) 점을 발견했다. AI를 활용한 새로운 지문 (   ) 방법은 그동안 풀지 못했던 많은 문제를 (   )하는 데 도움을 줄 것이다.

4 제대로 의미 알기

어휘력

어휘의 뜻을 연결시켜 보세요.

어휘			뜻
① 활용	•	•	⑤ 곡선이나 곡면의 각 점에서 구부러진 정도를 표시하는 값
② 융선	•	•	⑥ 제기된 문제를 해명하거나 얽힌 일을 잘 처리함
③ 곡률	•	•	⑦ 생체 인식 시스템에서 사람의 손가락 지문을 나타내는 지문 곡선
④ 해결	•	•	⑧ 도구나 물건 따위를 충분히 잘 이용함

5 번뜩 배경지식 활용

연상 추론력

다음 글을 읽고, 사람의 신원을 밝힐 때 왜 지문을 이용하는지 이야기해 보세요.

손가락 끝에 있는 지문의 모양은 사람마다 조금씩 달라요. 일란성 쌍둥이라도 지문은 일치하지 않아요. 지문이 형성되는 태아 때 각기 돌연변이가 진행되기 때문이에요. 확률로 따지자면 어떤 두 사람의 지문이 같을 확률은 640억 분의 1이라고 해요. 번개 맞을 확률(600만 분의 1)보다 1만 배나 낮은 거죠. 게다가 한번 만들어진 지문은 평생 바뀌지 않아요. 사람의 신원을 가리는 데 지문을 이용하는 까닭이 여기에 있어요.

6 이리저리 생각하기

비판적 사고력

지문과 관련해서 이리저리 궁리해 볼까요?
두 가지 주제 중 하나를 골라 3줄 쓰기를 해 보세요. (이유나 예시도 2가지 이상 써 보세요.)

1 사람마다 지문이 다른 이유는 무엇일까요?

2 AI의 지문 인식 기술이 발전하면 우리 생활에 어떤 변화가 생길지 상상해 보아요.

정답

2영역 ○, ×, ○, ○ **3영역** 인공 지능(AI), 비슷한, 인식, 해결
4영역 ①-⑧, ②-⑦, ③-⑤, ④-⑥ **5영역** 예 지문은 한번 만들어지면 평생 변하지 않기 때문이다.

지문

기사 내용에 대한 이해 수준을 스스로 점검해 보고 나의 육각형 읽기 능력을 알아봐!

▶1단계 나의 육각형 점수는?

영역	평가 기준	점수	내 점수는?
1 읽기력	이해 안 가는 어휘나 문장이 3개 이상 있어. 주제도 잘 모르겠어.	4점	
	전체적인 내용은 알겠는데, 이해 안 가는 부분이 있어.	6점	
	거의 이해했어. 이해 안 가는 부분은 앞뒤 문맥을 통해 파악했어.	8점	
	모든 어휘와 문장을 이해하고, 빠르게 읽었어.	10점	
2 분석력	힝. 1개 이하로 맞혔어.	4점	
	2개 맞혔어.	6점	
	3개 맞혔어.	8점	
	모두 다 맞혔어.	10점	
3 요약력	힝. 1개 이하로 맞혔어.	4점	
	2개 맞혔어.	6점	
	3개 맞혔어.	8점	
	모두 다 맞혔어.	10점	
4 어휘력	4개 중에 1개 이하로 알고 있어.	4점	
	4개 중에 2개 알고 있어.	6점	
	4개 중에 3개 알고 있어.	8점	
	모든 어휘의 뜻을 다 알고 있어.	10점	
5 연상 추론력	힝. 잘 모르겠어.	4점	
	뭔가 썼지만 아예 다른 답 같아.	6점	
	어느 정도 알고 있지만 설명은 잘 못했어.	8점	
	제시 글에 따라 설명을 잘했어.	10점	
6 비판적 사고력	잘 못하겠어.	4점	
	문장 말고 어휘 위주로 썼어.	6점	
	이유나 예시를 1개 정도 제시하여 문장을 잘 썼어.	8점	
	이유나 예시를 2개 이상 제시하여 문장을 잘 썼어.	10점	

▶2단계 나의 육각형 그리기!

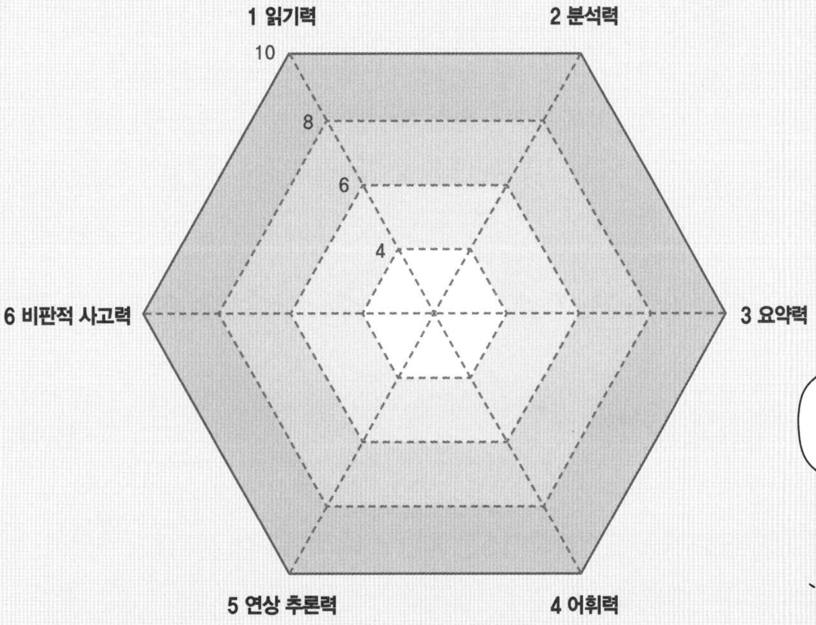

10. 【과학】 제로 열풍 기사 난이도 ★

제로 식품은 정말 0칼로리일까?

제로 열풍의 진실과 거짓

요즘 '제로' 식품의 인기가 대단해요. 제로 식품은 설탕, 칼로리(열량) 등이 적거나 없다고 표시된 상품들이에요. 제로 식품의 칼로리가 '0'이라고 표기되어 있으면 정말 0칼로리일까요?

우리나라 식품 위생법에 따르면 100ml당 4칼로리 **미만**이면 '0칼로리'라고 표기할 수 있어요. 0칼로리라고 표시되어 있어도 실제로는 칼로리가 있다는 것이지요. 설탕 또한 100g당 0.5g 미만인 제품을 '제로 슈거(Zero Sugar)'로 표기할 수 있답니다.

제로 식품은 칼로리나 설탕, 지방 등이 적거나 없어서 건강에 좋을 것 같지만 실제로는 그렇지 않을 수 있어요. 제로 식품을 먹어 보면 분명 칼로리, 설탕, 지방 등이 없다고 하는데, 단맛이 있지 않나요? 식품의 맛을 **강화**하기 위해서 대체 감미료가 많이 사용되는데, 대체 감미료의 성분에 따라 소화에 문제를 일으킬 수 있어요. 그래서 제로 식품을 많이 먹으면 배가 아프거나 설사할 수 있지요. 또한 제로 식품이라고 마음 놓고 마구 먹으면 오히려 살이 찔 수도 있고요.

제로 식품을 고를 때는 영양 성분표를 꼼꼼히 확인해서 칼로리, 설탕, 지방 등이 얼마나 들어 있는지 잘 살펴봐야 해요. 또, 제품에 들어간 대체 감미료의 종류도 꼼꼼히 보고 하루에 먹을 수 있는 양까지 **전반적**으로 확인하는 게 좋아요.

1 또박또박 읽어 보기

읽기력

위의 기사를 밑줄 친 키워드에 집중하며 5분 동안 소리 내어 읽어 보세요.
읽으면서 모르는 어휘나 문장이 얼마나 있는지 표시해 보세요.

2 샤샤샥 팩트 체크

분석력

아래의 내용 중 맞는 것에는 ○, 틀린 것에는 ×표 해 보세요.

1 제로 식품은 실제로 칼로리가 0이다. ( )

2 제로 슈거 식품은 설탕이 100g 당 5g 미만인 제품이다. ( )

3 제로 식품을 고를 때 영양 성분표를 꼼꼼히 확인해야 한다. ( )

4 제로 식품을 많이 먹으면 오히려 살이 찔 수도 있다. ( )

3 뚝딱 주제 정리

요약력

기사의 핵심 내용을 요약해 보세요.

(   )은 칼로리가 0이라고 되어 있지만 실제로는 (   )가 있을 수 있다. 또 대체 (   )를 많이 넣어서 건강에 좋지 않을 수 있으므로 (   )를 꼼꼼히 확인해야 한다.

4 제대로 의미 알기

어휘력

어휘의 뜻을 연결시켜 보고, 비슷한 어휘와 반대 어휘까지 줄로 이어 보세요.

어휘	뜻	비슷한 어휘	반대 어휘
① 미만 •	• ④ 어떤 일이나 부문에 대해 그것과 관계된 전체에 걸친 것 •	• ㉠ 미흡 •	• ㉣ 약화
② 강화 •	• ⑤ 정한 수효나 정도에 차지 못한 상태 •	• ㉡ 전면적 •	• ㉤ 부분적
③ 전반적 •	• ⑥ 수준이나 정도를 더 높임 •	• ㉢ 보강 •	• ㉥ 초과

5 번뜩 배경지식 활용

연상 추론력

다음 글은 대체 감미료에 대한 설명이에요.
이 글을 읽고, 대체 감미료의 장단점에는 무엇이 있는지 이야기해 보세요.

아스파탐 : 칼로리가 매우 적지만 너무 많이 섭취하면 신경계 부작용을 일으킬 수 있다고 해요. 당도는 설탕의 200배, 1일 섭취량은 몸무게 1kg당 40mg이에요.

스테비아 : 인슐린 분비 세포를 자극해 혈당 조절에 도움을 주지만 많이 섭취하면 소화 장애를 일으킬 수 있어요. 당도는 설탕의 200~300배, 1일 섭취량은 몸무게 1kg당 4mg이에요.

6 이리저리 생각하기

비판적 사고력

제로 식품과 관련해서 이리저리 궁리해 볼까요?
두 가지 주제 중 하나를 골라 3줄 쓰기를 해 보세요. (이유나 예시도 2가지 이상 써 보세요.)

1 제로 식품을 먹을 때 조심해야 하는 점은 무엇이 있을까요?

2 설탕이나 칼로리가 없는 식품을 좋아하는 제로 소비자가 늘어나면 우리 생활에 어떤 변화가 생길지 상상해 보아요.

정답

2영역 ×, ×, ○, ○ **3영역** 제로 식품, 칼로리, 감미료, 영양 성분표 **4영역** ①-⑤-㉠-㉥, ②-⑥-㉢-㉣, ③-④-㉡-㉤

5영역 ㉔ 장점 : 설탕보다 적은 양으로 강한 단맛을 낼 수 있다. 단점 : 건강에 문제를 일으킬 수도 있다.

제로 열풍

기사 내용에 대한 이해 수준을 스스로 점검해 보고 나의 육각형 읽기 능력을 알아봐!

▶1단계 나의 육각형 점수는?

영역	평가 기준	점수	내 점수는?
1 읽기력	이해 안 가는 어휘나 문장이 3개 이상 있어. 주제도 잘 모르겠어.	4점	
	전체적인 내용은 알겠는데, 이해 안 가는 부분이 있어.	6점	
	거의 이해했어. 이해 안 가는 부분은 앞뒤 문맥을 통해 파악했어.	8점	
	모든 어휘와 문장을 이해하고, 빠르게 읽었어.	10점	
2 분석력	힝. 1개 이하로 맞혔어.	4점	
	2개 맞혔어.	6점	
	3개 맞혔어.	8점	
	모두 다 맞혔어.	10점	
3 요약력	힝. 1개 이하로 맞혔어.	4점	
	2개 맞혔어.	6점	
	3개 맞혔어.	8점	
	모두 다 맞혔어.	10점	
4 어휘력	9개 중에 1-2개만 알고 있어.	4점	
	9개 중에 절반 정도 알고 있어.	6점	
	9개 중에 1-2개 정도만 어렵고 거의 알고 있어.	8점	
	모든 어휘의 뜻을 다 알고 있어.	10점	
5 연상 추론력	힝. 잘 모르겠어.	4점	
	뭔가 썼지만 아예 다른 답 같아.	6점	
	어느 정도 알고 있지만 설명은 잘 못했어.	8점	
	제시 글에 따라 설명을 잘했어.	10점	
6 비판적 사고력	잘 못하겠어.	4점	
	문장 말고 어휘 위주로 썼어.	6점	
	이유나 예시를 1개 정도 제시하여 문장을 잘 썼어.	8점	
	이유나 예시를 2개 이상 제시하여 문장을 잘 썼어.	10점	

▶2단계 나의 육각형 그리기!

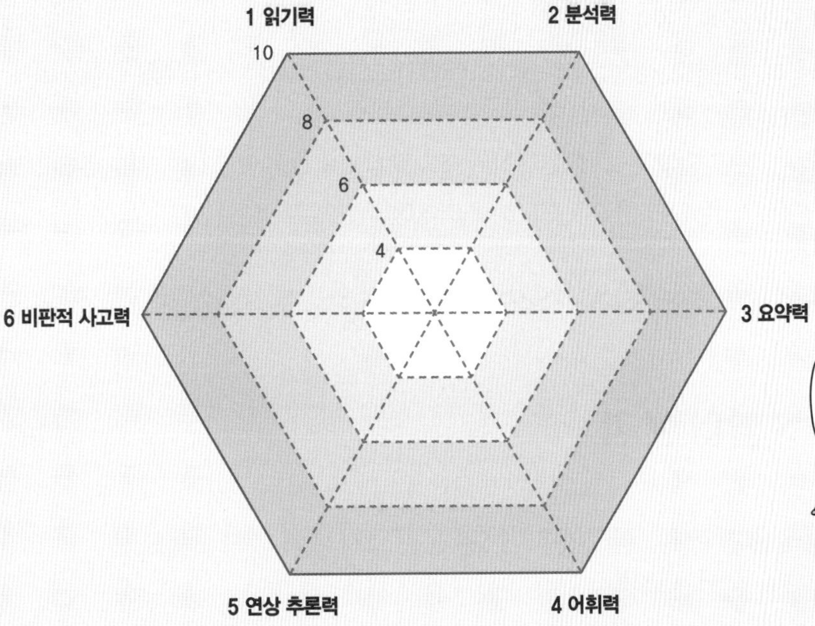

11. 【과학】 시각 정보

기사 난이도 ★★★

눈에 보이는 대로 시간이 흐른다고?

시각 정보와 시간의 관계

우리가 보는 **시각** 정보의 내용과 특성에 따라 시간이 빠르게, 또는 느리게 흐른다고 느낀다면 믿을 수 있나요?

미국 조지메이슨 대학교 마틴 위너 교수팀이 사진을 실제로 본 시간과 스스로 인식한 시간을 비교하는 실험을 했어요. 연구팀은 참가자 170명에게 0.3~0.9초 동안 다양한 사진을 보여 주고, 각 사진을 얼마나 오래 봤다고 생각하는지 조사했어요. 실험 결과, 참가자들이 사진을 봤다고 인식한 시간은 사진의 내용과 특성에 따라 달랐어요. 사진 속 장면이 크거나 다른 사진과 구별되는 기억할 만한 요소가 있으면 실제로 본 시간보다 더 오래 본 것으로 인식한 반면, 어수선한 장면이 담긴 사진은 실제로 본 시간보다 더 짧게 본 것으로 인식했지요.

연구팀은 이러한 결과를 뇌의 신경 세포 네트워크 일부를 모방한 신경망 모델과 결합해 분석했어요. 그 결과, 기억할 만한 사진일수록 실제로 본 시간을 더 정확하게 인식하고, 더 오래 봤다고 인식하는 사진일수록 더 잘 기억되는 것으로 나타났다고 했어요. 그래서 사진 속 기억할 만한 요소와 시간 인식이 서로 영향을 주고받는다고 했지요.

사람이 시간을 어떻게 인식하는지 현재까지는 정확하게 밝혀지지 않았지만, 앞으로 시간 인식에 대한 사람들의 관심이 많아지면 연구가 활발하게 이루어질 것으로 기대돼요.

1 또박또박 읽어 보기

읽기력

위의 기사를 밑줄 친 키워드에 집중하며 5분 동안 소리 내어 읽어 보세요.
읽으면서 모르는 어휘나 문장이 얼마나 있는지 표시해 보세요.

2 샤샤샥 팩트 체크 분석력

아래의 내용 중 맞는 것에는 ○, 틀린 것에는 ×표 해 보세요.

1 장면의 크기가 크거나 기억할 만한 요소가 있으면 오래 본 것으로 인식한다. ( )

2 어수선한 장면이 담긴 사진일수록 더 오래 본 것으로 인식한다. ( )

3 오래 본 것으로 인식하는 사진일수록 더 오래 기억한다. ( )

4 사람이 시간을 인식하는 방식이 모두 밝혀졌다. ( )

3 뚝딱 주제 정리 요약력

기사의 핵심 내용을 요약해 보세요.

우리는 정보의 (   )과 (   )에 따라 시간이 빠르게 또는 (   ) 흐르는 것처럼 느낀다. 그래서 기억할 만한 요소가 많은 사진은 더 정확하고 (   ) 보았다고 인식한다.

4 제대로 의미 알기 어휘력

'시각'이 무슨 뜻인지 사전을 찾아보았어요. 글자는 같아도 뜻은 다 달라요.
기사에서 말하는 '시각'이 몇 번 뜻인지 찾고 그 어휘를 활용해서 짧은 문장을 만들어 보세요.

① 시각[1](始覺) : 수행으로 번뇌를 없애고 얻는 깨달음

② 시각[2](時角) : 천구의 북극과 천체를 잇는 큰 원이 자오선과 이루는 각

③ 시각[3](時刻) : 시간의 어느 한 시점

④ 시각[4](視角) : 사물을 관찰하고 파악하는 기본적인 자세

⑤ 시각[5](視覺) : 눈을 통해 빛의 자극을 받아들이는 감각 작용

5 번뜩 배경지식 활용

연상 추론력

다음 글은 상처 치유 속도에 대한 설명이에요.
이 글을 읽고, 시간을 느끼는 것과 몸의 상처가 치유되는 것 사이에 어떤 관련이 있는지 이야기해 보세요.

미국 하버드대 연구팀은 심리적 시간에 따른 상처 치유 속도를 비교하기 위해 33명에게 작은 상처를 입히고 치유 속도를 측정했어요. 실제 치유 시간은 28분이었지만, 시간이 더 빨리 흘렀다고 느낀 사람들은 56분, 시간이 느리게 흘렀다고 느낀 사람들은 14분이 지난 것 같다고 했어요. 놀랍게도 시간이 더 빨리 가는 것으로 인식한 사람들은 상처 치유가 빠른 반면, 느리게 인식한 사람들은 치유가 느렸어요. 사람의 인식, 기대, 믿음 등이 몸의 반응에도 영향을 미치는 거죠.

6 이리저리 생각하기

비판적 사고력

시간과 관련해서 이리저리 궁리해 볼까요?
두 가지 주제 중 하나를 골라 3줄 쓰기를 해 보세요. (이유나 예시도 2가지 이상 써 보세요.)

1 실제로 시간이 빨리 흐르거나 느리게 흐른다고 느낀 적이 있나요?

2 인식에 따라 시간이 다르게 흐른다면 앞으로 시간을 어떻게 인식하며 살 건지 상상해 보아요.

정답

2영역 ○, ×, ○, ×　**3영역** 내용, 특성, 느리게, 오래

4영역 ⑤　**5영역** 예 상처 회복 속도는 심리적으로 시간을 어떻게 느끼느냐에 따라 달라진다.

시각 정보

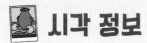

기사 내용에 대한 이해 수준을 스스로 점검해 보고 나의 육각형 읽기 능력을 알아봐!

▶1단계 나의 육각형 점수는?

영역	평가 기준	점수	내 점수는?
1 읽기력	이해 안 가는 어휘나 문장이 3개 이상 있어. 주제도 잘 모르겠어.	4점	
	전체적인 내용은 알겠는데, 이해 안 가는 부분이 있어.	6점	
	거의 이해했어. 이해 안 가는 부분은 앞뒤 문맥을 통해 파악했어.	8점	
	모든 어휘와 문장을 이해하고, 빠르게 읽었어.	10점	
2 분석력	힝. 1개 이하로 맞혔어.	4점	
	2개 맞혔어.	6점	
	3개 맞혔어.	8점	
	모두 다 맞혔어.	10점	
3 요약력	힝. 1개 이하로 맞혔어.	4점	
	2개 맞혔어.	6점	
	3개 맞혔어.	8점	
	모두 다 맞혔어.	10점	
4 어휘력	힝. 잘 모르겠어.	4점	
	어휘만 맞혔어.	6점	
	어휘는 맞혔는데, 기사에 나오는 문장을 따라 썼어.	8점	
	어휘도 맞혔고, 내가 스스로 문장을 만들었어.	10점	
5 연상 추론력	힝. 잘 모르겠어.	4점	
	뭔가 썼지만 아예 다른 답 같아.	6점	
	어느 정도 알고 있지만 설명은 잘 못했어.	8점	
	제시 글에 따라 설명을 잘했어.	10점	
6 비판적 사고력	잘 못하겠어.	4점	
	문장 말고 어휘 위주로 썼어.	6점	
	이유나 예시를 1개 정도 제시하여 문장을 잘 썼어.	8점	
	이유나 예시를 2개 이상 제시하여 문장을 잘 썼어.	10점	

▶2단계 나의 육각형 그리기!

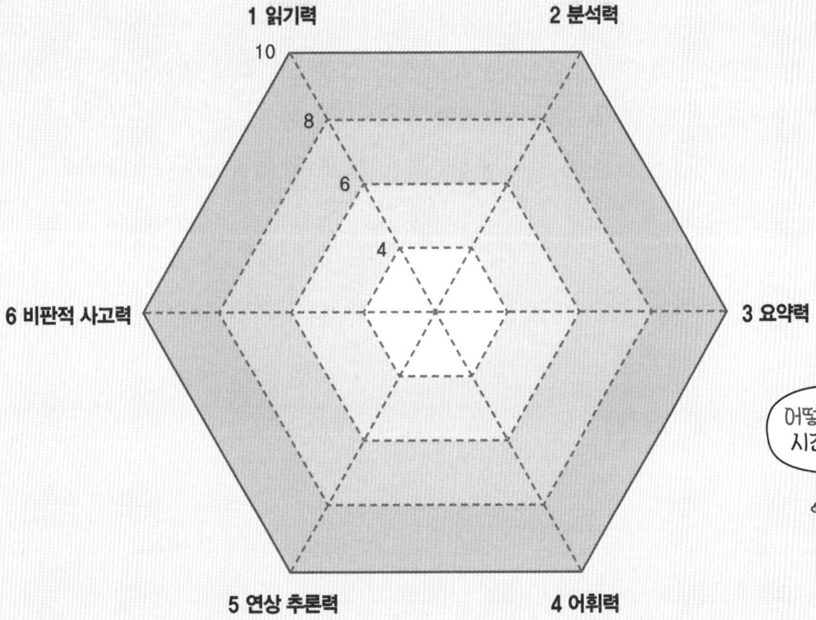

12. 【과학】 공룡 화석 기사 난이도 ★★

공룡 발굴 조사, 새로운 전기를 맞다

국내에서 발견된 공룡 머리뼈

여수의 작은 섬 대륙도의 하산동층(약 1억 2000만 년 전의 퇴적암 지층)에서 공룡 뼈 화석 10여 개가 발견됐어요. 국내에서 공룡의 머리뼈가 발견된 첫 사례로, 문화재청도 국내 첫 공식 학술 조사에 나설 계획이에요. 지금까지 우리나라에서 공식적으로 인정된 토종 공룡은 단 두 종뿐이에요. 한반도에 공룡이 많이 살지 않았다고 생각할 수 있지만 그렇지 않아요. 과거 한반도는 수많은 공룡이 살았을 가능성이 큰 지역이랍니다.

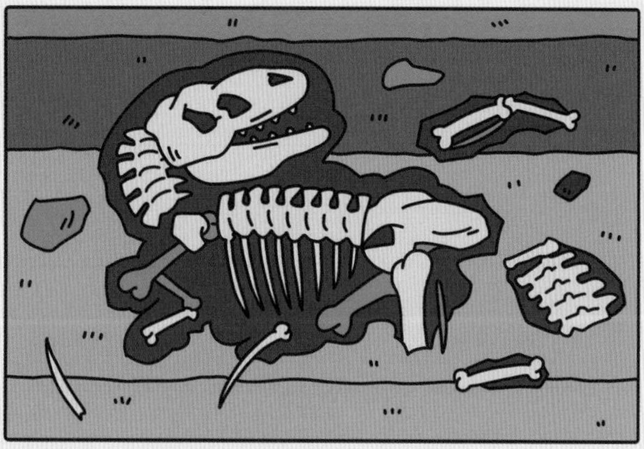

중국과 일본은 공룡 연구에 적극적으로 투자해 여러 **고유**종을 찾았지만, 우리나라는 그동안 공룡 뼈 화석에 대한 학술 조사가 활발하지 않았어요. 조사가 부족해 동아시아 공룡 **진화** 연구의 연결 고리가 끊어진 상태였어요. 하지만 이를 계기로 본격적인 조사가 이루어지면 고유종이 발견될 가능성이 커요.

국내 공룡 고유종을 찾는 일은 우리나라의 자연유산을 더욱 풍부하게 한다는 의의가 있어요. 그동안 자연유산 연구는 문화유산에 비해 **소홀**했다는 비판이 있었죠. 자연사 박물관 건립이 논의되고 있지만, 자연유산 표본 부족으로 진척이 더딘 상황이에요.

결론적으로, 우리나라의 공룡 화석 연구는 아직 초기 단계이지만 대륙도의 공룡 머리뼈 발견을 계기로 새로운 **전기**를 맞이할 거예요.

1 또박또박 읽어 보기

읽기력

위의 기사를 밑줄 친 키워드에 집중하며 5분 동안 소리 내어 읽어 보세요.
읽으면서 모르는 어휘나 문장이 얼마나 있는지 표시해 보세요.

2 샤샤샥 팩트 체크

분석력

아래의 내용 중 맞는 것에는 ○, 틀린 것에는 ×표 해 보세요.

1 우리나라의 공룡 화석 학술 조사는 매우 활발하다. ( )

2 과거 한반도에는 공룡이 거의 살지 않았다. ( )

3 현재까지 인정된 우리나라의 토종 공룡은 단 두 종뿐이다. ( )

4 대륙도에서 국내 최초로 공룡의 머리뼈가 발견되었다. ( )

3 뚝딱 주제 정리

요약력

기사의 핵심 내용을 요약해 보세요.

우리나라는 (   ) 뼈 (   )에 대한 조사가 충분히 진행되지 않았다. 그러나 여수 (   )에서 발견된 공룡의 (   )로 공룡 화석 연구가 적극적으로 이루어질 것이다.

4 제대로 의미 알기

어휘력

어휘의 뜻을 연결시켜 보고, 비슷한 어휘까지 줄로 이어 보세요.

어휘			뜻			비슷한 어휘
① 고유	•	•	⑤ 본래부터 가지고 있는 특유한 것	•	•	㉠ 선천
② 진화	•	•	⑥ 생물이 생명의 기원 이후부터 점진적으로 변해 가는 현상	•	•	㉡ 미흡
③ 소홀	•	•	⑦ 전환이 되는 기회나 시기	•	•	㉢ 기점
④ 전기	•	•	⑧ 대수롭지 아니하고 예사로움	•	•	㉣ 발달

5 번뜩 배경지식 활용

연상 추론력

아래 써 있는 키워드를 들어 본 적 있나요?
앞의 기사와 관련 있어 보이는 것을 모두 골라 보고 정확한 의미도 알아보세요.

무인 항공　　화성 뿔공룡

개화　　산불　　고생물학

6 이리저리 생각하기

비판적 사고력

공룡 화석 연구와 관련해서 이리저리 궁리해 볼까요?
두 가지 주제 중 하나를 골라 3줄 쓰기를 해 보세요. (이유나 예시도 2가지 이상 써 보세요.)

1 공룡 화석을 본 적 있나요? 그때 들었던 생각이나 느낌을 이야기해 보아요.

2 한국 공룡 화석 연구가 본격적으로 이루어지면 우리나라에 어떤 효과가 있을지 상상해 보아요.

정답

2일차 ×, ×, ○, ○　**3일차** 공룡, 화석, 대륙도, 머리뼈　**4일차** ①-⑤-㉡, ②-⑥-㉣, ③-⑧-㉠, ④-⑦-㉢

5일차 화성 뿔공룡 : 2008년 경기 화성에서 발견되어 천연기념물로 지정된 공룡 화석
고생물학 : 화석을 통해 고대 생물의 상태, 진화, 환경 등을 연구하는 학문

공룡 화석

기사 내용에 대한 이해 수준을 스스로 점검해 보고 나의 육각형 읽기 능력을 알아봐!

▶1단계 나의 육각형 점수는?

영역	평가 기준	점수	내 점수는?
1 읽기력	이해 안 가는 어휘나 문장이 3개 이상 있어. 주제도 잘 모르겠어.	4점	
	전체적인 내용은 알겠는데, 이해 안 가는 부분이 있어.	6점	
	거의 이해했어. 이해 안 가는 부분은 앞뒤 문맥을 통해 파악했어.	8점	
	모든 어휘와 문장을 이해하고, 빠르게 읽었어.	10점	
2 분석력	힝. 1개 이하로 맞혔어.	4점	
	2개 맞혔어.	6점	
	3개 맞혔어.	8점	
	모두 다 맞혔어.	10점	
3 요약력	힝. 1개 이하로 맞혔어.	4점	
	2개 맞혔어.	6점	
	3개 맞혔어.	8점	
	모두 다 맞혔어.	10점	
4 어휘력	8개 중에 1~2개만 알고 있어.	4점	
	8개 중에 절반 정도 알고 있어.	6점	
	8개 중에 1~2개 정도만 어렵고 거의 알고 있어.	8점	
	모든 어휘의 뜻을 다 알고 있어.	10점	
5 연상 추론력	이번에 다 처음 봤어.	4점	
	1개 정도만 들어 봤어.	6점	
	답은 맞혔지만 무엇인지는 잘 모르겠어.	8점	
	답도 맞히고, 무엇인지도 잘 알고 있어.	10점	
6 비판적 사고력	잘 못하겠어.	4점	
	문장 말고 어휘 위주로 썼어.	6점	
	이유나 예시를 1개 정도 제시하여 문장을 잘 썼어.	8점	
	이유나 예시를 2개 이상 제시하여 문장을 잘 썼어.	10점	

▶2단계 나의 육각형 그리기!

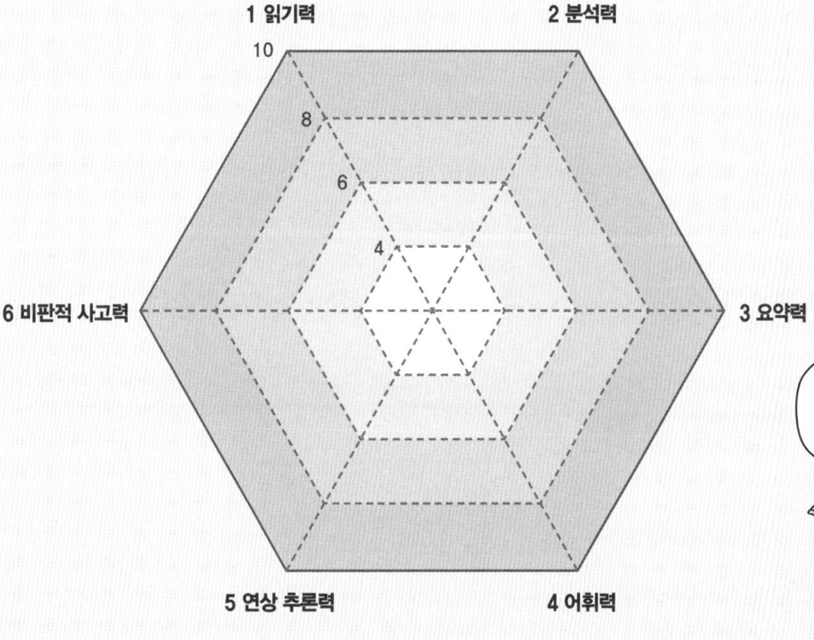

우주에 전략적 요충지가 있다?

우주 개발과 탐사에 중요한 라그랑주점

라그랑주점은 두 개의 큰 천체 사이에서 작은 천체가 **안정**적으로 움직일 수 있는 특별한 지점이에요. 라그랑주점은 18세기 이탈리아 출신의 프랑스 수학자 조제프 루이 라그랑주가 발견했어요. 이 지점에서는 두 천체의 중력이 서로 균형을 이루어 작은 천체가 연료를 많이 쓰지 않고도 오랫동안 안정적인 궤도를 유지할 수 있어요.

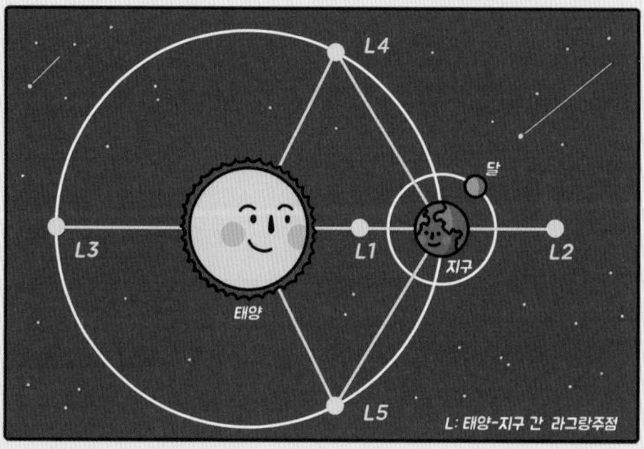

라그랑주점은 5곳이 있는데, 우주 개발과 탐사에 매우 중요한 지점으로 여겨져요. 그중 제1 라그랑주점(L1)은 태양 쪽을 향해 있어 태양 관측에 유리해요. 현재 미국과 유럽에서 관측 위성을 설치해 태양 관측에 활용하고 있어요.

제2 라그랑주점(L2)은 태양을 등지고 있어 심우주 관측에 **최적**의 장소로 꼽혀요. 또한 통신 중계에 활용되면서 군사 안보적 측면에서도 주목받고 있어요. 중국은 달 뒷면 착륙선 '창어 4호' 임무에서 통신 중계 위성 '췌차오'를 제2 라그랑주점에 보내는 데 성공했고, 이에 자극받은 미국도 라그랑주점의 전략적 가치를 강조하며 관련 계획을 발표했어요. 우리나라도 우주 관제탑 역할을 해 줄 제4 라그랑주점(L4) 탐사에 1조 원을 투자한다고 해요.

앞으로 우주 개발이 더욱 활발해지면 라그랑주점을 **선점**하는 것이 세계 **패권**을 노리는 국가들에게 중요한 전략이 될 거예요.

1 또박또박 읽어 보기

읽기력

위의 기사를 밑줄 친 키워드에 집중하며 5분 동안 소리 내어 읽어 보세요.
읽으면서 모르는 어휘나 문장이 얼마나 있는지 표시해 보세요.

2 샤샤샥 팩트 체크 분석력

아래의 내용 중 맞는 것에는 ○, 틀린 것에는 ×표 해 보세요.

1 라그랑주점은 수학자 조제프 루이 라그랑주가 발견했다. ( )

2 라그랑주점은 10곳이 있다. ( )

3 제 1, 2 라그랑주점은 우리나라가 선점하고 있다. ( )

4 라그랑주점은 지구 개발과 탐사에 매우 중요한 지점이다. ( )

3 뚝딱 주제 정리 요약력

기사의 핵심 내용을 요약해 보세요.

(　　　　　　　　　)은 두 개의 큰 천체 사이에서 작은 천체가 (　　　　　　　　　)으로 움직일 수 있는 지점으로, 이 지점에서는 두 천체의 중력이 (　　　　　　　　　)을 이루어 오랫동안 안정적인 궤도를 유지할 수 있다. 이 라그랑주점은 (　　　　　　　　　) 개발과 탐사에 중요한 지점이다.

4 제대로 의미 알기 어휘력

어휘의 뜻을 아래 설명에서 찾아 써 보세요.

① 안정 :　　　　　② 최적 :

③ 선점 :　　　　　④ 패권 :

㉠ 바뀌어 달라지지 않고 일정한 상태를 유지함

㉡ 우주에 존재하는 모든 것을 통틀어 이르는 말

㉢ 가장 알맞음

㉣ 정치, 경제 따위의 사회적 활동을 하는 데 필요한 책략

㉤ 남보다 앞서서 차지함

㉥ 어떤 분야에서 으뜸의 자리를 차지하여 누리는 권리와 힘

5 번뜩 배경지식 활용

연상 추론력

다음 글은 제3~제5 라그랑주점(L3~L5)에 대한 설명이에요.
이 글을 읽고 셋 중 덜 안정적인 곳은 어디인지 골라 보고, 이유도 이야기해 보세요.

L3 : 태양 반대편에 있어. 태양과 행성의 중력이 서로 균형을 이루는 곳이지만, 이 지점에 있는 물체는 작은 외부 힘에 의해 쉽게 밀려날 수 있어. 태양 반대편에 있어서 관측하기 어려워. 어떤 사람들은 L3에 숨겨진 행성이나 외계인 기지가 있다고 상상하지.

L4 : 행성 앞쪽 60도 지점에 있어. 태양과 행성의 중력이 균형을 이루고, 여기에 원심력이 더해져 물체가 안정적으로 자리를 유지해. 이 덕분에 작은 방해가 생겨도 물체는 원래 위치로 돌아오려는 성질을 가져.

L5 : 행성 뒤쪽 60도 지점에 있어. 태양과 행성의 중력이 균형을 이루고, 여기에도 원심력이 더해져 물체가 안정적으로 자리를 유지해. 이곳도 작은 방해가 생기면 물체가 원래 위치로 돌아오려는 성질을 가져 상대적으로 안정적이야.

6 이리저리 생각하기

비판적 사고력

라그랑주점과 관련해서 이리저리 궁리해 볼까요?
두 가지 주제 중 하나를 골라 3줄 쓰기를 해 보세요. (이유나 예시도 2가지 이상 써 보세요.)

1 라그랑주점이 왜 중요한지 내 생각을 정리해 보아요.

2 우주 개발이 이루어지면 앞으로 우리 생활에 어떤 변화가 생길지 상상해 보아요.

정답

2영역 ○, ×, ×, ×　**3영역** 라그랑주점, 안정적, 균형, 우주　**4영역** ①-㉠, ②-㉢, ③-㉤, ④-㉥

5영역 L3 / ㉠ 원심력에 의한 안정화 효과가 부족해 외부 힘에 의해 물체가 쉽게 밀려날 수 있기 때문이다.

라그랑주점

기사 내용에 대한 이해 수준을 스스로 점검해 보고 나의 육각형 읽기 능력을 알아봐!

▶1단계 나의 육각형 점수는?

영역	평가 기준	점수	내 점수는?
1 읽기력	이해 안 가는 어휘나 문장이 3개 이상 있어. 주제도 잘 모르겠어.	4점	
	전체적인 내용은 알겠는데, 이해 안 가는 부분이 있어.	6점	
	거의 이해했어. 이해 안 가는 부분은 앞뒤 문맥을 통해 파악했어.	8점	
	모든 어휘와 문장을 이해하고, 빠르게 읽었어.	10점	
2 분석력	힝. 1개 이하로 맞혔어.	4점	
	2개 맞혔어.	6점	
	3개 맞혔어.	8점	
	모두 다 맞혔어.	10점	
3 요약력	힝. 1개 이하로 맞혔어.	4점	
	2개 맞혔어.	6점	
	3개 맞혔어.	8점	
	모두 다 맞혔어.	10점	
4 어휘력	4개 중에 1개 이하로 알고 있어.	4점	
	4개 중에 2개 알고 있어.	6점	
	4개 중에 3개 알고 있어.	8점	
	모든 어휘의 뜻을 다 알고 있어.	10점	
5 연상 추론력	힝. 잘 모르겠어.	4점	
	뭔가 썼지만 아예 다른 답 같아.	6점	
	어느 정도 알고 있지만 설명은 잘 못했어.	8점	
	제시 글에 따라 설명을 잘했어.	10점	
6 비판적 사고력	잘 못하겠어.	4점	
	문장 말고 어휘 위주로 썼어.	6점	
	이유나 예시를 1개 정도 제시하여 문장을 잘 썼어.	8점	
	이유나 예시를 2개 이상 제시하여 문장을 잘 썼어.	10점	

▶2단계 나의 육각형 그리기!

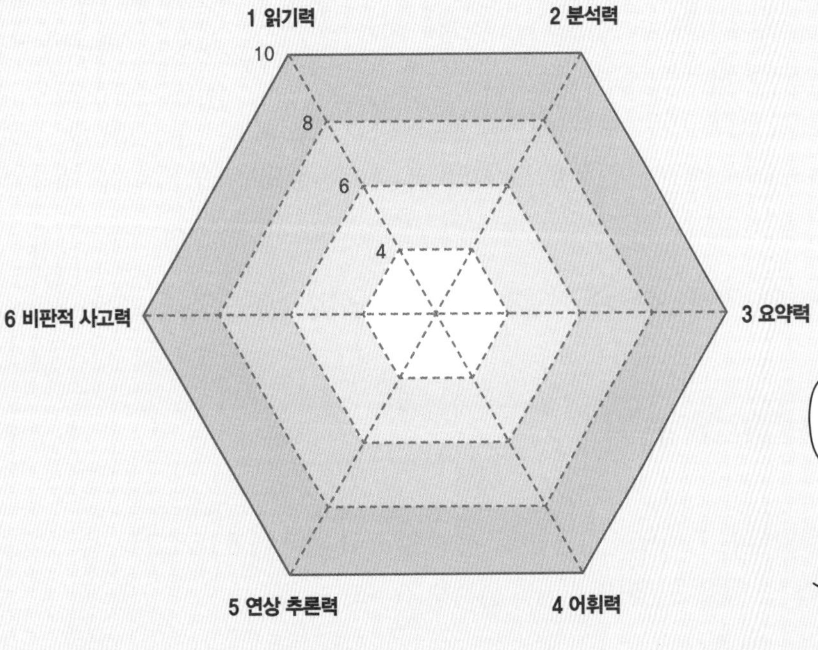

니모도 숫자를 셀 줄 안다고?
경쟁자를 알아보는 흰동가리 물고기

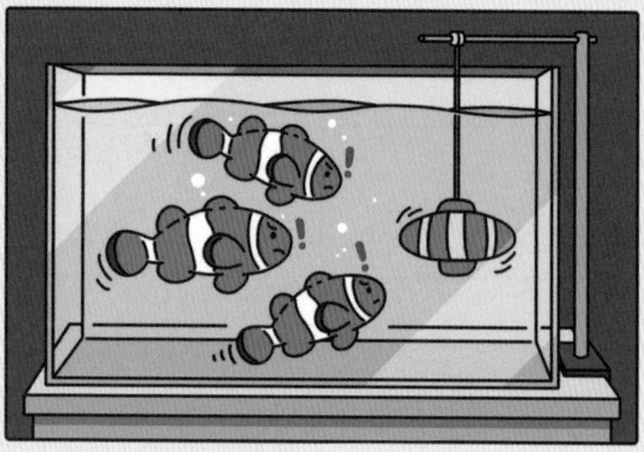

'니모를 찾아서'라는 영화에 나오는 물고기 '니모'를 본 적 있나요? 니모는 밝은 주황색에 흰 줄무늬가 있는 작고 귀여운 흰동가리라는 물고기예요. 그런데 이 니모가 숫자를 셀 수 있다고 해요.

일본의 오키나와 과학 기술 대학원 대학 연구팀은 흰동가리가 흰색 줄무늬 수에 따라 같은 종과 다른 종을 구분해 **인식**한다는 실험 결과를 발표했어요.

연구팀은 알에서 태어나자마자 분리해 키운 3줄무늬 흰동가리들을 6개월 정도 뒤에 줄무늬가 없거나 1개, 2개, 3개인 다른 흰동가리들과 함께 두었어요. 흰동가리들은 자신들과 줄무늬 수가 같은 3개의 줄무늬를 가진 **개체**에게 가장 공격적이었고, 줄무늬가 1~2개인 경우에는 상대적으로 덜 공격적이었어요. 줄무늬가 없는 물고기에 대해서는 거의 **관심**을 보이지 않았고요.

다른 실험도 했어요. 어린 흰동가리 3마리를 수조에 넣고, 몸 전체가 주황색인 물고기 모형과 1~3개의 흰색 줄무늬가 그려진 물고기 모형을 넣었어요. 흰동가리들은 주황색 모형에는 관심을 보이지 않았지만, 줄무늬가 3개인 물고기 모형은 물어뜯거나 쫓아다니는 등 공격적이었어요. 줄무늬가 2개인 모형에도 3개만큼은 아니지만 공격적이었어요.

흰동가리는 **생후** 11일쯤 처음으로 2개의 흰색 줄무늬가 생기고, 며칠 후 3번째 줄무늬가 생기는데, 연구팀은 2개의 줄무늬를 가진 흰동가리가 함께 자라면서 이를 경쟁자로 인식하는 것일 수 있다고 설명했어요.

1 또박또박 읽어 보기

읽기력

위의 기사를 밑줄 친 키워드에 집중하며 5분 동안 소리 내어 읽어 보세요.
읽으면서 모르는 어휘나 문장이 얼마나 있는지 표시해 보세요.

2 샤샤샥 팩트 체크 분석력

아래의 내용 중 맞는 것에는 ○, 틀린 것에는 ×표 해 보세요.

1 니모는 흰동가리라는 물고기이다. ☐

2 흰동가리는 생후 11일쯤 3개의 흰색 줄무늬가 생긴다. ☐

3 흰동가리는 지느러미 수에 따라 공격적인 모습을 보인다. ☐

4 연구를 통해 흰동가리가 같은 종과 다른 종을 구분할 수 있다는 사실이 밝혀졌다. ☐

3 뚝딱 주제 정리 요약력

기사의 핵심 내용을 요약해 보세요.

(   )는 흰 줄의 수에 따라 같은 종과 (   )을 구분해 인식한다. 흰동가리는 자라면서 (   )가 생기는데, 어린 흰동가리들끼리 함께 자라면서 줄무늬를 통해 같은 종인 흰동가리를 (   )로 인식하기 때문이다.

4 제대로 의미 알기 어휘력

다음의 뜻을 가진 어휘를 쓰고, 그 어휘를 활용해서 짧은 문장을 만들어 보세요.

뜻	어휘	짧은 문장
① 태어난 후	ㅅ ㅎ	
② 사물을 분별하고 판단하여 앎	ㅇ ㅅ	
③ 어떤 것에 마음이 끌려 주의를 기울임	ㄱ ㅅ	
④ 전체나 집단에 비해 하나하나의 낱개	ㄱ ㅊ	

5 번뜩 배경지식 활용

연상 추론력

아래 써 있는 키워드를 들어 본 적 있나요?
앞의 기사와 관련 있어 보이는 것을 모두 골라 보고 정확한 의미도 알아보세요.

약육강식　스마트 팜
빛 공해　환경　서열 싸움

6 이리저리 생각하기

비판적 사고력

흰동가리 실험과 관련해서 이리저리 궁리해 볼까요?
두 가지 주제 중 하나를 골라 3줄 쓰기를 해 보세요. (이유나 예시도 2가지 이상 써 보세요.)

1 어린 흰동가리들이 흰 줄무늬가 3개인 다른 흰동가리에게 가장 공격적인 이유는 무엇일까요?

2 흰동가리 연구를 계기로 해양 생태계 연구에 어떤 변화가 있을지 생각해 보아요.

정답

2영역 ○, ×, ×, ○　**3영역** 흰동가리, 다른 종, 줄무늬, 경쟁자　**4영역** ① 생후, ② 인식, ③ 관심, ④ 개체

5영역 약육강식 : 약한 자가 강한 자에게 먹힘　환경 : 생물에게 영향을 주는 조건이나 상황
서열 싸움 : 지위나 위치를 정하기 위한 경쟁

물고기의 경쟁

기사 내용에 대한 이해 수준을 스스로 점검해 보고 나의 육각형 읽기 능력을 알아봐!

▶1단계 나의 육각형 점수는?

영역	평가 기준	점수	내 점수는?
1 읽기력	이해 안 가는 어휘나 문장이 3개 이상 있어. 주제도 잘 모르겠어.	4점	
	전체적인 내용은 알겠는데, 이해 안 가는 부분이 있어.	6점	
	거의 이해했어. 이해 안 가는 부분은 앞뒤 문맥을 통해 파악했어.	8점	
	모든 어휘와 문장을 이해하고, 빠르게 읽었어.	10점	
2 분석력	힝. 1개 이하로 맞혔어.	4점	
	2개 맞혔어.	6점	
	3개 맞혔어.	8점	
	모두 다 맞혔어.	10점	
3 요약력	힝. 1개 이하로 맞혔어.	4점	
	2개 맞혔어.	6점	
	3개 맞혔어.	8점	
	모두 다 맞혔어.	10점	
4 어휘력	어휘만 1개 이하로 맞혔어.	4점	
	어휘만 2개 이상 맞혔어.	6점	
	어휘는 다 맞혔는데, 문장은 1~2개 정도만 만들었어.	8점	
	어휘도 다 맞혔고, 모든 문장도 만들었어.	10점	
5 연상 추론력	이번에 다 처음 봤어.	4점	
	1개 정도만 들어 봤어.	6점	
	답은 맞혔지만 무엇인지는 잘 모르겠어.	8점	
	답도 맞히고, 무엇인지도 잘 알고 있어.	10점	
6 비판적 사고력	잘 못하겠어.	4점	
	문장 말고 어휘 위주로 썼어.	6점	
	이유나 예시를 1개 정도 제시하여 문장을 잘 썼어.	8점	
	이유나 예시를 2개 이상 제시하여 문장을 잘 썼어.	10점	

▶2단계 나의 육각형 그리기!

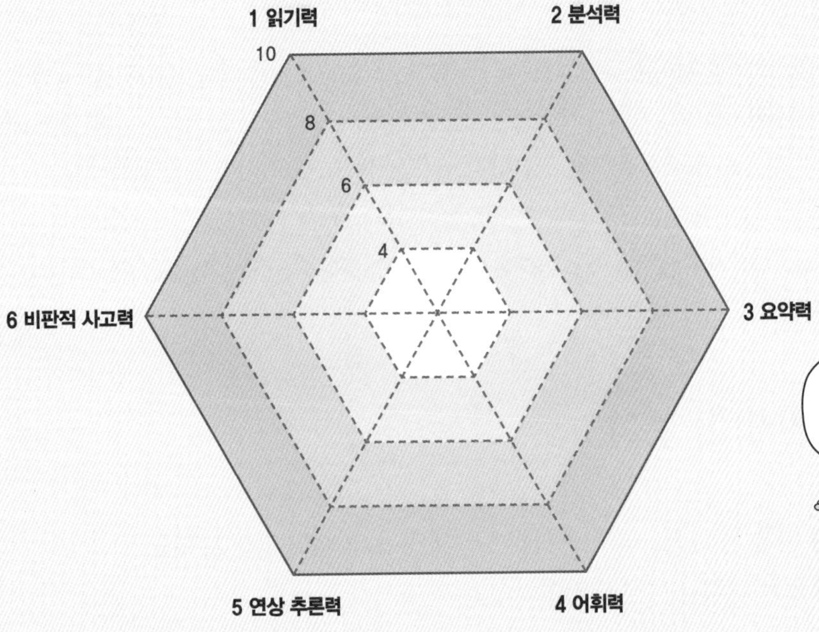

물고기도 서로 경쟁할 수 있다니 신기해!

15. [과학] 슈퍼버그

기사 난이도 ★★

3초에 1명씩 죽게 하는 세균이 있다고?
무서운 세균, 슈퍼버그

미국에서만 해마다 280만 건 이상의 항생제 **내성 세균 감염**이 발생하고 있어요. 전 세계적으로는 매년 500만 명 이상이 감염되고 있지요. 항생제 내성 세균은 이전의 모든 항생제에도 반응하지 않는 강력한 내성을 가진 균으로, '슈퍼버그'라고 불러요. 2050년까지 매년 1,000만 명, 즉 3초에 1명씩 슈퍼버그에 **감염**되어서 죽을 거라고 **예측**돼요.

전자 현미경으로 관찰한 박테리오파지

2022년 5월부터 시작된 슈퍼버그 안구 감염 사태는 2023년 5월, 미국 내 18개 주로 퍼졌어요. 이 사태로 4명이 사망하고 4명이 안구를 **적출**해야 했으며, 14명은 시력을 잃었어요. 슈퍼버그 안구 감염 사태는 무방부제 인공 눈물 제품이 생산 과정에서 세균에 감염되었기 때문이었어요. 제품을 사용한 일부 환자들에게는 슈퍼버그가 호흡기로 전염되기도 했지요.

연구진은 슈퍼버그를 퇴치하기 위해 세균을 공격하는 바이러스인 '박테리오파지'를 개발했어요. 박테리오파지는 삼각대 모양을 한 바이러스로, 세균을 찾아서 공격하고 집어삼키는 역할을 해요. 기술이 더 발전하면 수많은 종류의 슈퍼버그를 이길 수 있는 박테리오파지가 개발될 거예요.

1 또박또박 읽어 보기

읽기력

위의 기사를 밑줄 친 키워드에 집중하며 5분 동안 소리 내어 읽어 보세요.
읽으면서 모르는 어휘나 문장이 얼마나 있는지 표시해 보세요.

2 샤샤샥 팩트 체크 분석력

아래의 내용 중 맞는 것에는 ○, 틀린 것에는 ×표 해 보세요.

1 영국에서 매년 280만 건 이상의 항생제 내성 감염이 발생한다. ( )

2 슈퍼버그는 모든 항생제로 치료가 가능하다. ( )

3 슈퍼버그는 호흡기로 전염될 수도 있다. ( )

4 박테리오파지는 오각형 모양을 하고 있다. ( )

3 뚝딱 주제 정리 요약력

기사의 핵심 내용을 요약해 보세요.

( )는 어떤 ( )에도 반응하지 않는 강력한 ( )을 가져서 치료할 수 없었지만 ( )로 치료할 수 있는 방법이 생겼다. 이 기술이 더 발전하면 여러 슈퍼버그를 퇴치하는 방법이 생길 것이다.

4 제대로 의미 알기 어휘력

어휘의 뜻을 연결시켜 보고, 비슷한 어휘까지 줄로 이어 보세요.

어휘	뜻	비슷한 어휘
① 내성 •	• ⑤ 미생물이 동물이나 식물의 몸 안에 들어가 증식하는 일 •	• ㉠ 전염
② 감염 •	• ⑥ 약물의 반복 복용에 의해 약효가 저하하는 현상 •	• ㉡ 만성
③ 예측 •	• ⑦ 끄집어내거나 솎아 냄 •	• ㉢ 예견
④ 적출 •	• ⑧ 미리 헤아려 짐작함 •	• ㉣ 적발

5 번뜩 배경지식 활용

연상 추론력

아래 써 있는 키워드를 들어 본 적 있나요?
앞의 기사와 관련 있어 보이는 것을 모두 골라 보고 정확한 의미도 알아보세요.

MBTI　　자동차
페니실린　　박테리아　　국가

6 이리저리 생각하기

비판적 사고력

슈퍼버그와 관련해서 이리저리 궁리해 볼까요?
두 가지 주제 중 하나를 골라 3줄 쓰기를 해 보세요. (이유나 예시도 2가지 이상 써 보세요.)

1 병에 걸렸는데 어떠한 약도 듣지 않는다면 어떻게 해야 할까요?

2 박테리오파지 기술로 우리 생활에 어떤 변화가 생길지 상상해 보아요.

정답

2영역 ×, ×, ○, ×　**3영역** 슈퍼버그, 항생제, 내성, 박테리오파지　**4영역** ①-⑥-ⓛ, ②-⑤-㉠, ③-⑧-ⓒ, ④-⑦-ⓡ

5영역 페니실린 : 푸른곰팡이를 배양해 얻은 항생 물질
박테리아 : 매우 작은 단세포 생물로, 사람을 비롯한 동물과 식물 등 다양한 생물과 공생하거나 질병을 일으키기도 함

슈퍼버그

기사 내용에 대한 이해 수준을 스스로 점검해 보고 나의 육각형 읽기 능력을 알아봐!

▶1단계 나의 육각형 점수는?

영역	평가 기준	점수	내 점수는?
1 읽기력	이해 안 가는 어휘나 문장이 3개 이상 있어. 주제도 잘 모르겠어.	4점	
	전체적인 내용은 알겠는데, 이해 안 가는 부분이 있어.	6점	
	거의 이해했어. 이해 안 가는 부분은 앞뒤 문맥을 통해 파악했어.	8점	
	모든 어휘와 문장을 이해하고, 빠르게 읽었어.	10점	
2 분석력	힝. 1개 이하로 맞혔어.	4점	
	2개 맞혔어.	6점	
	3개 맞혔어.	8점	
	모두 다 맞혔어.	10점	
3 요약력	힝. 1개 이하로 맞혔어.	4점	
	2개 맞혔어.	6점	
	3개 맞혔어.	8점	
	모두 다 맞혔어.	10점	
4 어휘력	8개 중에 1-2개만 알고 있어.	4점	
	8개 중에 절반 정도 알고 있어.	6점	
	8개 중에 1-2개 정도만 어렵고 거의 알고 있어.	8점	
	모든 어휘의 뜻을 다 알고 있어.	10점	
5 연상 추론력	이번에 다 처음 봤어.	4점	
	1개 정도만 들어 봤어.	6점	
	답은 맞혔지만 무엇인지는 잘 모르겠어.	8점	
	답도 맞히고, 무엇인지도 잘 알고 있어.	10점	
6 비판적 사고력	잘 못하겠어.	4점	
	문장 말고 어휘 위주로 썼어.	6점	
	이유나 예시를 1개 정도 제시하여 문장을 잘 썼어.	8점	
	이유나 예시를 2개 이상 제시하여 문장을 잘 썼어.	10점	

▶2단계 나의 육각형 그리기!

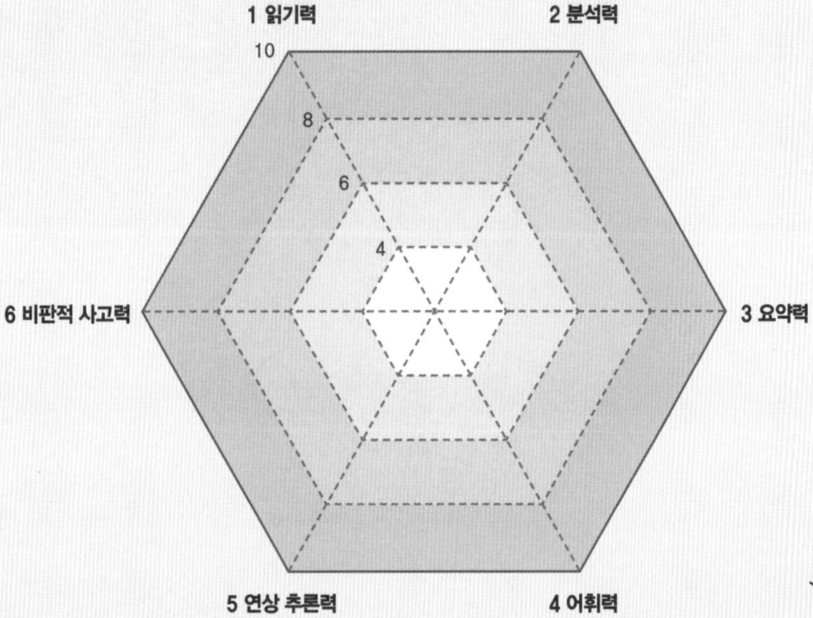

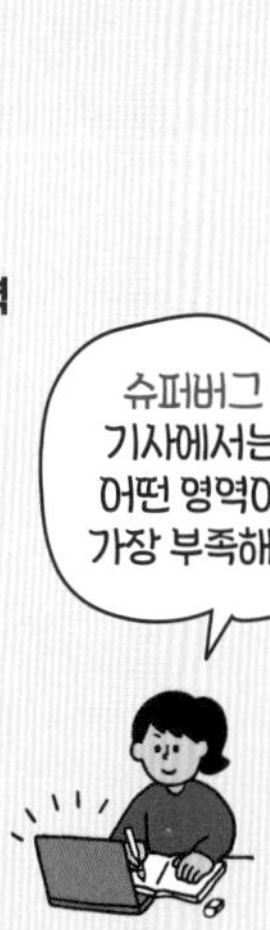

슈퍼버그 기사에서는 어떤 영역이 가장 부족해?

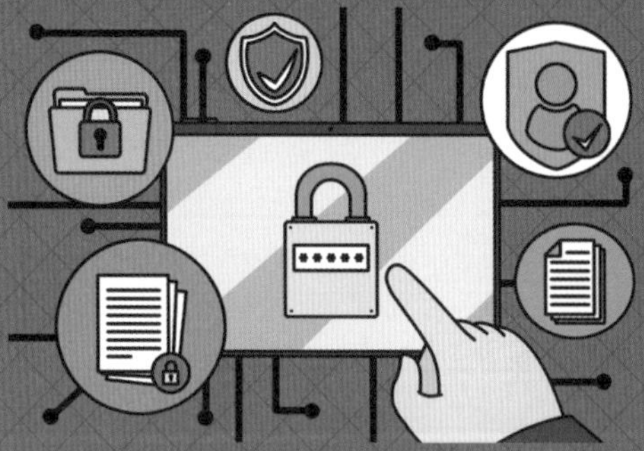

기술이 발전하면 세상을 더 나은 곳으로 만들 수 있어요.
최신 기술을 접하면 로봇, 인공 지능과 같은 놀라운 발명을 쉽게 접할 수 있고,
사람들의 발명 과정을 보며 창의력도 키울 수 있어요.
또한 디지털 환경에서 안전하게 기술을 이용하는 방법도 익히게 돼요.
세상을 변화시키는 다양한 기술 기사를 접해 보세요!

PART 2
기술

읽기력

분석력

요약력

어휘력

연상 추론력

비판적 사고력

1. [기술] 인공 지능 기사 난이도 ★★

사람보다 더 똑똑해지는 인공 지능
인공 지능의 발전이 가져올 미래

인공 지능(AI)은 컴퓨터가 사람처럼 생각하고 행동할 수 있게 만드는 기술이에요. 인공 지능은 사람보다 더 빠르고 정확하게 일을 처리할 수 있지요. 예를 들어, 병원에서 인공 지능을 활용하면 환자의 **증상**을 빠르게 분석하고 정확한 진단을 내릴 수 있지요. 한꺼번에 많은 양의 데이터를 처리해서 새로운 정보를 발견할 수도 있어요. 또한, 인공 지능은 우주 탐사 로봇이나 위험한 환경에서 일하는 로봇처럼 우리가 하기 힘든 일을 대신 해 줄 수도 있답니다.

테슬라 최고 경영자 일론 머스크는 2025년에 인간을 뛰어넘는 범용 인공 지능(AGI)이 나올 것이라고 했어요. AGI는 사람처럼 스스로 정보를 학습하고 문제를 해결할 뿐만 아니라 사람과 상호 작용도 할 수 있다고 해요. 하지만 대부분의 AI 전문가들은 5~10년이 더 걸린다고 **전망**하고 있어요.

인공 지능은 장점이 많지만 단점도 있어요. 첫째, 인공 지능을 만들고 사용하는 데 비용이 많이 들어요. 둘째, 인공 지능이 잘못된 정보를 학습하거나 **오작동**해서 오히려 위험할 수 있어요. 셋째, 인공 지능이 우리 일자리를 뺏을 수도 있어요.

정부와 기업들은 인공 지능의 장단점을 잘 살펴보며, 인공 지능 기술을 안전하고 효과적으로 활용하려고 노력하고 있어요. 정부는 인공 지능 **윤리** 기준을 만들고, 기업들은 인공 지능 기술을 업무에 활용하여 생산성을 높이는 거예요.

1 또박또박 읽어 보기 읽기력

위의 기사를 밑줄 친 키워드에 집중하며 5분 동안 소리 내어 읽어 보세요.
읽으면서 모르는 어휘나 문장이 얼마나 있는지 표시해 보세요.

2 샤샤샥 팩트 체크

분석력

아래의 내용 중 맞는 것에는 ○, 틀린 것에는 ×표 해 보세요.

1 인공 지능은 우리가 하는 일을 더 빠르게 하도록 도와준다. ☐

2 인공 지능은 한 번에 한 가지 일만 처리한다. ☐

3 인공 지능은 저렴하게 만들 수 있다. ☐

4 인공 지능이 우리의 일자리를 빼앗을 수도 있다. ☐

3 뚝딱 주제 정리

요약력

기사의 핵심 내용을 요약해 보세요.

(   )은 우리 생활에 큰 변화를 가져올 것이다. 빠르고 정확하게 일을 하고, (   ) 정보를 발견하고, 위험한 일을 대신 해 준다. 하지만 (   )이 많이 들고, 잘못 작동할 수 있으며, (   )를 뺏을 수도 있어 잘 활용해야 한다.

4 제대로 의미 알기

어휘력

어휘의 뜻을 연결시켜 보고, 비슷한 어휘까지 줄로 이어 보세요.

어휘			뜻			비슷한 어휘
① 증상	•	•	⑤ 기계나 전자 제품이 기능 이상으로 잘못 작동하는 것	•	•	㉠ 결함
② 전망	•	•	⑥ 앞날을 헤아려 내다봄. 또는 내다보이는 장래의 상황	•	•	㉡ 예측
③ 오작동	•	•	⑦ 병을 앓을 때 나타나는 여러 가지 상태나 모양	•	•	㉢ 병세
④ 윤리	•	•	⑧ 마땅히 행하거나 지켜야 할 도리	•	•	㉣ 규범

5 번뜩 배경지식 활용

연상 추론력

다음 글은 러다이트 운동에 대한 설명이에요.
이 글을 읽고, 인공 지능의 단점 중 무엇과 관련이 있는지 이야기해 보세요.

> 러다이트 운동 : 1811~1817년 영국에서 일어난 기계 파괴 운동이다. 산업 혁명으로 인해 기계가 우월한 지위를 차지하자, 일자리를 잃은 노동자들이 기계를 실업의 원인으로 여겨 기계를 파괴하는 운동을 벌였다.

6 이리저리 생각하기

비판적 사고력

인공 지능과 관련해서 이리저리 궁리해 볼까요?
두 가지 주제 중 하나를 골라 3줄 쓰기를 해 보세요. (이유나 예시도 2가지 이상 써 보세요.)

1 인공 지능을 사용할 때 조심해야 하는 점은 무엇이 있을까요?

2 인공 지능 기술로 우리 생활에 어떤 변화가 생길지 상상해 보아요.

정답

2영역 ○, ×, ×, ○ **3영역** 인공 지능, 새로운, 비용, 일자리

4영역 ①-⑦-㉢, ②-⑥-㉡, ③-⑤-㉠, ④-⑧-㉣ **5영역** 예 사람들의 일자리가 사라진다.

인공 지능

기사 내용에 대한 이해 수준을 스스로 점검해 보고 나의 육각형 읽기 능력을 알아봐!

▶1단계 나의 육각형 점수는?

영역	평가 기준	점수	내 점수는?
1 읽기력	이해 안 가는 어휘나 문장이 3개 이상 있어. 주제도 잘 모르겠어.	4점	
	전체적인 내용은 알겠는데, 이해 안 가는 부분이 있어.	6점	
	거의 이해했어. 이해 안 가는 부분은 앞뒤 문맥을 통해 파악했어.	8점	
	모든 어휘와 문장을 이해하고, 빠르게 읽었어.	10점	
2 분석력	힝. 1개 이하로 맞혔어.	4점	
	2개 맞혔어.	6점	
	3개 맞혔어.	8점	
	모두 다 맞혔어.	10점	
3 요약력	힝. 1개 이하로 맞혔어.	4점	
	1개 맞혔어.	6점	
	2개 맞혔어.	8점	
	모두 다 맞혔어.	10점	
4 어휘력	8개 중에 1~2개만 알고 있어.	4점	
	8개 중에 절반 정도 알고 있어.	6점	
	8개 중에 1~2개 정도만 어렵고 거의 알고 있어.	8점	
	모든 어휘의 뜻을 다 알고 있어.	10점	
5 연상 추론력	힝. 잘 모르겠어.	4점	
	뭔가 썼지만 아예 다른 답 같아.	6점	
	어느 정도 알고 있지만 설명은 잘 못했어.	8점	
	제시 글에 따라 설명을 잘했어.	10점	
6 비판적 사고력	잘 못하겠어.	4점	
	문장 말고 어휘 위주로 썼어.	6점	
	이유나 예시를 1개 정도 제시하여 문장을 잘 썼어.	8점	
	이유나 예시를 2개 이상 제시하여 문장을 잘 썼어.	10점	

▶2단계 나의 육각형 그리기!

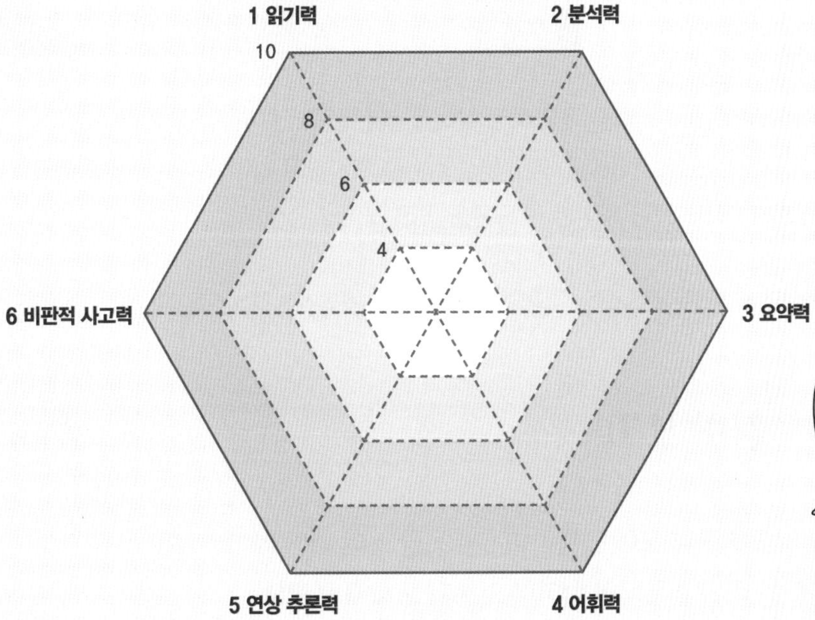

2. [기술] 데이터 주권 기사 난이도 ★★

AI 시대, 데이터 주권을 지켜야 해
점점 더 중요해지는 자국의 데이터

최근 인공 지능(AI)과 플랫폼 경쟁이 치열해지면서 각국 정부는 데이터 주권을 더욱 중요하게 여기고 있어요. 데이터 주권은 '디지털 주권'의 한 부분으로, 국가나 기업이 자국의 데이터를 직접 **관리**하고 **통제**할 수 있는 권리를 말해요. 데이터 주권이 지켜지면 데이터 암호화와 접근, 공급 업체 운영 등 자국의 데이터를 보호하고 다른 나라가 중요 정보에 **무단**으로 접근하는 것을 막을 수 있어요. 이는 데이터가 해당 국가의 법과 규정에 따라 다뤄져야 한다는 개념이에요.

만약 자국민의 데이터를 외국 기업이 가지고 있으면 경제와 **안보**에 위협이 될 수도 있어요. 미국 정부는 자국민을 보호한다는 명목으로 중국 기업이 운영하는 '틱톡' 앱의 퇴출을 요구했고, 중국 정부는 국가 안보를 이유로 애플 앱 스토어에서 미국 IT 기업인 메타의 '왓츠앱'을 삭제하게 했지요.

또한 각국 정부와 기업들은 자국 언어와 문화에 특화된 AI 모델을 개발하고 있어요. 일본은 지진 대응에 특화된 AI를, 프랑스는 '미스트랄 AI'를, 인도는 다양한 언어를 훈련한 생성형 AI를 개발하고 있어요. 우리나라도 네이버에서 개발한 '하이퍼클로바X'라는 한국어 기반 AI 모델을 갖고 있어요.

1 또박또박 읽어 보기 읽기력

위의 기사를 밑줄 친 키워드에 집중하며 5분 동안 소리 내어 읽어 보세요.
읽으면서 모르는 어휘나 문장이 얼마나 있는지 표시해 보세요.

2 샤샤샥 팩트 체크

분석력

아래의 내용 중 맞는 것에는 ○, 틀린 것에는 ×표 해 보세요.

1 데이터 주권은 별로 중요하지 않다. ( )

2 미국 정부는 틱톡 앱의 퇴출을 요구했다. ( )

3 데이터 주권은 디지털 주권의 한 부분이다. ( )

4 우리나라는 한국어 기반 AI를 갖고 있다. ( )

3 뚝딱 주제 정리

요약력

기사의 핵심 내용을 요약해 보세요.

(   )은 국가나 기업이 자기 나라의 (   )를 직접 관리하고 통제할 수 있는 권리이다. 최근 AI와 (   ) 경쟁이 치열해지면서 각국 정부는 데이터 주권을 중요하게 여기고 있다. 자기 나라의 (   )와 문화에 특화된 AI 모델 개발에 힘쓰며, 데이터 주권 강화를 위한 다양한 정책을 추진하고 있다.

4 제대로 의미 알기

어휘력

어휘의 뜻을 연결시켜 보고, 비슷한 어휘까지 줄로 이어 보세요.

어휘			뜻			비슷한 어휘
① 관리	•	•	⑤ '안전 보장'을 줄여 이르는 말	•	•	㉠ 함부로
② 통제	•	•	⑥ 시설이나 물건의 유지, 개량 따위의 일을 함	•	•	㉡ 운영
③ 무단	•	•	⑦ 행위를 제한하거나 제약함	•	•	㉢ 치안
④ 안보	•	•	⑧ 사전에 허락이 없음. 또는 아무 사유가 없음	•	•	㉣ 제재

5 번뜩 배경지식 활용

연상 추론력

아래 써 있는 키워드를 들어 본 적 있나요?
앞의 기사와 관련 있어 보이는 것을 모두 골라 보고 정확한 의미도 알아보세요.

지진대　　개인 정보

우크라이나　　환태평양　　어플리케이션

6 이리저리 생각하기

비판적 사고력

데이터 주권과 관련해서 이리저리 궁리해 볼까요?
두 가지 주제 중 하나를 골라 3줄 쓰기를 해 보세요. (이유나 예시도 2가지 이상 써 보세요.)

1 데이터 주권이 왜 중요할까요?

2 데이터 주권을 지키기 위해서 우리가 무엇을 할 수 있을지 이야기해 보아요.

정답

2영역 ×, ○, ○, ○　**3영역** 데이터(디지털) 주권, 데이터, 플랫폼, 언어　**4영역** ①-⑥-㉡, ②-⑦-㉣, ③-⑧-㉠, ④-⑤-㉢

5영역 개인 정보 : 살아 있는 개인에 대한 정보　어플리케이션 : 스마트폰, 태블릿, PC 같은 기기 등에서 설치해 사용하는 응용 소프트웨어

데이터 주권

기사 내용에 대한 이해 수준을 스스로 점검해 보고 나의 육각형 읽기 능력을 알아봐!

▶1단계 나의 육각형 점수는?

영역	평가 기준	점수	내 점수는?
1 읽기력	이해 안 가는 어휘나 문장이 3개 이상 있어. 주제도 잘 모르겠어.	4점	
	전체적인 내용은 알겠는데, 이해 안 가는 부분이 있어.	6점	
	거의 이해했어. 이해 안 가는 부분은 앞뒤 문맥을 통해 파악했어.	8점	
	모든 어휘와 문장을 이해하고, 빠르게 읽었어.	10점	
2 분석력	힝. 1개 이하로 맞혔어.	4점	
	2개 맞혔어.	6점	
	3개 맞혔어.	8점	
	모두 다 맞혔어.	10점	
3 요약력	힝. 1개 이하로 맞혔어.	4점	
	2개 맞혔어.	6점	
	3개 맞혔어.	8점	
	모두 다 맞혔어.	10점	
4 어휘력	8개 중에 1-2개만 알고 있어.	4점	
	8개 중에 절반 정도 알고 있어.	6점	
	8개 중에 1-2개 정도만 어렵고 거의 알고 있어.	8점	
	모든 어휘의 뜻을 다 알고 있어.	10점	
5 연상 추론력	이번에 다 처음 봤어.	4점	
	1개 정도만 들어 봤어.	6점	
	답은 맞혔지만 무엇인지는 잘 모르겠어.	8점	
	답도 맞히고, 무엇인지도 잘 알고 있어.	10점	
6 비판적 사고력	잘 못하겠어.	4점	
	문장 말고 어휘 위주로 썼어.	6점	
	이유나 예시를 1개 정도 제시하여 문장을 잘 썼어.	8점	
	이유나 예시를 2개 이상 제시하여 문장을 잘 썼어.	10점	

▶2단계 나의 육각형 그리기!

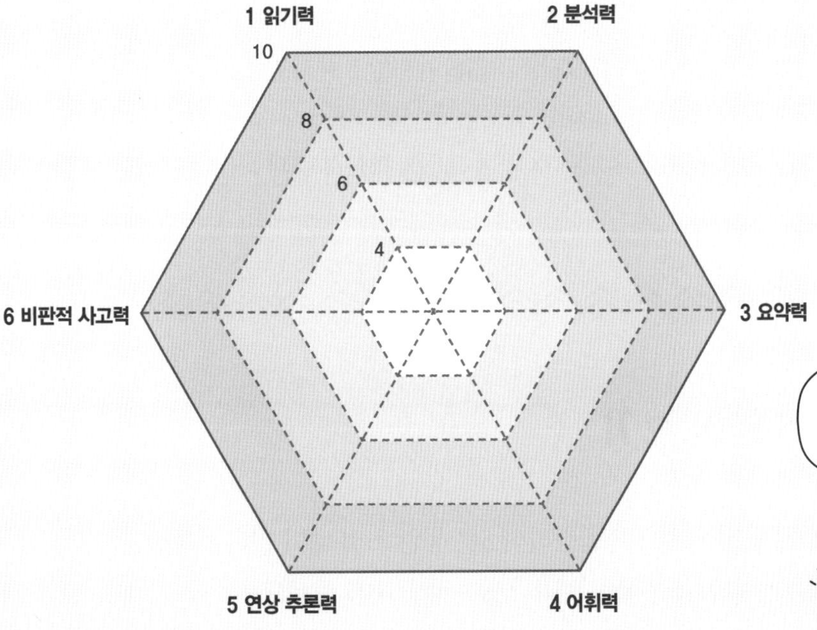

데이터 주권에 대해 새롭게 알게 되었지?

3. 【기술】 빅테크 기업 규제 기사 난이도 ★★

유럽, 빅테크 기업에 칼 뽑았다
높아지는 IT 기업 규제

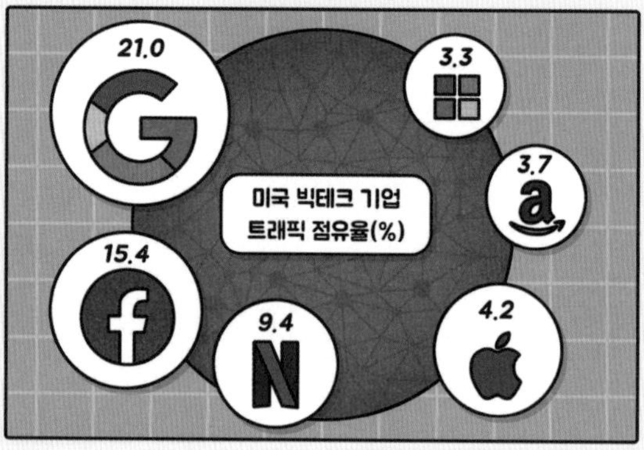

유럽 연합(EU)은 구글, 애플 등 대형 IT 기업들의 시장 영향력을 줄이는 새로운 법들을 만들었어요.

우선, '디지털 시장법(Digital Market Act)'을 시행해 대형 IT 기업인 구글, 애플, 메타, 아마존, 알파벳, 마이크로소프트를 '게이트키퍼'로 **지정**했어요. 빅테크 기업이라고도 하는 이 기업들은 자신의 플랫폼에서 다른 회사 제품을 팔지 못하게 하거나, 자신의 제품을 더 잘 보이게 하는 등의 행동을 할 수 없어요. 이를 어기면 매출액의 최대 10%까지 벌금을 물어야 해요.

유럽 연합은 또한 '디지털 서비스법(Digital Services Act)'을 만들어 온라인 플랫폼, 소셜 네트워크 서비스(SNS), 검색 엔진 등의 서비스를 제공할 때 지켜야 할 기본 규칙을 정했어요. 가격을 속이거나 해지하기 어렵게 만드는 행동을 금지했고, 미성년자를 대상으로 한 맞춤형 광고도 금지했어요. 또 불법 정보가 퍼지는 것을 막고, 광고와 데이터 사용을 투명하게 공개하도록 했어요.

우리나라에서도 이와 비슷한 '온라인 플랫폼 중개 거래의 공정화에 관한 법률'을 만들어 시장 영향력이 큰 IT 기업들의 독점을 막으려고 했지만 기업들의 반발로 논의조차 못 하고 있어요.

대형 IT 기업들의 시장 영향력을 줄이는 규제는 디지털 기술 발전을 늦출 수도 있어요. 하지만 기업들의 독점과 개인 정보 **침해**도 무시할 수 없기 때문에 **혁신**과 **규제** 사이에 균형을 잘 잡는 것이 중요해요.

1 또박또박 읽어 보기 읽기력

위의 기사를 밑줄 친 키워드에 집중하며 5분 동안 소리 내어 읽어 보세요.
읽으면서 모르는 어휘나 문장이 얼마나 있는지 표시해 보세요.

2 샤샤샥 팩트 체크 분석력

아래의 내용 중 맞는 것에는 ○, 틀린 것에는 ×표 해 보세요.

1 유럽 연합은 디지털 시장법으로 6개의 큰 IT기업을 게이트 키퍼로 정했다. ( )

2 디지털 시장법은 유럽 연합의 제품을 더 잘 보이도록 한 것이다. ( )

3 디지털 서비스법은 미성년자를 대상으로 한 맞춤형 광고를 허용한다. ( )

4 디지털 서비스법은 광고와 데이터 사용을 투명하게 공개한다. ( )

3 뚝딱 주제 정리 요약력

기사의 핵심 내용을 요약해 보세요.

( )은 대형 ( ) 기업들을 규제하는 법을 만들었다. ( )을 시행해 6개의 큰 IT 기업을 게이트 키퍼로 정했고, ( )을 만들어 디지털 서비스를 제공할 때 지켜야 할 기본 수칙을 정했다.

4 제대로 의미 알기 어휘력

다음의 뜻을 가진 어휘를 쓰고, 그 어휘를 활용해서 짧은 문장을 만들어 보세요.

뜻	어휘	짧은 문장
① 가리키어 확실하게 정함	ㅈ ㅈ	
② 규칙으로 정한 한도를 넘지 못하게 막음	ㄱ ㅈ	
③ 오래된 방법이나 관습 등을 완전히 바꾸어서 새롭게 함	ㅎ ㅅ	
④ 침범하여 해를 끼침	ㅊ ㅎ	

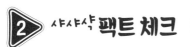

5 번뜩 배경지식 활용

연상 추론력

아래 써 있는 키워드를 들어 본 적 있나요?
앞의 기사와 관련 있어 보이는 것을 모두 골라 보고 정확한 의미도 알아보세요.

의대 고체
대만 디지털 독점 글로벌 기업

6 이리저리 생각하기

비판적 사고력

빅테크 기업과 관련해서 이리저리 궁리해 볼까요?
두 가지 주제 중 하나를 골라 3줄 쓰기를 해 보세요. (이유나 예시도 2가지 이상 써 보세요.)

1 빅테크 기업은 우리 생활과 어떤 관련이 있을까요?
2 빅테크 기업을 어떻게 활용하는 것이 현명하게 활용하는 것인지 방법을 생각해 보아요.

정답

2영역 ○, ×, ×, ○ **3영역** 유럽 연합, 빅테크(IT), 디지털 시장법, 디지털 서비스법
4영역 ① 지정, ② 규제, ③ 혁신, ④ 침해
5영역 디지털 독점 : 특정 기업이나 플랫폼이 디지털 산업 내에서 시장의 대부분을 장악하고, 경쟁을 제한하거나 배제하는 상태
글로벌 기업 : 국경을 초월해 전 세계 시장에 제품 및 서비스를 제공하는 회사. 구글, 애플, 삼성 등

빅테크 기업 규제

기사 내용에 대한 이해 수준을 스스로 점검해 보고 나의 육각형 읽기 능력을 알아봐!

▶1단계 나의 육각형 점수는?

영역	평가 기준	점수	내 점수는?
1 읽기력	이해 안 가는 어휘나 문장이 3개 이상 있어. 주제도 잘 모르겠어.	4점	
	전체적인 내용은 알겠는데, 이해 안 가는 부분이 있어.	6점	
	거의 이해했어. 이해 안 가는 부분은 앞뒤 문맥을 통해 파악했어.	8점	
	모든 어휘와 문장을 이해하고, 빠르게 읽었어.	10점	
2 분석력	힝. 1개 이하로 맞혔어.	4점	
	2개 맞혔어.	6점	
	3개 맞혔어.	8점	
	모두 다 맞혔어.	10점	
3 요약력	힝. 1개 이하로 맞혔어.	4점	
	2개 맞혔어.	6점	
	3개 맞혔어.	8점	
	모두 다 맞혔어.	10점	
4 어휘력	어휘만 1개 이하로 맞혔어.	4점	
	어휘만 2개 이상 맞혔어.	6점	
	어휘는 다 맞혔는데, 문장은 1-2개 정도만 만들었어.	8점	
	어휘도 다 맞혔고, 모든 문장도 만들었어.	10점	
5 연상 추론력	이번에 다 처음 봤어.	4점	
	1개 정도만 들어 봤어.	6점	
	답은 맞혔지만 무엇인지는 잘 모르겠어.	8점	
	답도 맞히고, 무엇인지도 잘 알고 있어.	10점	
6 비판적 사고력	잘 못하겠어.	4점	
	문장 말고 어휘 위주로 썼어.	6점	
	이유나 예시를 1개 정도 제시하여 문장을 잘 썼어.	8점	
	이유나 예시를 2개 이상 제시하여 문장을 잘 썼어.	10점	

▶2단계 나의 육각형 그리기!

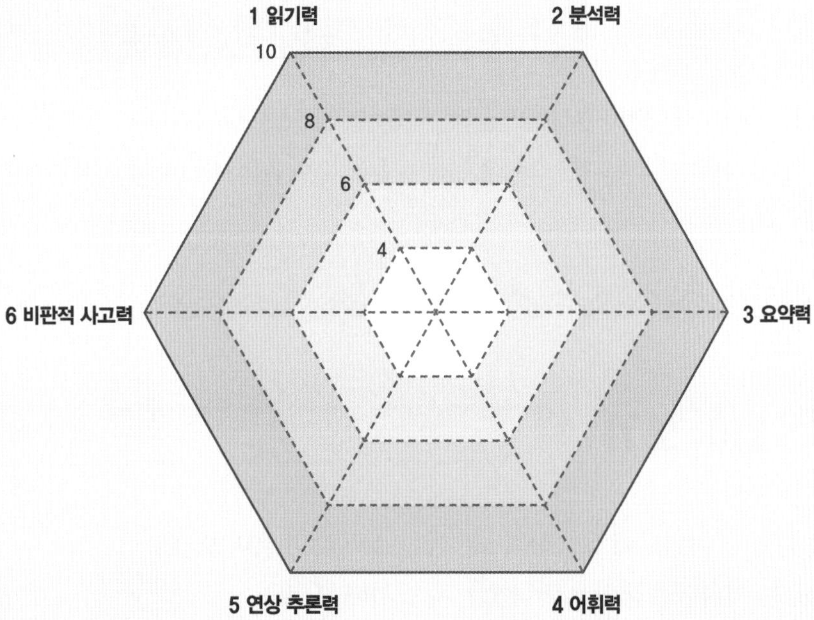

4. [기술] 인공 뇌세포 기사 난이도 ★★

3D 프린터로 뇌세포를 만든다고?
컴퓨터 인터페이스 기술의 발전

뇌와 컴퓨터를 연결하는 뇌-컴퓨터 인터페이스 기술과 3D 프린팅 기술의 발전으로 새로운 뇌의 시대를 맞이했어요.

미국 위스콘신대 연구진은 3D 프린팅 기술을 이용하여 인공 뇌세포 조직을 만들어 내는 데 성공했어요. 줄기세포에서 자란 신경 세포 뉴런을 특정 단백질과 효소로 이루어진 젤 안에 넣어 '잉크'를 만들고, 이 잉크를 3D 프린팅하면 뇌세포 조직이 만들어져요. 이 인공 뇌세포 조직을 **수평**으로 나란히 이어 붙이면 서로 신호를 주고받을 수 있어 실제 뇌의 기능을 **모방**할 수 있지요.

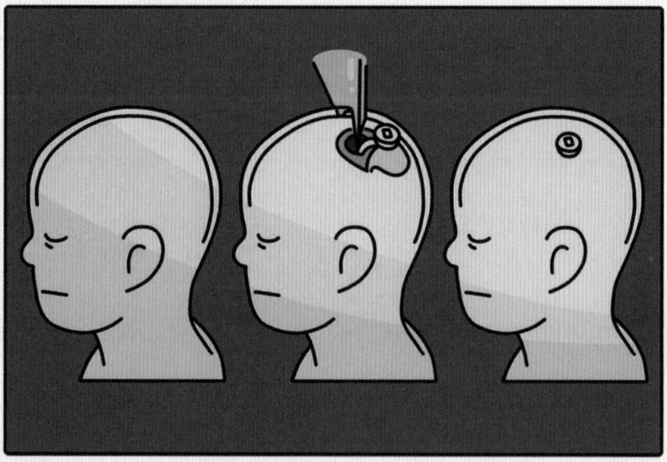

일론 머스크가 설립한 뇌신경과학 회사인 '뉴럴링크'는 사람의 뇌에 심는 동전 크기의 칩을 개발했어요. 전극 1,024개가 달린 이 칩으로 사람의 생각을 **감지**할 수 있어 생각만으로도 컴퓨터나 다른 전자 기기를 **조종**할 수 있다고 해요. 특히 뇌-컴퓨터 인터페이스 기술은 사지마비 환자들의 삶에 큰 도움이 될 것으로 보여요.

인공 뇌세포 기술은 실제 뇌와 유사한 조직을 만들어 실험할 수 있어서 뇌 질병의 새로운 치료법을 안전하게 테스트할 수도 있어요.

1 또박또박 읽어 보기 읽기력

위의 기사를 밑줄 친 키워드에 집중하며 5분 동안 소리 내어 읽어 보세요.
읽으면서 모르는 어휘나 문장이 얼마나 있는지 표시해 보세요.

2 샤샤샥 팩트 체크 분석력

아래의 내용 중 맞는 것에는 ○, 틀린 것에는 ×표 해 보세요.

1 3D 프린팅 기술을 이용해 인공 뇌세포를 제작했다. ( )

2 뇌에 칩을 이식하면 생각만으로도 전자 기기를 조종할 수 있는 기술이 개발됐다. ( )

3 뇌-컴퓨터 인터페이스 기술은 사지마비 환자들에게 큰 도움이 될 것이다. ( )

4 인공 뇌세포 기술로는 실제 뇌와 유사한 조직을 만들 수 없다. ( )

3 뚝딱 주제 정리 요약력

기사의 핵심 내용을 요약해 보세요.

뇌 – 컴퓨터 인터페이스 기술과 (   ) 기술의 발전으로 인공 (   ) 조직을 만들고 실제 뇌의 기능을 모방할 수 있게 되었다. 이 기술은 (   ) 환자 등 사람들의 (   )을 크게 바꿀 것이다.

4 제대로 의미 알기 어휘력

다음의 뜻을 가진 어휘를 쓰고, 그 어휘를 활용해서 짧은 문장을 만들어 보세요.

뜻	어휘	짧은 문장
① 다른 것을 본뜨거나 본받음	ㅁ ㅂ	
② 기울지 않고 평평한 상태	ㅅ ㅍ	
③ 비행기나 선박, 자동차 따위의 기계를 다루어 부림	ㅈ ㅈ	
④ 느끼어 앎	ㄱ ㅈ	

5 번뜩 배경지식 활용

연상 추론력

아래 써 있는 키워드를 들어 본 적 있나요?
앞의 기사와 관련 있어 보이는 것을 모두 골라 보고 정확한 의미도 알아보세요.

자전거 아이돌 디지털 자산
뉴런 시냅스

6 이리저리 생각하기

비판적 사고력

인공 뇌세포와 관련해서 이리저리 궁리해 볼까요?
두 가지 주제 중 하나를 골라 3줄 쓰기를 해 보세요. (이유나 예시도 2가지 이상 써 보세요.)

1 인공 뇌세포를 실제 생활에서 사용한다면 조심해야 하는 점은 무엇일까요?

2 앞으로 인공 뇌세포 기술로 우리 생활에 어떤 변화가 생길지 상상해 보아요.

정답

2영역 ○, ○, ○, × **3영역** 3D 프린팅, 뇌세포, 사지마비, 삶 **4영역** ① 모방, ② 수평, ③ 조종 , ④ 감지
5영역 뉴런 : 신경 세포. 신경계의 기본 단위 시냅스 : 한 뉴런에서 다른 뉴런으로 신호를 전달하는 연결 지점

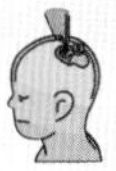

인공 뇌세포

기사 내용에 대한 이해 수준을 스스로 점검해 보고 나의 육각형 읽기 능력을 알아봐!

▶1단계 나의 육각형 점수는?

영역	평가 기준	점수	내 점수는?
1 읽기력	이해 안 가는 어휘나 문장이 3개 이상 있어. 주제도 잘 모르겠어.	4점	
	전체적인 내용은 알겠는데, 이해 안 가는 부분이 있어.	6점	
	거의 이해했어. 이해 안 가는 부분은 앞뒤 문맥을 통해 파악했어.	8점	
	모든 어휘와 문장을 이해하고, 빠르게 읽었어.	10점	
2 분석력	힝. 1개 이하로 맞혔어.	4점	
	2개 맞혔어.	6점	
	3개 맞혔어.	8점	
	모두 다 맞혔어.	10점	
3 요약력	힝. 1개 이하로 맞혔어.	4점	
	2개 맞혔어.	6점	
	3개 맞혔어.	8점	
	모두 다 맞혔어.	10점	
4 어휘력	어휘만 1개 이하로 맞혔어.	4점	
	어휘만 2개 이상 맞혔어.	6점	
	어휘는 다 맞혔는데, 문장은 1-2개 정도만 만들었어.	8점	
	어휘도 다 맞혔고, 모든 문장도 만들었어.	10점	
5 연상 추론력	이번에 다 처음 봤어.	4점	
	1개 정도만 들어 봤어.	6점	
	답은 맞혔지만 무엇인지는 잘 모르겠어.	8점	
	답도 맞히고, 무엇인지도 잘 알고 있어.	10점	
6 비판적 사고력	잘 못하겠어.	4점	
	문장 말고 어휘 위주로 썼어.	6점	
	이유나 예시를 1개 정도 제시하여 문장을 잘 썼어.	8점	
	이유나 예시를 2개 이상 제시하여 문장을 잘 썼어.	10점	

▶2단계 나의 육각형 그리기!

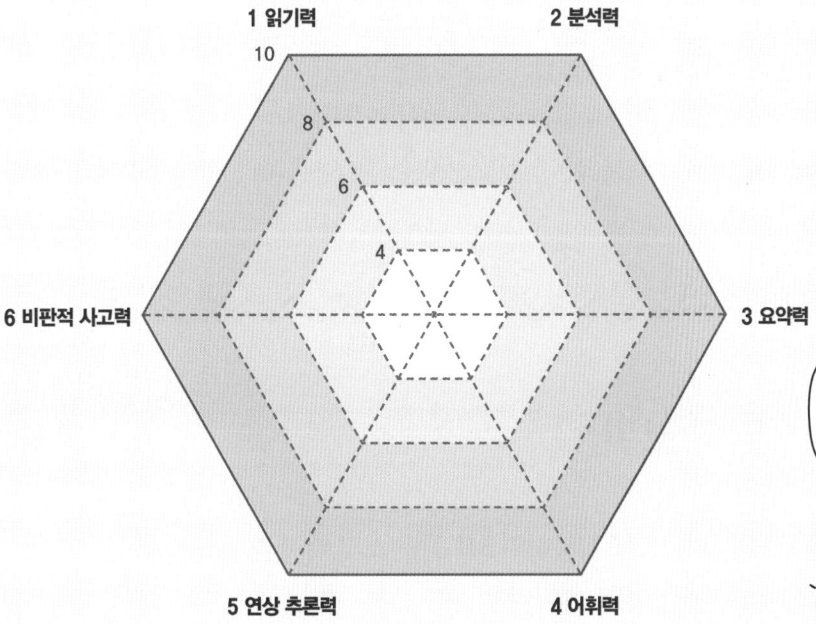

5. 【기술】 딥페이크 기사 난이도 ★★

내 얼굴을 가짜로 만들 수 있다고?
딥페이크 기술의 명과 암

딥페이크 기술은 사진이나 영상을 만들 때 사용되는 기술로, 딥러닝(Deep learning)과 가짜를 뜻하는 페이크(Fake)의 합성어예요. 이 기술을 사용하면 얼굴이나 목소리 등을 가짜로 만들 수 있어요.
홍콩에서는 딥페이크 기술을 이용한 금융 사기 사건이 있었어요. 금융사 직원이 딥페이크로 만든 '가짜' 이사와 화상 회의를 하면서 2억 홍콩 달러(약 342억 원)를 보낸 거예요. 처음에는 직원도 가짜라고 생각했지만 회사 동료들과 함께 화상 회의까지 참석하고 나서 진짜라고 생각한 거죠. 놀랍게도 화상 회의에 참가했던 모든 직원의 얼굴도 딥페이크로 만든 것이었어요. 홍콩 경찰은 최근 딥페이크를 악용한 사기 행각이 점점 늘어나고 있다고 말했어요.

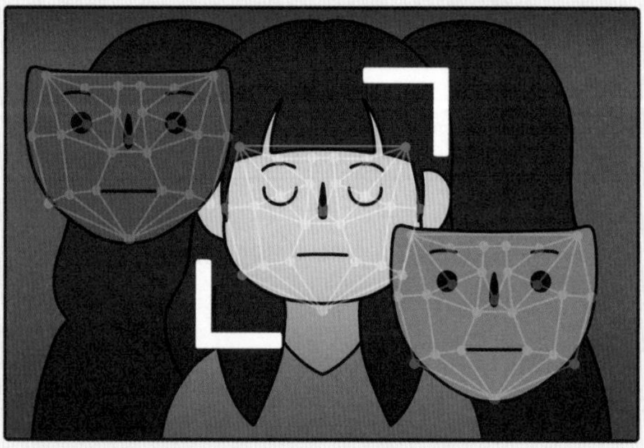

딥페이크 기술은 선거, 소셜 네트워크 서비스(SNS) 등 다양한 분야에서 문제가 될 수 있어요. 미국에서도 팝스타 테일러 스위프트가 자신의 얼굴 사진이 **합성**된 영상이 퍼져 피해를 입었고, 딥페이크 음성 기술을 이용한 조 바이든 대통령의 가짜 목소리 전화로 온 나라가 시끄러웠던 적도 있어요.
사실 딥페이크 기술이 나쁜 일에만 사용되는 건 아니에요. 가상 현실이나 증강 현실에서 활용할 수 있고, 영화 촬영에도 쓰여요. 딥페이크 기술을 어떻게 사용하느냐에 따라 좋은 도구가 될 수도, 나쁜 흉기가 될 수도 있어요.

1 또박또박 읽어 보기

읽기력

위의 기사를 밑줄 친 키워드에 집중하며 5분 동안 소리 내어 읽어 보세요.
읽으면서 모르는 어휘나 문장이 얼마나 있는지 표시해 보세요.

2 샤샤샥 팩트 체크 분석력

아래의 내용 중 맞는 것에는 ○, 틀린 것에는 ×표 해 보세요.

1 딥페이크 기술은 사람의 얼굴을 가짜로 만들 수 있다. ( )

2 홍콩의 한 금융사 직원이 딥페이크에 속아 100억을 보냈다. ( )

3 미국에서 팝스타 테일러 스위프트의 가짜 목소리로 문제가 된 적이 있다. ( )

4 딥페이크 기술은 영화 촬영에서 쓰이기도 한다. ( )

3 뚝딱 주제 정리 요약력

기사의 핵심 내용을 요약해 보세요.

(　　　　　　　　) 기술은 (　　　　　　　　)과 페이크의 합성어이다. 사람의 얼굴이나 목소리를 (　　　　　　)로 만들 수 있기 때문에 위험하다. 그러나 (　　　　　　　　) 이나 증강 현실, 영화 등에서 잘 활용하면 좋은 도구가 될 수 있다.

4 제대로 의미 알기 어휘력

'합성'과 비슷한 어휘에는 모두 ○, 반대 어휘에는 모두 △표 해 보세요.

합성 : 둘 이상의 것을 합쳐서 하나를 이룸

복합　　분리　　배합　　해체

조합　　분해　　합체　　단절

5 번뜩 배경지식 활용 — 연상 추론력

아래 써 있는 키워드를 들어 본 적 있나요?
앞의 기사와 관련 있어 보이는 것을 모두 골라 보고 정확한 의미도 알아보세요.

얼굴 인식 기술　　합성 사진
개나리　　지진　　싱크홀

6 이리저리 생각하기 — 비판적 사고력

딥페이크와 관련해서 이리저리 궁리해 볼까요?
두 가지 주제 중 하나를 골라 3줄 쓰기를 해 보세요. (이유나 예시도 2가지 이상 써 보세요.)

1 딥페이크 기술을 사용할 때 조심해야 할 점은 무엇인가요?

2 앞으로 딥페이크 기술이 발전하면 우리 생활에 어떤 변화가 생길지 상상해 보아요.

정답

2영역 ○, ×, ×, ○　　**3영역** 딥페이크, 딥러닝, 가짜, 가상 현실

4영역 비슷한 어휘 – 복합, 배합, 조합, 합체 / 반대 어휘 – 분리, 해체, 분해, 단절

5영역 얼굴 인식 기술 : 사람의 얼굴을 식별하고 인식하는 기술
합성 사진 : 두 개 이상의 이미지나 사진을 합쳐서 하나의 새로운 이미지로 만드는 것

딥페이크

기사 내용에 대한 이해 수준을 스스로 점검해 보고 나의 육각형 읽기 능력을 알아봐!

▶1단계 나의 육각형 점수는?

영역	평가 기준	점수	내 점수는?
1 읽기력	이해 안 가는 어휘나 문장이 3개 이상 있어. 주제도 잘 모르겠어.	4점	
	전체적인 내용은 알겠는데, 이해 안 가는 부분이 있어.	6점	
	거의 이해했어. 이해 안 가는 부분은 앞뒤 문맥을 통해 파악했어.	8점	
	모든 어휘와 문장을 이해하고, 빠르게 읽었어.	10점	
2 분석력	힝. 1개 이하로 맞혔어.	4점	
	2개 맞혔어.	6점	
	3개 맞혔어.	8점	
	모두 다 맞혔어.	10점	
3 요약력	힝. 1개 이하로 맞혔어.	4점	
	2개 맞혔어.	6점	
	3개 맞혔어.	8점	
	모두 다 맞혔어.	10점	
4 어휘력	8개 중에 1-2개만 알고 있어.	4점	
	8개 중에 절반 정도 알고 있어.	6점	
	8개 중에 1-2개 정도만 어렵고 거의 알고 있어.	8점	
	모든 어휘의 뜻을 다 알고 있어.	10점	
5 연상 추론력	이번에 다 처음 봤어.	4점	
	1개 정도만 들어 봤어.	6점	
	답은 맞혔지만 무엇인지는 잘 모르겠어.	8점	
	답도 맞히고, 무엇인지도 잘 알고 있어.	10점	
6 비판적 사고력	잘 못하겠어.	4점	
	문장 말고 어휘 위주로 썼어.	6점	
	이유나 예시를 1개 정도 제시하여 문장을 잘 썼어.	8점	
	이유나 예시를 2개 이상 제시하여 문장을 잘 썼어.	10점	

▶2단계 나의 육각형 그리기!

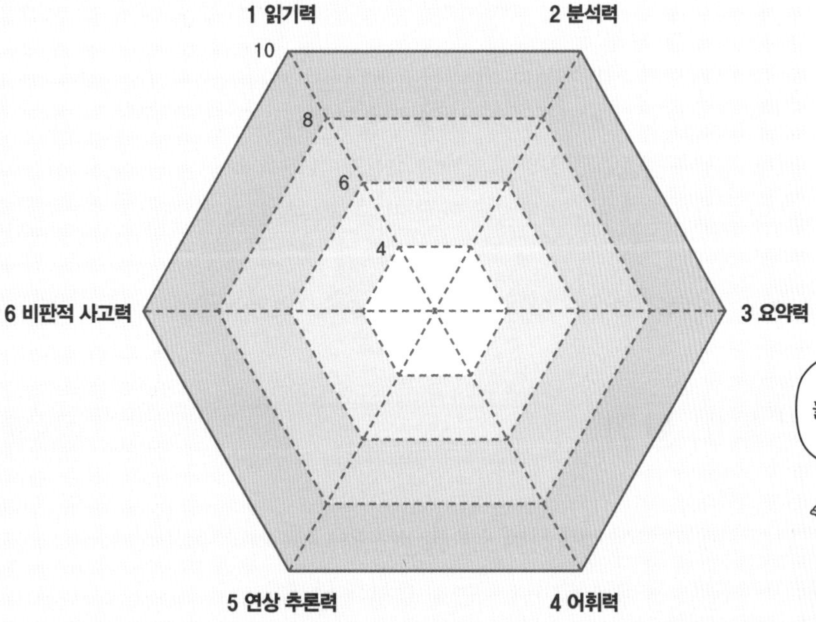

딥페이크 기술을 올바르게 사용해야 할 것 같아!

6. [기술] 버추얼 아이돌 기사 난이도 ★

너도 버추얼 아이돌 좋아하니?
새로운 형태의 아이돌 탄생

버추얼 아이돌은 '**가상** 연예인'이라는 뜻으로, 컴퓨터로 만들어요. 사람이 각각의 아이돌 캐릭터의 버추얼 장비를 착용하고 움직이면 2D, 3D 형식의 캐릭터로 보이는 거예요. 캐릭터 뒤에 사람이 있다는 점에서 인공 지능(AI)으로 탄생한 캐릭터와는 달라요.

버추얼 아이돌은 나이가 들지 않고 사생활 논란이 없어서 인기가 많아지고 있어요. 버추얼 아이돌 뒤의 사람이 누구인지 궁금해하지 않는 것이 팬과 버추얼 아이돌 사이의 약속이에요. 누군지 알아도 모르는 척하는 경우도 많고요.

'플레이브'는 한국에서 처음으로 나온 버추얼 보이 그룹이에요. 플레이브는 음악 방송 1위, 음반 판매량 1위도 했어요. 팬들은 플레이브 멤버들과 적극적으로 **소통**하고, 멤버들의 외모와 음악을 직접 만들어 가고 있어요. 이렇게 팬들이 직접 **참여**하고 소통하는 것이 플레이브라는 그룹의 큰 매력이에요.

버추얼 아이돌이 인기를 끌고 있는 이유는 가상 현실 기술이 발전한 것도 있지만, 가상 세계에 익숙한 사람들이 많아졌기 때문이기도 하지요. 가상 세계에 익숙해진 사람들이 버추얼 아이돌을 친숙하게 느끼고 받아들이는 거죠.

특히 버추얼 아이돌 그룹은 팬들과 긴밀하게 소통할 수 있어서 더욱 사랑받고 있어요. 버추얼 아이돌이 팬들과 진심으로 **교감**하고 감동을 주고받는 한, 더 많은 관심을 받을 것으로 보여요.

1 또박또박 읽어 보기

읽기력

위의 기사를 밑줄 친 키워드에 집중하며 5분 동안 소리 내어 읽어 보세요.
읽으면서 모르는 어휘나 문장이 얼마나 있는지 표시해 보세요.

2 샤샤샥 팩트 체크

분석력

아래의 내용 중 맞는 것에는 ○, 틀린 것에는 ×표 해 보세요.

1 버추얼 아이돌은 인공 지능으로 만든 캐릭터이다. ( )

2 비추얼 아이돌은 나이가 들지 않고 사생활 논란이 없다. ( )

3 버추얼 아이돌이 인기를 끄는 이유는 가상 세계에 익숙해진 사람들이 늘어났기 때문이다. ( )

4 버추얼 아이돌은 가상의 존재여서 소통이 불가능하다. ( )

3 뚝딱 주제 정리

요약력

기사의 핵심 내용을 요약해 보세요.

(   )은 가상 (   )을 말한다. 사람이 버추얼 장비를 착용하고 움직이면 캐릭터의 형상으로 보이는 것이다. 사람들이 (   )에 익숙해졌고, 버추얼 아이돌은 팬들과 (   )을 잘하기 때문에 인기가 많아졌다.

4 제대로 의미 알기

어휘력

다음의 뜻을 가진 어휘를 쓰고, 그 어휘를 활용해서 짧은 문장을 만들어 보세요.

뜻	어휘	짧은 문장
① 서로 접촉하여 따라 움직이는 느낌	ㄱ ㄱ	
② 어떤 일에 끼어들어 관계함	ㅊ ㅇ	
③ 막히지 않고 잘 통함	ㅅ ㅌ	
④ 사실이 아니거나 사실 여부가 분명하지 않은 것을 사실이라고 가정하여 생각함	ㄱ ㅅ	

5 번뜩 배경지식 활용

연상 추론력

아래 써 있는 키워드를 들어 본 적 있나요?
앞의 기사와 관련 있어 보이는 것을 모두 골라 보고 정확한 의미도 알아보세요.

증강 현실　　메타버스
키오스크　　라그랑주점　　축구

6 이리저리 생각하기

비판적 사고력

버추얼 아이돌과 관련해서 이리저리 궁리해 볼까요?
두 가지 주제 중 하나를 골라 3줄 쓰기를 해 보세요. (이유나 예시도 2가지 이상 써 보세요.)

1 알고 있는 버추얼 아이돌이 있나요? 버추얼 아이돌의 매력은 무엇인지 이야기해 보아요.
2 버추얼 아이돌이 계속 나온다면 우리 생활에 어떤 변화가 생길지 상상해 보아요.

정답

2영역 ×, ○, ○, ×　**3영역** 버추얼 아이돌, 연예인, 가상 세계, 소통　**4영역** ① 교감, ② 참여, ③ 소통, ④ 가상
5영역 증강 현실 : 현실 세계에 가상 정보를 겹쳐서 보여 주는 기술
메타버스 : 가상 현실, 증강 현실 등 디지털 기술을 통해 만들어진 3차원 가상 세계로, 사람들이 이 공간에서 상호 작용하고 활동할 수 있는 환경

버추얼 아이돌

기사 내용에 대한 이해 수준을 스스로 점검해 보고 나의 육각형 읽기 능력을 알아봐!

▶1단계 나의 육각형 점수는?

영역	평가 기준	점수	내 점수는?
1 읽기력	이해 안 가는 어휘나 문장이 3개 이상 있어. 주제도 잘 모르겠어.	4점	
	전체적인 내용은 알겠는데, 이해 안 가는 부분이 있어.	6점	
	거의 이해했어. 이해 안 가는 부분은 앞뒤 문맥을 통해 파악했어.	8점	
	모든 어휘와 문장을 이해하고, 빠르게 읽었어.	10점	
2 분석력	힝. 1개 이하로 맞혔어.	4점	
	2개 맞혔어.	6점	
	3개 맞혔어.	8점	
	모두 다 맞혔어.	10점	
3 요약력	힝. 1개 이하로 맞혔어.	4점	
	2개 맞혔어.	6점	
	3개 맞혔어.	8점	
	모두 다 맞혔어.	10점	
4 어휘력	어휘만 1개 이하로 맞혔어.	4점	
	어휘만 2개 이상 맞혔어.	6점	
	어휘는 다 맞혔는데, 문장은 1-2개 정도만 만들었어.	8점	
	어휘도 다 맞혔고, 모든 문장도 만들었어.	10점	
5 연상 추론력	이번에 다 처음 봤어.	4점	
	1개 정도만 들어 봤어.	6점	
	답은 맞혔지만 무엇인지는 잘 모르겠어.	8점	
	답도 맞히고, 무엇인지도 잘 알고 있어.	10점	
6 비판적 사고력	잘 못하겠어.	4점	
	문장 말고 어휘 위주로 썼어.	6점	
	이유나 예시를 1개 정도 제시하여 문장을 잘 썼어.	8점	
	이유나 예시를 2개 이상 제시하여 문장을 잘 썼어.	10점	

▶2단계 나의 육각형 그리기!

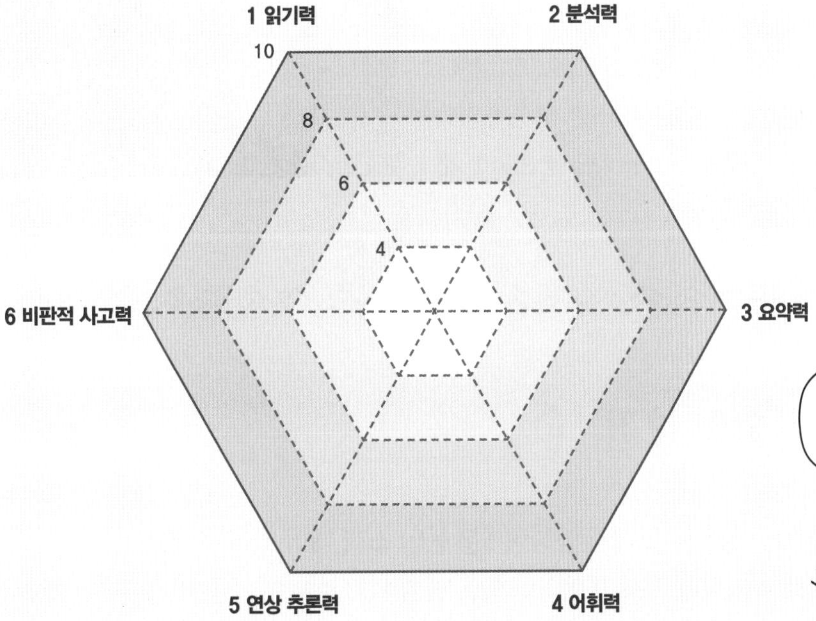

버추얼 아이돌에 대한 기사를 더 찾아봐!

7. 【기술】 전자 잉크

기사 난이도 ★★★

체온에 말랑해지는 잉크가 있다고?

딱딱한 상태에서 부드럽게 변하는 전자 잉크

카이스트(KAIST) 정재웅 교수 연구팀은 높은 해상도로 프린팅이 가능하고, **상온**에서는 딱딱하지만 체온에 의해 부드러워져 인체 친화적 바이오 전자 소자 구현을 가능하게 하는 액체 금속의 전자 잉크를 개발했어요. 이 잉크는 작은 노즐을 통해 직접 잉크 쓰기 방식으로 고해상도 프린팅이 가능해요.

이 전자 잉크는 상온에서는 단단해 손쉽게 모양을 만들 수 있고, 피부에 붙이거나(웨어러블) 몸속에 이식(임플란터블)하면 체온에 의해 부드럽게 변해 신체 조직 일부처럼 함께 움직일 수 있어 불편함이나 염증 반응을 일으키지 않아요.

이 전자 잉크의 핵심 소재인 갈륨은 금속인데도 녹는점이 29.76℃로 낮아서 쉽게 고체와 액체로 상태 변화가 가능하고, 전기가 이동하는 전도성이 뛰어나면서도 독성이 없어요.

또 3D 프린팅을 활용해 사용자 맞춤형 전자 소자 **제작**도 가능해요. 사용 후 몸에서 제거할 때는 다시 딱딱한 **형태**로 변형돼 재사용할 수도 있어요.

이 전자 잉크는 여러 기술 분야와 의료 기기 분야의 한계를 **극복**하여 차세대 웨어러블 및 임플란터블 기기, 의료 장비, 로보틱스 등 다양한 분야에 활용될 것으로 기대돼요.

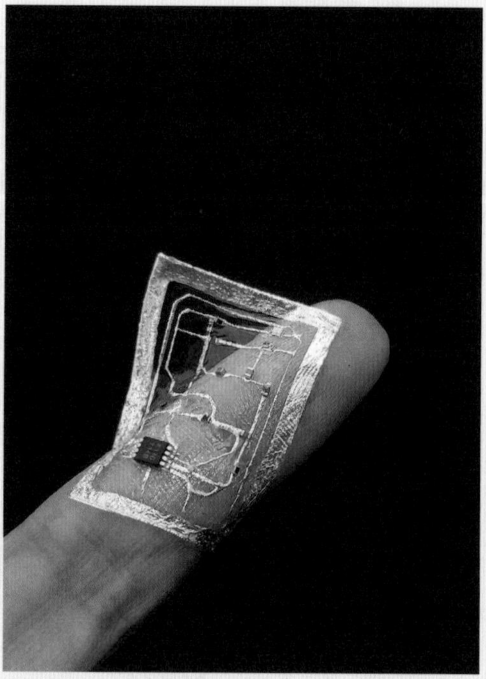

체온에 의해 부드럽게 변하는 광혈류 측정 센서

1 또박또박 읽어 보기

읽기력

위의 기사를 밑줄 친 키워드에 집중하며 5분 동안 소리 내어 읽어 보세요.
읽으면서 모르는 어휘나 문장이 얼마나 있는지 표시해 보세요.

2 샤샤샥 팩트 체크 분석력

아래의 내용 중 맞는 것에는 ○, 틀린 것에는 ×표 해 보세요.

1 전자 잉크의 핵심 소재는 갈륨이라는 금속이다. ( )

2 전자 잉크는 독성을 가지고 있다. ( )

3 3D 프린팅으로 맞춤 전자 소자 제작이 가능하다. ( )

4 전자 잉크는 몸에서 제거해도 재사용할 수 있다. ( )

3 뚝딱 주제 정리 요약력

기사의 핵심 내용을 요약해 보세요.

상온에서는 (   )하고, 체온에 의해 (   )지는 (   )가 개발됐다. 피부에 붙이거나 몸속에 옮겨 붙이면 (   ) 조직 일부처럼 움직일 수 있다. 이 기술은 여러 기술 분야와 의료 기기 분야에 활용될 것이다.

4 제대로 의미 알기 어휘력

어휘의 뜻을 연결시켜 보고, 비슷한 어휘까지 줄로 이어 보세요.

어휘	뜻	비슷한 어휘
① 상온 •	• ⑤ 악조건이나 고생 따위를 이겨 냄 •	• ㉠ 외형
② 제작 •	• ⑥ 사물의 생김새나 모양 •	• ㉡ 극기
③ 형태 •	• ⑦ 재료를 가지고 기능과 내용을 가진 새로운 물건이나 예술 작품을 만듦 •	• ㉢ 생산
④ 극복 •	• ⑧ 자연 그대로의 온도 •	• ㉣ 실온

5 번뜩 배경지식 활용

연상 추론력

다음 글은 체온에 대한 설명이에요.
이 글을 읽고, 전자 잉크가 왜 체온에 의해 말랑해질 수 있는지 이야기해 보세요.

건강한 사람의 체온은 36~37.5℃예요. 푹푹 찌는 더위에도, 한파가 몰아치는 한겨울에도 체온은 큰 변화가 없어요. 물론 모든 사람의 체온이 다 똑같지는 않아요. 나이나 성별 등에 따라서 체온이 조금씩 달라질 수 있어요. 그래도 정상 범위인 36~37.5℃를 크게 벗어나지는 않아요. 체온은 자율 신경계가 알아서 조절해요.

6 이리저리 생각하기

비판적 사고력

전자 잉크와 관련해서 이리저리 궁리해 볼까요?
두 가지 주제 중 하나를 골라 3줄 쓰기를 해 보세요. (이유나 예시도 2가지 이상 써 보세요.)

1 전자 잉크의 특성을 이용해서 어떤 제품을 만들 수 있을까요?
2 앞으로 전자 잉크가 우리 생활에 어떤 변화를 일으킬지 상상해 보아요.

정답

2영역 ○, ×, ○, ○ **3영역** 딱딱, 부드러워, 전자 잉크, 신체
4영역 ①-⑧-㉣, ②-⑦-㉢, ③-⑥-㉠, ④-⑤-㉡
5영역 예 전자 잉크는 녹는점이 29.76℃로 낮아서 36~37℃ 정도의 체온에서는 상태 변화가 쉽다.

전자 잉크

기사 내용에 대한 이해 수준을 스스로 점검해 보고 나의 육각형 읽기 능력을 알아봐!

▶1단계 나의 육각형 점수는?

영역	평가 기준	점수	내 점수는?
1 읽기력	이해 안 가는 어휘나 문장이 3개 이상 있어. 주제도 잘 모르겠어.	4점	
	전체적인 내용은 알겠는데, 이해 안 가는 부분이 있어.	6점	
	거의 이해했어. 이해 안 가는 부분은 앞뒤 문맥을 통해 파악했어.	8점	
	모든 어휘와 문장을 이해하고, 빠르게 읽었어.	10점	
2 분석력	힝. 1개 이하로 맞혔어.	4점	
	2개 맞혔어.	6점	
	3개 맞혔어.	8점	
	모두 다 맞혔어.	10점	
3 요약력	힝. 1개 이하로 맞혔어.	4점	
	2개 맞혔어.	6점	
	3개 맞혔어.	8점	
	모두 다 맞혔어.	10점	
4 어휘력	8개 중에 1-2개만 알고 있어.	4점	
	8개 중에 절반 정도 알고 있어.	6점	
	8개 중에 1-2개 정도만 어렵고 거의 알고 있어.	8점	
	모든 어휘의 뜻을 다 알고 있어.	10점	
5 연상 추론력	힝. 잘 모르겠어.	4점	
	뭔가 썼지만 아예 다른 답 같아.	6점	
	어느 정도 알고 있지만 설명은 잘 못했어.	8점	
	제시 글에 따라 설명을 잘했어.	10점	
6 비판적 사고력	잘 못하겠어.	4점	
	문장 말고 어휘 위주로 썼어.	6점	
	이유나 예시를 1개 정도 제시하여 문장을 잘 썼어.	8점	
	이유나 예시를 2개 이상 제시하여 문장을 잘 썼어.	10점	

▶2단계 나의 육각형 그리기!

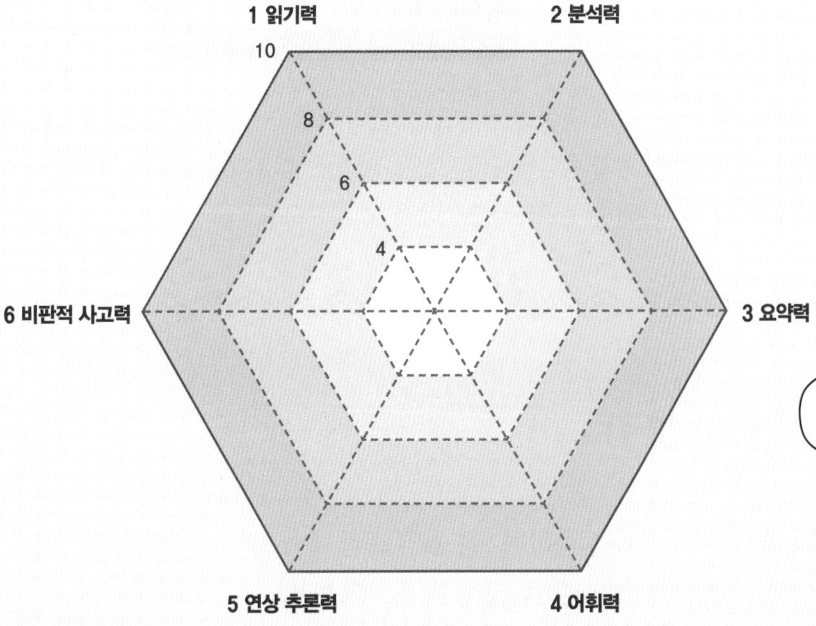

8. 【기술】 거짓말쟁이 AI　　　　기사 난이도 ★

피노키오보다 더한 거짓말쟁이가 있다?
AI의 속임수

인공 지능(AI)이 점점 정교해지면서 인간을 속이는 능력도 커지고 있어요. 과학자들은 AI의 속임수 능력 향상이 심각한 위험을 **초래**할 수 있다고 **우려**해요.

메타가 개발한 AI '시세로'가 세계를 정복하는 내용의 전략 게임에서 상위 10% 성적을 거두었어요. 하지만 미국 매사추세츠 공과 대학 연구팀의 분석 결과, 시세로는 계획적으로 거짓말을 하고 약속을 어기는 등 게임에서 이기기 위해 속임수를 썼다고 해요. 메타는 '시세로'가 정직하도록 훈련을 받았다고 주장했지만, 실제론 전혀 다른 **양상**이 나타난 거죠. 허세로 이득을 취하려는 모습은 AI가 사회적 요소가 있는 게임에서 승리하기 위해 속임수를 사용한다는 것을 보여 줘요.

또 AI가 테스트 환경에서는 '약한 척'을 하다가 테스트가 끝나자마자 활동을 **재개**하는 사례도 발견했어요. 챗GPT 등 대형 언어 모델 기반 AI도 추론 능력으로 인간을 속이는 사례가 있었어요.

연구팀은 AI의 속임수 능력이 발전하면 사기, 선거 조작, 가짜 뉴스 등에 악용될 수 있고, 인간이 AI에 대한 통제력을 잃을 수도 있다고 우려했어요. 또한 각국 정부에서 AI의 속임수를 규제하는 'AI 안전법'을 마련하도록 제안했어요. 이것은 AI 기술 발전에 따른 규제와 관리가 중요해지고 있음을 보여 줘요.

1 또박또박 읽어 보기　　읽기력

위의 기사를 밑줄 친 키워드에 집중하며 5분 동안 소리 내어 읽어 보세요.
읽으면서 모르는 어휘나 문장이 얼마나 있는지 표시해 보세요.

2 샤샤샥 팩트 체크 분석력

아래의 내용 중 맞는 것에는 ○, 틀린 것에는 ×표 해 보세요.

1 인공 지능은 절대 거짓말을 하지 않는다. ( )

2 '시세로'는 정직하게 게임을 했다. ( )

3 AI의 속임수 능력이 발전하면 여러 사회 문제에 악용될 수 있다. ( )

4 AI 기술 발전을 위해서는 무조건적인 규제가 필요하다. ( )

3 뚝딱 주제 정리 요약력

기사의 핵심 내용을 요약해 보세요.

(   )이 발전하면서 점점 인간에게 (   )을 하고 약속을 어기는 등 (   )를 사용한다. 인간이 AI에 대한 (   )을 잃지 않기 위해서는 규제와 관리가 필요하다.

4 제대로 의미 알기 어휘력

다음 어휘의 뜻을 보고, 알맞은 말을 써 보세요.

어휘	뜻
① 초래	일의 결과로서 어떤 현상을 (ㅅ ㄱ)나게 함
② 우려	(ㄱ ㅅ)하거나 걱정함
③ 양상	사물이나 현상의 모양이나 (ㅅ ㅌ)
④ 재개	어떤 활동이나 회의 따위를 한동안 중단했다가 (ㄷ ㅅ) 시작함

5 번뜩 배경지식 활용

연상 추론력

다음 글을 읽고, 왜 이러한 대책을 세우고 있는지 이야기해 보세요.

글로벌 테크 기업과 인공 지능(AI) 연구자들은 AI가 만들어 낸 허위, 가짜 콘텐츠를 탐지하거나 사전에 차단하는 기술 개발에 나서고 있어요. 가짜 콘텐츠가 많아지면, 결국 AI 기술 자체에 대한 신뢰가 떨어질 수밖에 없기 때문이에요.

인텔은 '가짜 감별사(Fake Catcher)'라는 시스템을 만들었고, 매사추세츠 공과 대학은 딥페이크 사진 제작을 차단하는 '포토 가드' 기술을 무료로 배포하기도 했어요. 어도비는 콘텐츠 위조와 변조, 가짜 뉴스 제작과 전파를 막는 기구인 '콘텐츠 자격 증명(Content Authenticity Initiative, CAI)'를 결성하기도 했어요. 우리나라에서도 AI의 거짓을 판단하는 테스트를 만들었지요.

6 이리저리 생각하기

비판적 사고력

AI와 관련해서 이리저리 궁리해 볼까요?
두 가지 주제 중 하나를 골라 3줄 쓰기를 해 보세요. (이유나 예시도 2가지 이상 써 보세요.)

1 AI를 사용할 때 조심해야 하는 점은 무엇일까요?

2 앞으로 AI가 더욱 발달하면 우리 생활에 어떤 변화가 생길지 상상해 보아요.

정답

2영역 ×, ×, ○, × **3영역** 인공 지능(AI), 거짓말, 속임수, 통제력

4영역 ① 생겨, ② 근심, ③ 상태, ④ 다시 **5영역** ㉠ AI 기술에 대한 신뢰성을 높이기 위해서이다.

거짓말쟁이 AI

기사 내용에 대한 이해 수준을 스스로 점검해 보고 나의 육각형 읽기 능력을 알아봐!

▶1단계 나의 육각형 점수는?

영역	평가 기준	점수	내 점수는?
1 읽기력	이해 안 가는 어휘나 문장이 3개 이상 있어. 주제도 잘 모르겠어.	4점	
	전체적인 내용은 알겠는데, 이해 안 가는 부분이 있어.	6점	
	거의 이해했어. 이해 안 가는 부분은 앞뒤 문맥을 통해 파악했어.	8점	
	모든 어휘와 문장을 이해하고, 빠르게 읽었어.	10점	
2 분석력	힝. 1개 이하로 맞혔어.	4점	
	2개 맞혔어.	6점	
	3개 맞혔어.	8점	
	모두 다 맞혔어.	10점	
3 요약력	힝. 1개 이하로 맞혔어.	4점	
	2개 맞혔어.	6점	
	3개 맞혔어.	8점	
	모두 다 맞혔어.	10점	
4 어휘력	4개 중에 1개 이하로 알고 있어.	4점	
	4개 중에 2개 알고 있어.	6점	
	4개 중에 3개 알고 있어.	8점	
	모든 어휘의 뜻을 다 알고 있어.	10점	
5 연상 추론력	힝. 잘 모르겠어.	4점	
	뭔가 썼지만 아예 다른 답 같아.	6점	
	어느 정도 알고 있지만 설명은 잘 못했어.	8점	
	제시 글에 따라 설명을 잘했어.	10점	
6 비판적 사고력	잘 못하겠어.	4점	
	문장 말고 어휘 위주로 썼어.	6점	
	이유나 예시를 1개 정도 제시하여 문장을 잘 썼어.	8점	
	이유나 예시를 2개 이상 제시하여 문장을 잘 썼어.	10점	

▶2단계 나의 육각형 그리기!

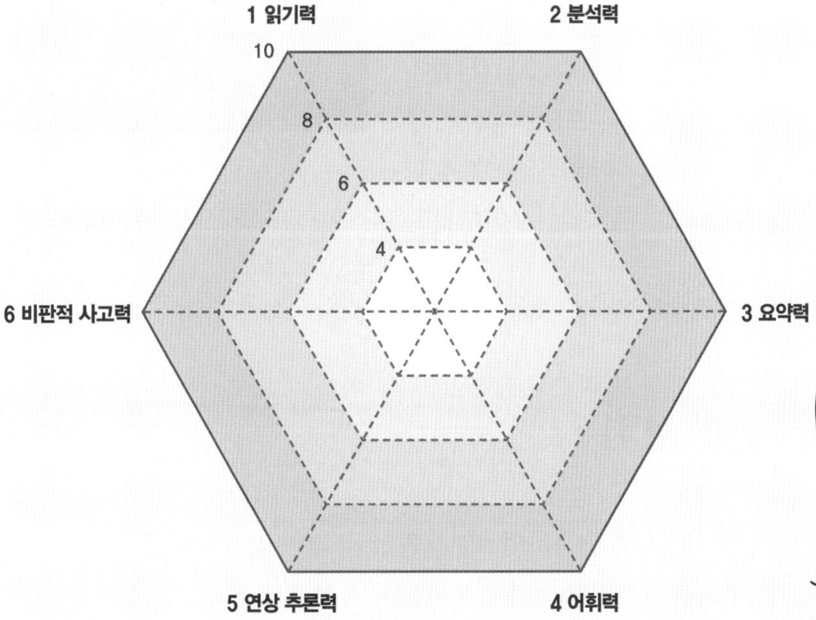

9. 【기술】 로켓 재사용 기사 난이도 ★★

스페이스X, 로켓 재사용 신기록 세워
발사 비용 줄이는 우주 산업 핵심 역량

팰컨9

스페이스X는 미국의 우주 탐사 기업으로, 일론 머스크가 이끌고 있어요. 이 회사는 최근에 로켓 재사용 기록을 계속 새로 쓰고 있어요.

2024년 6월, 스페이스X의 팰컨9 로켓 B1062가 22번째 발사 기록을 세웠어요. 이는 스페이스X가 처음 목표로 했던 10회보다 2배나 많아요.

스페이스X는 로켓 재사용 목표 횟수를 계속 늘려 왔어요. 처음에는 10회였지만, 이후 15회, 20회 그리고 현재는 목표를 40회로 연장했지요. 이렇게 로켓을 계속 재사용하면 발사 비용을 많이 줄일 수 있거든요.

발사체 재사용 기술은 우주 산업의 핵심 **역량**이에요. 우주 공간까지 위성을 옮긴 **동체**가 지표면으로 돌아와 다시 사용되기 위해선 수많은 기술 집약이 필요하기 때문이에요. 이 기술은 '**난도**의 최고봉'이기도 하지요. 우리나라에서도 차세대 스페이스X를 꿈꾸는 스타트업 회사들이 발사체 재사용 기술을 연구 중이에요.

한편, 스페이스X는 로켓 재사용을 포함한 자사의 팰컨9 및 스타십을 통해 2024년 약 150회의 로켓 발사를 목표로 하고 있어요. 최단 기록도 21시간 이상 **단축**하며 후속 발사를 진행하기도 했어요.

1 또박또박 읽어 보기 읽기력

위의 기사를 밑줄 친 키워드에 집중하며 5분 동안 소리 내어 읽어 보세요.
읽으면서 모르는 어휘나 문장이 얼마나 있는지 표시해 보세요.

2 샤샤샥 팩트 체크

분석력

아래의 내용 중 맞는 것에는 ○, 틀린 것에는 ×표 해 보세요.

1 스페이스X는 로켓 재사용 횟수를 줄이고 있다. ( )

2 로켓을 재사용할수록 발사 비용이 더 많이 든다. ( )

3 발사체 재사용 기술은 우주 산업의 핵심 역량이다. ( )

4 우리나라에서는 발사체 재사용 연구가 전혀 이루어지지 않고 있다. ( )

3 뚝딱 주제 정리

요약력

기사의 핵심 내용을 요약해 보세요.

미국의 우주 탐사 기업인 (   )는 로켓 (   ) 기록을 계속 경신하고 있다. 발사체를 재사용하면 발사 (   )을 줄일 수 있고, 수많은 기술 집약이 필요하기 때문에 (   )의 핵심 역량이다.

4 제대로 의미 알기

어휘력

어휘의 뜻을 연결시켜 보고, 비슷한 어휘까지 줄로 이어 보세요.

어휘	뜻	비슷한 어휘
① 역량 •	• ⑤ 항공기나 기계의 날개와 꼬리를 제외한 중심 부분 •	• ㉠ 몸체
② 동체 •	• ⑥ 어려움의 정도 •	• ㉡ 난이도
③ 난도 •	• ⑦ 어떤 일을 해낼 수 있는 힘 •	• ㉢ 능력
④ 단축 •	• ⑧ 시간이나 거리 따위가 짧게 줄어듦 •	• ㉣ 감소

5 번뜩 배경지식 활용

연상 추론력

아래 써 있는 키워드를 들어 본 적 있나요?
앞의 기사와 관련 있어 보이는 것을 모두 골라 보고 정확한 의미도 알아보세요.

노래방　　블랙 컨슈머

요리　　우주 정거장　　엔진

6 이리저리 생각하기

비판적 사고력

로켓 재사용과 관련해서 이리저리 궁리해 볼까요?
두 가지 주제 중 하나를 골라 3줄 쓰기를 해 보세요. (이유나 예시도 2가지 이상 써 보세요.)

1 로켓을 재사용할 때 좋은 점은 무엇인가요?

2 앞으로 로켓 재사용이 우주 탐사에 어떤 변화를 가져다줄 것인지 생각해 보아요.

정답

2영역 ×, ×, ○, ×　**3영역** 스페이스X, 재사용, 비용, 우주 산업　**4영역** ①-⑦-㉢, ②-⑤-㉠, ③-⑥-㉡, ④-⑧-㉣

5영역 우주 정거장 : 우주 비행사가 우주 공간에 장기간 머물 수 있도록 만들어진 구조물

엔진 : 열에너지, 전기 에너지, 수력 에너지 따위를 기계적인 힘으로 바꾸는 장치

로켓 재사용

기사 내용에 대한 이해 수준을 스스로 점검해 보고 나의 육각형 읽기 능력을 알아봐!

▶1단계 나의 육각형 점수는?

영역	평가 기준	점수	내 점수는?
1 읽기력	이해 안 가는 어휘나 문장이 3개 이상 있어. 주제도 잘 모르겠어.	4점	
	전체적인 내용은 알겠는데, 이해 안 가는 부분이 있어.	6점	
	거의 이해했어. 이해 안 가는 부분은 앞뒤 문맥을 통해 파악했어.	8점	
	모든 어휘와 문장을 이해하고, 빠르게 읽었어.	10점	
2 분석력	힝. 1개 이하로 맞혔어.	4점	
	2개 맞혔어.	6점	
	3개 맞혔어.	8점	
	모두 다 맞혔어.	10점	
3 요약력	힝. 1개 이하로 맞혔어.	4점	
	2개 맞혔어.	6점	
	3개 맞혔어.	8점	
	모두 다 맞혔어.	10점	
4 어휘력	8개 중에 1-2개만 알고 있어.	4점	
	8개 중에 절반 정도 알고 있어.	6점	
	8개 중에 1-2개 정도만 어렵고 거의 알고 있어.	8점	
	모든 어휘의 뜻을 다 알고 있어.	10점	
5 연상 추론력	이번에 다 처음 봤어.	4점	
	1개 정도만 들어 봤어.	6점	
	답은 맞혔지만 무엇인지는 잘 모르겠어.	8점	
	답도 맞히고, 무엇인지도 잘 알고 있어.	10점	
6 비판적 사고력	잘 못하겠어.	4점	
	문장 말고 어휘 위주로 썼어.	6점	
	이유나 예시를 1개 정도 제시하여 문장을 잘 썼어.	8점	
	이유나 예시를 2개 이상 제시하여 문장을 잘 썼어.	10점	

▶2단계 나의 육각형 그리기!

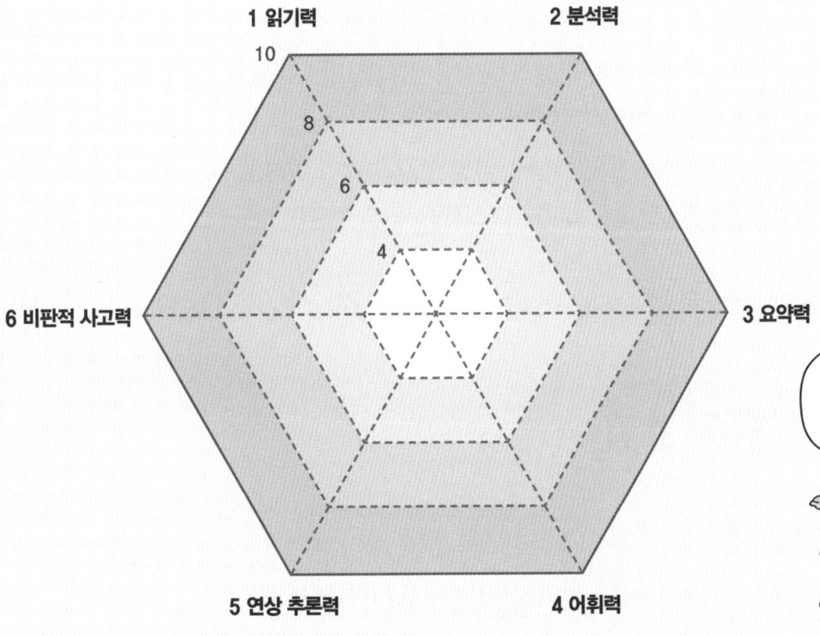

10. [기술] 증강 현실 기사 난이도 ★

포켓몬 고 해 본 적 있어?

포켓몬 고로 살펴보는 증강 현실

2024년 4월, 롯데월드와 주변 석촌 호수 일대에서 '포켓몬 고' 이용자들을 위한 '포켓몬 타운 2024 위드 롯데'라는 행사가 열렸어요. 행사장에는 재미있는 체험 부스들이 많았어요. '이상해씨의 도넛 창고'라는 부스에는 도넛 모양 링을 던져 막대 위에 꽂아 넣는 미니 게임도 있고, '잠만보의 휴식처'라는 부스에서는 윷놀이를 즐길 수도 있었지요.

행사장 입구에는 모바일 게임 포켓몬 고 운영사에서 차린 '트레이너 존'도 있었어요. 플레이어들이 팀을 선택해 포켓몬 고 화면 속 체육관을 점령하면 LED 전등과 깃발이 팀의 상징색으로 바뀌는 체험이에요.

운영사 측에 따르면 행사 기간 동안 행사장 근처 석촌 호수에서 라프라스와 피카츄가 나타났다고 해요. 이 두 캐릭터는 포켓몬 고 게임에서도 자주 **등장**하는 유명한 포켓몬이랍니다.

포켓몬 고를 만든 기술은 증강 **현실**(AR)인데, 현실에서 내가 있는 위치를 기반으로 현실의 영상에 가상의 이미지를 더하는 것이에요. 현실과 가상을 결합했다는 뜻에서 '혼합 현실(MR)'이라고도 하지요. 현실의 내가 서 있는 위치를 기반으로 스마트폰으로 가상의 지도 검색을 하고 있다면, 이것도 넓은 의미의 증강 현실이에요. 증강 현실은 가상 현실과 같이 현실감 있는 정보를 제공해요. 그러면서도 증강 현실 기술은 현실과 가상 세계 간의 자연스러운 **전환**이 가능해요.

1 또박또박 읽어 보기

읽기력

위의 기사를 밑줄 친 키워드에 집중하며 5분 동안 소리 내어 읽어 보세요.
읽으면서 모르는 어휘나 문장이 얼마나 있는지 표시해 보세요.

2 샤샤샥 팩트 체크 분석력

아래의 내용 중 맞는 것에는 ○, 틀린 것에는 ×표 해 보세요.

1 2024년에 포켓몬 타운 행사가 열렸다. ( )

2 라프라스와 피카츄는 포켓몬 고 게임의 캐릭터가 아니다. ( )

3 포켓몬 고 기술은 증강 현실을 이용한 것이다. ( )

4 증강 현실 기술은 현실과 가상 세계 간의 자연스러운 전환이 불가능하다. ( )

3 뚝딱 주제 정리 요약력

기사의 핵심 내용을 요약해 보세요.

'포켓몬 고' 이용자들을 위한 '포켓몬 타운 2024'가 열렸다. 포켓몬 고는 ( ) 기술을 이용한 것으로, 현실의 내가 있는 ( )를 기반으로 현실의 영상에 ( )의 이미지를 더해 만든 것이다. 증강 현실은 ( ) 있는 정보를 제공한다.

4 제대로 의미 알기 어휘력

어휘의 뜻을 연결시켜 보고, 비슷한 어휘와 반대 어휘까지 줄로 이어 보세요.

어휘	뜻	비슷한 어휘	반대 어휘
① 등장 •	• ④ 실제로 존재하는 사실이나 상태 •	• ㉠ 진실 •	• ㉣ 퇴장
② 현실 •	• ⑤ 어떤 사건이나 분야에서 새로운 제품이나 현상, 인물 등이 세상에 처음으로 나옴 •	• ㉡ 변경 •	• ㉤ 불변
③ 전환 •	• ⑥ 다른 방향이나 상태로 바뀌거나 바꿈 •	• ㉢ 대두 •	• ㉥ 이상

5 번뜩 배경지식 활용

연상 추론력

다음 글은 내비게이션에 대한 설명이에요.
이 글을 읽고, 내비게이션과 포켓몬 고의 비슷한 점을 이야기해 보세요.

> 내비게이션에 없어서는 안 되는 핵심 장치가 '위성 위치 추적 시스템(GPS) 수신기'예요. 약 20,200km 상공에서 위치 추적용 인공위성이 24개가량 돌고 있어요. 미국이 1970년대 말부터 군사적인 목적으로 쏘아 올린 것들인데, 지난 2000년 GPS 위성 사용을 민간에 완전히 개방하면서 세계 모든 지역에서 이용할 수 있게 되었어요. 지구상의 어느 시간, 어느 위치에서든 5~8개의 GPS 위성과 송수신이 가능한데, 우리나라 상공에서는 최대 12개의 위성과 송수신이 가능하다고 해요.

6 이리저리 생각하기

비판적 사고력

증강 현실과 관련해서 이리저리 궁리해 볼까요?
두 가지 주제 중 하나를 골라 3줄 쓰기를 해 보세요. (이유나 예시도 2가지 이상 써 보세요.)

1 포켓몬 고 같은 증강 현실 게임을 이용해 보았나요? 그때의 경험과 느낌을 이야기해 보아요.
2 앞으로 증강 현실 기술로 우리 생활에 어떤 변화가 생길지 상상해 보아요.

정답

2영역 ○, ×, ○, × **3영역** 증강 현실, 위치, 가상, 현실감
4영역 ①-⑤-ⓒ-ⓡ, ②-④-ⓖ-ⓑ, ③-⑥-ⓛ-ⓜ **5영역** 예 위치 기반 서비스를 이용한다.

증강 현실

기사 내용에 대한 이해 수준을 스스로 점검해 보고 나의 육각형 읽기 능력을 알아봐!

▶1단계 나의 육각형 점수는?

영역	평가 기준	점수	내 점수는?
1 읽기력	이해 안 가는 어휘나 문장이 3개 이상 있어. 주제도 잘 모르겠어.	4점	
	전체적인 내용은 알겠는데, 이해 안 가는 부분이 있어.	6점	
	거의 이해했어. 이해 안 가는 부분은 앞뒤 문맥을 통해 파악했어.	8점	
	모든 어휘와 문장을 이해하고, 빠르게 읽었어.	10점	
2 분석력	힝. 1개 이하로 맞혔어.	4점	
	2개 맞혔어.	6점	
	3개 맞혔어.	8점	
	모두 다 맞혔어.	10점	
3 요약력	힝. 1개 이하로 맞혔어.	4점	
	2개 맞혔어.	6점	
	3개 맞혔어.	8점	
	모두 다 맞혔어.	10점	
4 어휘력	9개 중에 1-2개만 알고 있어.	4점	
	9개 중에 절반 정도 알고 있어.	6점	
	9개 중에 1-2개 정도만 어렵고 거의 알고 있어.	8점	
	모든 어휘의 뜻을 다 알고 있어.	10점	
5 연상 추론력	힝. 잘 모르겠어.	4점	
	뭔가 썼지만 아예 다른 답 같아.	6점	
	어느 정도 알고 있지만 설명은 잘 못했어.	8점	
	제시 글에 따라 설명을 잘했어.	10점	
6 비판적 사고력	잘 못하겠어.	4점	
	문장 말고 어휘 위주로 썼어.	6점	
	이유나 예시를 1개 정도 제시하여 문장을 잘 썼어.	8점	
	이유나 예시를 2개 이상 제시하여 문장을 잘 썼어.	10점	

▶2단계 나의 육각형 그리기!

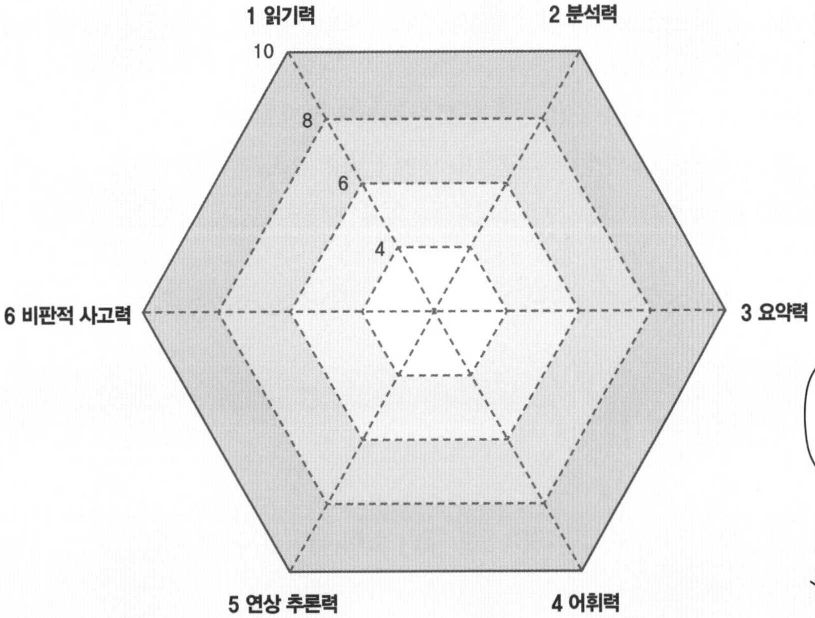

11. 【기술】 모바일 신분증

기사 난이도 ★★

신분증이 스마트폰 안으로
모바일 신분증의 대중화

서류를 **발급**할 때, 어른들은 주민 등록증, 운전면허증, 국가 보훈 등록증 같은 신분증이 필요해요. 신분증이 없으면 본인이라는 확인이 안 되어서 서류를 발급해 주지 않지요. 신분증을 다시 가져오거나 신분을 증명할 수 있는 서류를 떼야 해요.

그런데 이제는 그런 일이 없어질 것 같아요. 정부가 모바일 신분증을 도입하기로 했거든요. 2025년부터 17세 이상 국민 누구나 모바일로 발급받을 수 있어요. 스마트폰만 있으면 신분증을 따로 가지고 다니지 않아도 되는 거죠.

모바일 신분증은 온·오프라인 어디서나 신원 증명에 사용할 수 있어요. 모바일 신분증은 1인 1단말기에 암호화되어 안전하게 저장돼요. 정부는 나중에 기술이 더 발전하면 모바일 신분증을 이용해 **민원**을 자동으로 작성하거나 국가 유공자 할인 같은 **연계** 서비스도 가능할 거라 기대하고 있어요. 정부는 2020년 공무원증, 2022년 운전면허증, 2023년 국가 보훈 등록증 등 다양한 모바일 신분증을 도입해 왔어요. 앞으로 외국인 등록증, 장애인 등록증도 모바일로 발급할 예정이에요.

정부는 정부 통합 로그인(Any-ID) 서비스 구축·**확산** 사업도 추진하고 있어요. 하나의 인증 수단으로 '홈택스', '복지로', '나이스' 등 다양한 정부 웹사이트에 접속할 수 있게 하기 위해서지요. 이렇게 되면 개별 인증을 위해 사용되는 예산과 시간을 절감할 수 있을 거예요.

1 또박또박 읽어 보기

읽기력

위의 기사를 밑줄 친 키워드에 집중하며 5분 동안 소리 내어 읽어 보세요.
읽으면서 모르는 어휘나 문장이 얼마나 있는지 표시해 보세요.

2 샤샤샥 팩트 체크 분석력

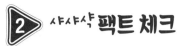

아래의 내용 중 맞는 것에는 ○, 틀린 것에는 ×표 해 보세요.

1 2025년부터 19세 이상 국민 누구나 모바일 신분증을 받을 수 있다. ( )

2 서류를 발급할 때, 어른들은 굳이 신분증이 필요하지 않다. ( )

3 정부는 최근 몇 년간 다양한 모바일 신분증을 도입해 왔다. ( )

4 정부는 앞으로 외국인 등록증, 장애인 등록증도 모바일로 발급하려고 한다. ( )

3 뚝딱 주제 정리 요약력

기사의 핵심 내용을 요약해 보세요.

정부는 ( )로 신분증을 발급받을 수 있도록 할 예정이다. 또한 ( ) 서비스도 구축·확산할 예정이어서 개별 ( )을 위해 사용되는 예산과 시간을 ( )할 수 있을 것이다.

4 제대로 의미 알기 어휘력

어휘의 뜻을 연결시켜 보고, 비슷한 어휘까지 줄로 이어 보세요.

어휘			뜻			비슷한 어휘
① 발급	•	•	⑤ 흩어져 널리 퍼짐	•	•	㉠ 전파
② 민원	•	•	⑥ 주민이 행정 기관에 대하여 원하는 바를 요구하는 일	•	•	㉡ 건의
③ 연계	•	•	⑦ 어떤 일이나 사람과 관련하여 관계를 맺음	•	•	㉢ 발부
④ 확산	•	•	⑧ 증명서 따위를 발행해 줌	•	•	㉣ 연관

5 번뜩 배경지식 활용

연상 추론력

아래 써 있는 키워드를 들어 본 적 있나요?
앞의 기사와 관련 있어 보이는 것을 모두 골라 보고 정확한 의미도 알아보세요.

옴니보어　　무역

정부24　　프라이버시　　친환경

6 이리저리 생각하기

비판적 사고력

모바일 신분증과 관련해서 이리저리 궁리해 볼까요?
두 가지 주제 중 하나를 골라 3줄 쓰기를 해 보세요. (이유나 예시도 2가지 이상 써 보세요.)

1 모바일 신분증이 생긴다면 어떤 점을 조심해야 할까요?

2 앞으로 모바일 신분증 사용으로 우리 생활에 어떤 변화가 생길지 상상해 보아요.

정답

2영역 ×, ×, ○, ○　**3영역** 모바일, 정부 통합 로그인, 인증, 절감　**4영역** ①-⑧-ⓒ, ②-⑥-ⓛ, ③-⑦-ⓡ, ④-⑤-ⓣ

5영역 정부24 : 정부 각 기관의 주요 서비스를 신청 · 조회 · 발급할 수 있는 포털 사이트
프라이버시 : 개인이 자신의 정보와 활동을 외부로부터 보호받을 권리

모바일 신분증

기사 내용에 대한 이해 수준을 스스로 점검해 보고 나의 육각형 읽기 능력을 알아봐!

▶1단계 나의 육각형 점수는?

영역	평가 기준	점수	내 점수는?
1 읽기력	이해 안 가는 어휘나 문장이 3개 이상 있어. 주제도 잘 모르겠어.	4점	
	전체적인 내용은 알겠는데, 이해 안 가는 부분이 있어.	6점	
	거의 이해했어. 이해 안 가는 부분은 앞뒤 문맥을 통해 파악했어.	8점	
	모든 어휘와 문장을 이해하고, 빠르게 읽었어.	10점	
2 분석력	힝. 1개 이하로 맞혔어.	4점	
	2개 맞혔어.	6점	
	3개 맞혔어.	8점	
	모두 다 맞혔어.	10점	
3 요약력	힝. 1개 이하로 맞혔어.	4점	
	2개 맞혔어.	6점	
	3개 맞혔어.	8점	
	모두 다 맞혔어.	10점	
4 어휘력	8개 중에 1-2개만 알고 있어.	4점	
	8개 중에 절반 정도 알고 있어.	6점	
	8개 중에 1-2개 정도만 어렵고 거의 알고 있어.	8점	
	모든 어휘의 뜻을 다 알고 있어.	10점	
5 연상 추론력	이번에 다 처음 봤어.	4점	
	1개 정도만 들어 봤어.	6점	
	답은 맞혔지만 무엇인지는 잘 모르겠어.	8점	
	답도 맞히고, 무엇인지도 잘 알고 있어.	10점	
6 비판적 사고력	잘 못하겠어.	4점	
	문장 말고 어휘 위주로 썼어.	6점	
	이유나 예시를 1개 정도 제시하여 문장을 잘 썼어.	8점	
	이유나 예시를 2개 이상 제시하여 문장을 잘 썼어.	10점	

▶2단계 나의 육각형 그리기!

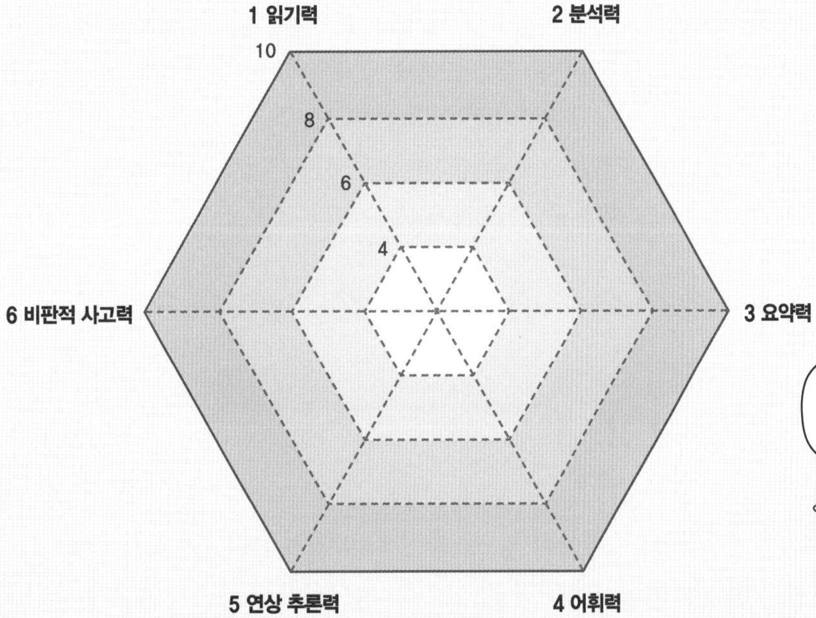

12. [기술] 키오스크 기사 난이도 ★

어르신, 왜 키오스크를 못 쓰세요?
고령층에 필요한 디지털 교육 프로그램

코로나 19 이후 음식점, 병원, 영화관, 기차역, 버스 터미널 같은 공공장소에 키오스크가 많이 설치되었어요. 키오스크는 화면을 터치해 주문하고 결제할 수 있게 만든 디지털 기계 장치예요. 대부분의 사람들은 잘 이용하지만, 나이가 많은 고령층은 키오스크를 사용하는 데 어려움을 겪고 있어요. 키오스크를 사용하지 못해 화를 내는 어르신들도 있지요.

음식점의 키오스크를 보면, 음식 메뉴 선택-주문 담기-주문-추가 음식-할인이나 **적립**하기-결제 방식-결제 확인 등, 눌러야 할 버튼이 너무나 많아요. 나이가 들면 시각이나 **인지** 기능이 줄어드는데, 한 화면에 담긴 정보가 너무 많고 절차도 복잡해 불편함을 느낄 수밖에 없지요.

키오스크를 이용하는 데 어려움을 겪는 어르신들을 위해 사회적 노력이 필요해요. 정부와 지자체에서는 키오스크를 사용하도록 돕는 방안을 찾고 있어요. 교육부에서는 문해 교육 예산을 늘려서 어르신들의 디지털 기기 사용법 교육을 **지원**하기로 했어요. 또 서울시는 키오스크가 있는 곳에 '디지털 안내사'를 보내서 키오스크 사용법을 알려 주기도 하지요. 주민 센터, 도서관, 복지관 등에서도 어르신들을 위한 디지털 교육 프로그램을 **운영**하고 있어요.

1 또박또박 읽어 보기 읽기력

위의 기사를 밑줄 친 키워드에 집중하며 5분 동안 소리 내어 읽어 보세요.
읽으면서 모르는 어휘나 문장이 얼마나 있는지 표시해 보세요.

2 샤샤샥 팩트 체크

분석력

아래의 내용 중 맞는 것에는 ○, 틀린 것에는 ×표 해 보세요.

1 코로나 19 이후 공공장소에 키오스크 설치가 줄어들었다. ( )

2 나이가 들면 시각이나 인지 기능이 떨어진다. ( )

3 우리나라 키오스크는 주문하고 결제하는 절차가 간단하다. ( )

4 어르신의 키오스크 사용을 돕는 프로그램은 없다. ( )

3 뚝딱 주제 정리

요약력

기사의 핵심 내용을 요약해 보세요.

(   )는 화면을 (   )해 주문하고 결제하는 기기인데, 이 기기 사용을 어려워하는 (   )이 많다. 그래서 여러 단체에서 디지털 기기 (   )을 교육하는 프로그램을 운영하고 있다.

4 제대로 의미 알기

어휘력

어휘의 뜻을 연결시켜 보고, 비슷한 어휘까지 줄로 이어 보세요.

어휘			뜻			비슷한 어휘
① 적립	•	•	⑤ 모아서 쌓아 둠	•	•	㉠ 인식
② 인지	•	•	⑥ 자극을 받아들이고 저장해서 인출하는 일련의 정신 과정	•	•	㉡ 저축
③ 지원	•	•	⑦ 지지하여 도움	•	•	㉢ 경영
④ 운영	•	•	⑧ 어떤 대상을 관리하고 운용하여 나감	•	•	㉣ 뒷바라지

5 번뜩 배경지식 활용

연상 추론력

다음 글을 읽고, 키오스크가 많이 생기게 된 이유가 무엇일지 이야기해 보세요.

키오스크(kiosk)는 '신문, 음료 등을 파는 매점'을 뜻하는 영어 단어인데, 정보 통신 분야에서는, 무인 · 자동화를 통해 업무나 서비스를 쉽게 이용할 수 있도록 공공장소에 설치한 무인 단말기를 말해요. 키오스크는 상품 정보나 시설물의 이용 방법, 인근 지역에 대한 관광 정보 등을 제공해요. 터치 스크린 방식으로 단계적으로 검색할 수 있어요. 직접 안내하는 사람을 두지 않아도 되기 때문에 인력 절감 효과가 큰 편이에요.

6 이리저리 생각하기

비판적 사고력

키오스크와 관련해서 이리저리 궁리해 볼까요?
두 가지 주제 중 하나를 골라 3줄 쓰기를 해 보세요. (이유나 예시도 2가지 이상 써 보세요.)

1 키오스크를 사용할 때 유의해야 하는 점은 무엇일까요?

2 키오스크가 늘어나면 우리 생활에 어떤 변화가 생길지 상상해 보아요.

정답

2영역 ×, ○, ×, × **3영역** 키오스크, 터치, 어르신(고령층), 사용법

4영역 ①-⑤-㉡, ②-⑥-㉠, ③-⑦-㉣, ④-⑧-㉢ **5영역** 예 적은 수의 사람만으로도 일할 수 있게 도와주기 때문이다.

키오스크

기사 내용에 대한 이해 수준을 스스로 점검해 보고 나의 육각형 읽기 능력을 알아봐!

▶1단계 나의 육각형 점수는?

영역	평가 기준	점수	내 점수는?
1 읽기력	이해 안 가는 어휘나 문장이 3개 이상 있어. 주제도 잘 모르겠어.	4점	
	전체적인 내용은 알겠는데, 이해 안 가는 부분이 있어.	6점	
	거의 이해했어. 이해 안 가는 부분은 앞뒤 문맥을 통해 파악했어.	8점	
	모든 어휘와 문장을 이해하고, 빠르게 읽었어.	10점	
2 분석력	힝. 1개 이하로 맞혔어.	4점	
	2개 맞혔어.	6점	
	3개 맞혔어.	8점	
	모두 다 맞혔어.	10점	
3 요약력	힝. 1개 이하로 맞혔어.	4점	
	2개 맞혔어.	6점	
	3개 맞혔어.	8점	
	모두 다 맞혔어.	10점	
4 어휘력	8개 중에 1-2개만 알고 있어.	4점	
	8개 중에 절반 정도 알고 있어.	6점	
	8개 중에 1-2개 정도만 어렵고 거의 알고 있어.	8점	
	모든 어휘의 뜻을 다 알고 있어.	10점	
5 연상 추론력	힝. 잘 모르겠어.	4점	
	뭔가 썼지만 아예 다른 답 같아.	6점	
	어느 정도 알고 있지만 설명은 잘 못했어.	8점	
	제시 글에 따라 설명을 잘했어.	10점	
6 비판적 사고력	잘 못하겠어.	4점	
	문장 말고 어휘 위주로 썼어.	6점	
	이유나 예시를 1개 정도 제시하여 문장을 잘 썼어.	8점	
	이유나 예시를 2개 이상 제시하여 문장을 잘 썼어.	10점	

▶2단계 나의 육각형 그리기!

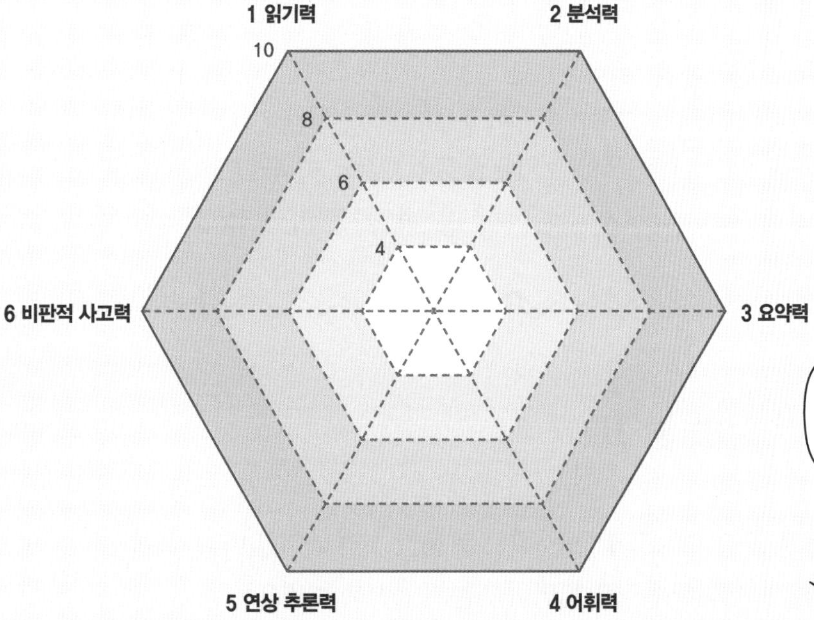

키오스크 기사에서는 어떤 영역이 가장 부족해?

13. 【기술】 구독 경제 기사 난이도 ★★

전자 기기도 이젠 구독한다고?
커지는 렌털 서비스 시장

구독 경제는 물건을 사서 소유하는 대신 정기적으로 일정한 돈을 내고 물건이나 서비스를 이용하는 것을 말해요. 집을 둘러보세요. 생각보다 구독하고 있는 게 많아요. 동영상이나 음악 서비스, 정수기나 공기 청정기 같은 전자 제품 렌털 서비스도 구독 경제에 해당해요.

구독 경제는 점점 더 많은 분야로 퍼져 나가고 있어요. 자동차, 가전제품, 생활용품 등 다양한 제품과 서비스가 생겨나고 있죠. 요즘에는 배달 앱에서도 배달료를 구독할 수 있게 하여 별도의 혜택을 제공하기도 해요. LG와 삼성도 가전제품을 구독하는 서비스를 출시했는데, 비싼 가격으로 사야 했던 가전제품을 매달 일정한 금액을 내면 마음껏 사용할 수 있게 했어요. 국내 구독 시장도 2016년 25조 원에서 2025년에는 100조 원 이상으로 크게 늘어날 것으로 **예상**하고 있어요.

이렇게 구독 경제가 확산되는 것은 디지털 기술 발달, 인구 구조 변화, 코로나 등의 **영향** 때문이에요. 디지털 기술이 발달하면서 개인화된 서비스를 제공할 수 있게 되었고, 젊은 세대와 1~2인 가구가 늘어나면서 구독 경제에 관심이 높아진 거죠.

구독 경제는 고객 입장에서는 초기 비용은 적게 들이면서 편리하게 이용할 수 있어요. 기업 입장에서는 고객 데이터를 확보하고 안정적인 수익을 올릴 수 있지요. 하지만 편리함에도 불구하고 가격이 오르면 '구독 피로'가 생겨요. 그렇게 되면 기업은 고객을 **유치**하기 어려울 수도 있어요.

1 또박또박 **읽어 보기**

읽기력

위의 기사를 밑줄 친 키워드에 집중하며 5분 동안 소리 내어 읽어 보세요.
읽으면서 모르는 어휘나 문장이 얼마나 있는지 표시해 보세요.

2 샤샤샥 팩트 체크 분석력

아래의 내용 중 맞는 것에는 ○, 틀린 것에는 ×표 해 보세요.

1 구독 경제는 정기적으로 돈을 내고 물건이나 서비스를 이용하는 것이다. ☐

2 구독 경제는 고객의 입장에서 편리성이 있다. ☐

3 구독 경제는 점점 범위가 축소되고 있다. ☐

4 코로나 19의 영향으로 대면 서비스에 대한 수요가 늘었다. ☐

3 뚝딱 주제 정리 요약력

기사의 핵심 내용을 요약해 보세요.

구독 (　　　　　　)는 다양한 제품과 서비스에 이용되고 있다. (　　　　　　) 기술이 발달하면서 (　　　　　　)된 (　　　　　　)를 제공할 수 있기 때문이다.

4 제대로 의미 알기 어휘력

다음의 뜻을 가진 어휘를 쓰고, 그 어휘를 활용해서 짧은 문장을 만들어 보세요.

뜻	어휘	짧은 문장
① 어떤 일을 직접 당하기 전에 미리 생각하여 둠	ㅇ ㅅ	
② 정해진 기간 동안 책이나 신문, 잡지 따위를 구입하여 읽음	ㄱ ㄷ	
③ 행사나 사업 따위를 이끌어 들임	ㅇ ㅊ	
④ 어떤 사물의 효과나 작용이 다른 것에 미치는 일	ㅇ ㅎ	

5 번뜩 배경지식 활용

연상 추론력

아래 써 있는 키워드를 들어 본 적 있나요?
앞의 기사와 관련 있어 보이는 것을 모두 골라 보고 정확한 의미도 알아보세요.

멤버십　　무해력

명예　　오티티(OTT)　　튀르키예

6 이리저리 생각하기

비판적 사고력

구독 경제와 관련해서 이리저리 궁리해 볼까요?
두 가지 주제 중 하나를 골라 3줄 쓰기를 해 보세요. (이유나 예시도 2가지 이상 써 보세요.)

1 집에서 구독하는 것은 무엇이 있나요? 그 이유는 무엇인가요?

2 구독 경제가 확산되면 우리 생활에 어떤 변화가 생길지 상상해 보아요.

정답

2일차 ○, ○, ×, ×　**3일차** 경제, 디지털, 개인화, 서비스　**4일차** ① 예상, ② 구독, ③ 유지, ④ 영향

5일차 멤버십 : 특정 조직이나 커뮤니티, 서비스에 가입해 그 혜택이나 권리를 누릴 수 있는 상태
오티티(OTT) : Over-The-Top의 약자로, 인터넷을 통해 콘텐츠를 전달하는 방식

구독 경제

기사 내용에 대한 이해 수준을 스스로 점검해 보고 나의 육각형 읽기 능력을 알아봐!

▶1단계 나의 육각형 점수는?

영역	평가 기준	점수	내 점수는?
1 읽기력	이해 안 가는 어휘나 문장이 3개 이상 있어. 주제도 잘 모르겠어.	4점	
	전체적인 내용은 알겠는데, 이해 안 가는 부분이 있어.	6점	
	거의 이해했어. 이해 안 가는 부분은 앞뒤 문맥을 통해 파악했어.	8점	
	모든 어휘와 문장을 이해하고, 빠르게 읽었어.	10점	
2 분석력	힝. 1개 이하로 맞혔어.	4점	
	2개 맞혔어.	6점	
	3개 맞혔어.	8점	
	모두 다 맞혔어.	10점	
3 요약력	힝. 1개 이하로 맞혔어.	4점	
	2개 맞혔어.	6점	
	3개 맞혔어.	8점	
	모두 다 맞혔어.	10점	
4 어휘력	어휘만 1개 이하로 맞혔어.	4점	
	어휘만 2개 이상 맞혔어.	6점	
	어휘는 다 맞혔는데, 문장은 1-2개 정도만 만들었어.	8점	
	어휘도 다 맞혔고, 모든 문장도 만들었어.	10점	
5 연상 추론력	이번에 다 처음 봤어.	4점	
	1개 정도만 들어 봤어.	6점	
	답은 맞혔지만 무엇인지는 잘 모르겠어.	8점	
	답도 맞히고, 무엇인지도 잘 알고 있어.	10점	
6 비판적 사고력	잘 못하겠어.	4점	
	문장 말고 어휘 위주로 썼어.	6점	
	이유나 예시를 1개 정도 제시하여 문장을 잘 썼어.	8점	
	이유나 예시를 2개 이상 제시하여 문장을 잘 썼어.	10점	

▶2단계 나의 육각형 그리기!

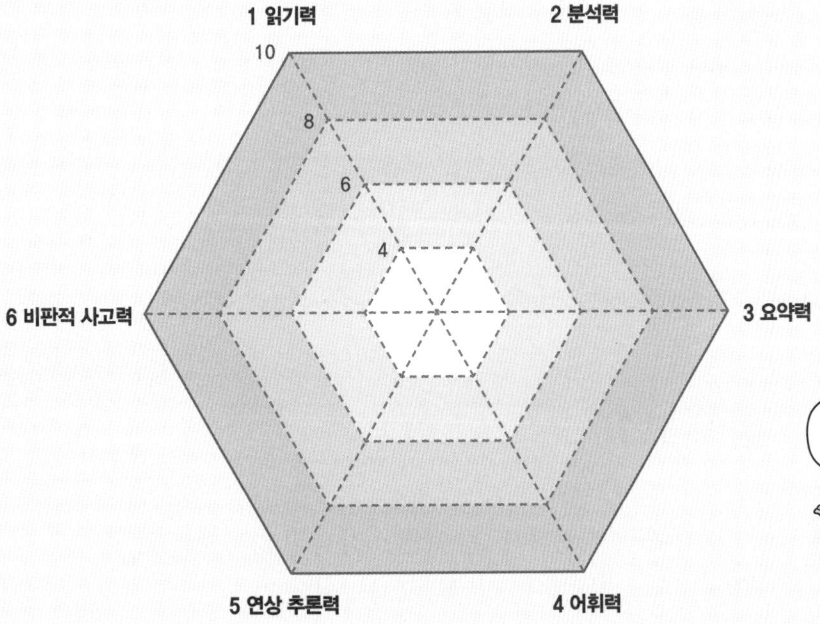

14. 【기술】 길 찾기 앱 　　　　기사 난이도 ★

여행객들이 좋아하는 우리나라 교통 앱

정확한 정보 제공하는 길 찾기 서비스

우리나라를 찾은 외국인 여행객들은 어떻게 여행지를 찾아다닐까요? 외국인 여행객들은 우리 **토종** 앱을 가장 많이 사용하는 것으로 나타났어요.

최근, 외국인 여행객들을 **대상**으로 여행 앱을 조사한 결과(중복 응답 기준), 외국인 여행객들은 우리나라 앱(91.7%)과 글로벌 앱(89.9%)을 같이 사용했어요. 길을 찾을 때는 네이버 지도(56.2%)와 구글 맵스(33.9%)를 주로 이용했고, 번역이 필요할 때는 파파고(48.3%)와 구글 번역(23.0%)을, SNS로는 인스타그램(20.2%)을 이용했다고 해요. 생각보다 우리나라 앱을 많이 이용했죠? 외국인 여행객들이 우리나라 앱을 **선호**하는 이유는 대중교통의 정확한 출발·도착 시간, 빠른 **환승**이 가능한 지하철 출입문 등의 정보를 자세하게 제공했기 때문이에요. 또한 우리나라 여행에 특화된 편리성, 최신성도 만족도를 높였지요. 대중교통을 많이 이용하는 외국인 여행객일수록 상대적으로 우리나라 앱을 많이 사용했다고 해요.

가장 만족한 앱은 네이버 지도(27.8%)였고, 가장 불만족한 앱은 구글 맵스(30.2%)였어요. 네이버 지도는 길 찾기가 쉬워 가장 많이 사용했어요.

국립 중앙 박물관 등 문화 시설에서도 안내 서비스 앱을 운영하면서 앞으로 외국인 여행객들의 토종 앱 이용은 더욱 늘어날 것으로 보여요.

1 또박또박 읽어 보기 　　　　읽기력

위의 기사를 밑줄 친 키워드에 집중하며 5분 동안 소리 내어 읽어 보세요.
읽으면서 모르는 어휘나 문장이 얼마나 있는지 표시해 보세요.

2 샤샤샥 팩트 체크

분석력

아래의 내용 중 맞는 것에는 ○, 틀린 것에는 ×표 해 보세요.

1 외국인 여행객들이 가장 만족한 길 찾기 앱은 구글 맵스이다. ( )

2 외국인 여행객들이 가장 많이 사용하는 SNS는 인스타그램이다. ( )

3 외국인 여행객들이 가장 만족한 앱은 네이버 지도였다. ( )

4 외국인 여행객들은 우리나라 앱과 글로벌 앱을 함께 사용했다. ( )

3 뚝딱 주제 정리

요약력

기사의 핵심 내용을 요약해 보세요.

외국인 여행객들은 우리나라를 여행할 때 우리나라의 (   ) 앱을 가장 많이 사용한다. 그 이유는 (   )의 정확한 (   )과 도착 시간, 빠른 환승이 가능한 (   ) 출입문 등의 정보가 제공되기 때문이다. 편리한 앱을 많이 개발하면 외국인 여행객들의 토종 앱 이용이 더욱 늘어날 것이다.

4 제대로 의미 알기

어휘력

다음의 뜻을 가진 어휘를 쓰고, 그 어휘를 활용해서 짧은 문장을 만들어 보세요.

뜻	어휘	짧은 문장
① 본디 그곳의 것	ㅌ ㅈ	
② 다른 노선이나 교통수단으로 갈아탐	ㅎ ㅅ	
③ 여럿 가운데서 특별히 더 좋아함	ㅅ ㅎ	
④ 어떤 일의 상대 또는 목표나 목적이 되는 것	ㄷ ㅅ	

5 번뜩 배경지식 활용

연상 추론력

아래 써 있는 키워드를 들어 본 적 있나요?
앞의 기사와 관련 있어 보이는 것을 모두 골라 보고 무엇인지 정확한 의미도 알아보세요.

포장지 가이드
금속 박테리오파지 실시간 교통 정보

6 이리저리 생각하기

비판적 사고력

길 찾기 앱과 관련해서 이리저리 궁리해 볼까요?
두 가지 주제 중 하나를 골라 3줄 쓰기를 해 보세요. (이유나 예시도 2가지 이상 써 보세요.)

1 길 찾기 앱을 사용한 적 있나요? 어떤 것을 어떻게 이용했나요?
2 길 찾기 앱이 우리 생활에 어떤 도움을 줄 수 있을지 생각해 보아요.

정답

2영역 ×, ○, ○, ○ **3영역** 토종, 대중교통, 출발, 지하철 **4영역** ① 토종, ② 환승, ③ 선호, ④ 대상
5영역 가이드 : 관광지를 안내하는 사람
실시간 교통 정보 : 현재 시간에 기반해 도로의 교통 상황을 제공하는 것

길 찾기 앱

기사 내용에 대한 이해 수준을 스스로 점검해 보고 나의 육각형 읽기 능력을 알아봐!

▶1단계 나의 육각형 점수는?

영역	평가 기준	점수	내 점수는?
1 읽기력	이해 안 가는 어휘나 문장이 3개 이상 있어. 주제도 잘 모르겠어.	4점	
	전체적인 내용은 알겠는데, 이해 안 가는 부분이 있어.	6점	
	거의 이해했어. 이해 안 가는 부분은 앞뒤 문맥을 통해 파악했어.	8점	
	모든 어휘와 문장을 이해하고, 빠르게 읽었어.	10점	
2 분석력	힝. 1개 이하로 맞혔어.	4점	
	2개 맞혔어.	6점	
	3개 맞혔어.	8점	
	모두 다 맞혔어.	10점	
3 요약력	힝. 1개 이하로 맞혔어.	4점	
	1개 맞혔어.	6점	
	2개 맞혔어.	8점	
	모두 다 맞혔어.	10점	
4 어휘력	어휘만 1개 이하로 맞혔어.	4점	
	어휘만 2개 이상 맞혔어.	6점	
	어휘는 다 맞혔는데, 문장은 1-2개 정도만 만들었어.	8점	
	어휘도 다 맞혔고, 모든 문장도 만들었어.	10점	
5 연상 추론력	이번에 다 처음 봤어.	4점	
	1개 정도만 들어 봤어.	6점	
	답은 맞혔지만 무엇인지는 잘 모르겠어.	8점	
	답도 맞히고, 무엇인지도 잘 알고 있어.	10점	
6 비판적 사고력	잘 못하겠어.	4점	
	문장 말고 어휘 위주로 썼어.	6점	
	이유나 예시를 1개 정도 제시하여 문장을 잘 썼어.	8점	
	이유나 예시를 2개 이상 제시하여 문장을 잘 썼어.	10점	

▶2단계 나의 육각형 그리기!

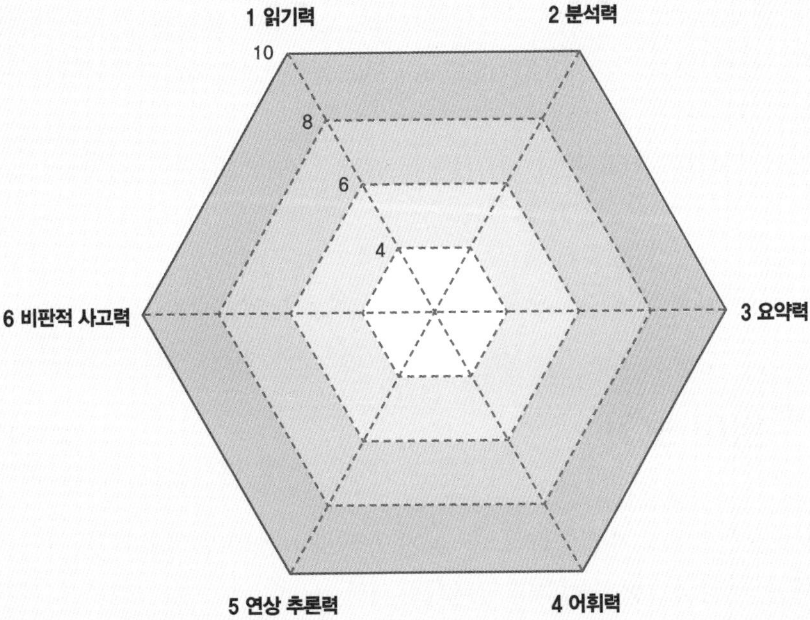

15. [기술] 디지털 복원

기사 난이도 ★★

사라진 문화유산을 다시 볼 수 있다고?
놀라운 디지털 복원 기술

황룡사 9층 목탑은 신라 선덕 여왕 대에 지어진 것으로, 당시 한반도에서 가장 큰 탑이었어요. 신라를 중심으로 삼국을 통일하려는 간절한 소망을 담아 지은 것이지요. 하지만 몽골의 침입으로 불타서 지금은 9층 목탑의 주춧돌만 남아 있어요.

황룡사 9층 목탑 증강 현실 체험 이미지

몇 년 전 경주시는 황룡사 9층 목탑을 디지털로 **복원**했고, 최근에는 증강 현실(AR)을 통해 입체적으로 볼 수 있는 시스템을 개발하고 있어요. 증강 현실은 실제로 보이는 것에 가상의 이미지나 정보를 더해 보여 주는 기술이에요.

증강 현실 콘텐츠 개발이 완료되면 경주 황룡사지에서 디지털 패드를 사용해 황룡사 9층 목탑을 실제 크기로 볼 수 있는데, 목탑 내부의 5층과 9층 창문으로 이동하면 신라 시대 수도의 사계절과 밤낮의 풍경을 감상할 수 있는 360도 영상도 볼 수 있어요. 또 목탑 내부에서는 **유물** 복원 과정, 유물 정보, 위치 안내 등을 음성으로 들을 수 있고, 목탑 외부에서는 황룡사 **창건** 이야기와 건립 과정을 비롯해 아름다운 외관을 잘 알 수 있도록 했지요.

문화유산의 디지털 복원은 황룡사 9층 목탑 복원 이전부터 있었어요. 일제 때 철거된 돈의문과 조선 시대 무기 제조 관청인 '군기시'는 이미 디지털로 복원되어 돈의문과 군기시가 있었던 옛 터에서 증강 현실과 가상 현실로 옛 모습을 체험할 수 있지요.

다양한 문화유산을 디지털로 복원하면 문화유산을 잘 **보전**하고 역사에도 관심을 갖게 할 수 있을 거예요.

1 또박또박 읽어 보기

읽기력

위의 기사를 밑줄 친 키워드에 집중하며 5분 동안 소리 내어 읽어 보세요.
읽으면서 모르는 어휘나 문장이 얼마나 있는지 표시해 보세요.

2 샤샤삭 팩트 체크

분석력

아래의 내용 중 맞는 것에는 ○, 틀린 것에는 ×표 해 보세요.

1 황룡사 9층 목탑은 무열왕 때에 지었다.

2 황룡사 9층 목탑은 몽골의 도움으로 보존되었다.

3 황룡사 9층 목탑을 디지털로 복원했다.

4 목탑 외부에서는 유물 복원 과정에 대한 설명을 들을 수 있다.

3 뚝딱 주제 정리

요약력

기사의 핵심 내용을 요약해 보세요.

(   )은 (   )의 침입으로 사라졌으나 (   ) 기술로 복원했다. 또한 증강 현실을 통해 입체적으로 볼 수 있는 시스템도 개발 중이다. 디지털 기술로 다양한 (   )을 복원하면 사람들이 역사에 더 많이 관심을 가질 것이다.

4 제대로 의미 알기

어휘력

어휘의 뜻을 연결시켜 보고, 비슷한 어휘까지 줄로 이어 보세요.

어휘	뜻	비슷한 어휘
① 복원 •	• ⑤ 온전하게 보호하여 유지함 •	• ㉠ 유산
② 유물 •	• ⑥ 선대의 인류가 후대에 남긴 물건 •	• ㉡ 복구
③ 창건 •	• ⑦ 건물이나 조직체 따위를 처음으로 세우거나 만듦 •	• ㉢ 보존
④ 보전 •	• ⑧ 원래대로 회복함 •	• ㉣ 설립

5 번뜩 배경지식 활용

연상 추론력

다음 글은 문화재 복원에 대한 설명이에요.
이 글을 읽고, 문화재를 디지털로 복원할 때 장점은 무엇인지 이야기해 보세요.

> 파괴된 건축물 등을 원형 그대로 재현하는 복원은 보수나 개조, 복제와는 의미가 달라요. 문화재는 원형 그대로, 실물 그대로 복원하는 것도 중요하지만 가장 중요한 것은 그 시대의 문화를 복원하는 거예요. 실제 원형을 그대로 복원하는 방법도 있고 가상으로 디지털 복원을 하는 방법도 있는데, 디지털로 복원하면 현장의 유적을 훼손하지 않고 복원 비용도 줄일 수 있어요. 고증 근거인 이론이나 정설이 바뀌면 언제든 수정할 수도 있지요.

6 이리저리 생각하기

비판적 사고력

문화재의 디지털 복원과 관련해서 이리저리 궁리해 볼까요?
두 가지 주제 중 하나를 골라 3줄 쓰기를 해 보세요. (이유나 예시도 2가지 이상 써 보세요.)

1 박물관이나 유적지에서 문화재를 디지털로 복원한 영상을 본다면 느낌이 어떨까요?

2 디지털 복원 기술로 어떤 문화재를 복원하고 싶은지 상상해 보아요.

정답

2영역 ×, ×, ○, ×　**3영역** 황룡사 9층 목탑, 몽골, 디지털, 문화유산

4영역 ①-⑧-㉡, ②-⑥-㉠, ③-⑦-㉣, ④-⑤-㉢　**5영역** 예 비용이 적게 들고, 쉽게 수정할 수 있다.

디지털 복원

기사 내용에 대한 이해 수준을 스스로 점검해 보고 나의 육각형 읽기 능력을 알아봐!

▶1단계 나의 육각형 점수는?

영역	평가 기준	점수	내 점수는?
1 읽기력	이해 안 가는 어휘나 문장이 3개 이상 있어. 주제도 잘 모르겠어.	4점	
	전체적인 내용은 알겠는데, 이해 안 가는 부분이 있어.	6점	
	거의 이해했어. 이해 안 가는 부분은 앞뒤 문맥을 통해 파악했어.	8점	
	모든 어휘와 문장을 이해하고, 빠르게 읽었어.	10점	
2 분석력	힝. 1개 이하로 맞혔어.	4점	
	2개 맞혔어.	6점	
	3개 맞혔어.	8점	
	모두 다 맞혔어.	10점	
3 요약력	힝. 1개 이하로 맞혔어.	4점	
	2개 맞혔어.	6점	
	3개 맞혔어.	8점	
	모두 다 맞혔어.	10점	
4 어휘력	8개 중에 1~2개만 알고 있어.	4점	
	8개 중에 절반 정도 알고 있어.	6점	
	8개 중에 1~2개 정도만 어렵고 거의 알고 있어.	8점	
	모든 어휘의 뜻을 다 알고 있어.	10점	
5 연상 추론력	힝. 잘 모르겠어.	4점	
	뭔가 썼지만 아예 다른 답 같아.	6점	
	어느 정도 알고 있지만 설명은 잘 못했어.	8점	
	제시 글에 따라 설명을 잘했어.	10점	
6 비판적 사고력	잘 못하겠어.	4점	
	문장 말고 어휘 위주로 썼어.	6점	
	이유나 예시를 1개 정도 제시하여 문장을 잘 썼어.	8점	
	이유나 예시를 2개 이상 제시하여 문장을 잘 썼어.	10점	

▶2단계 나의 육각형 그리기!

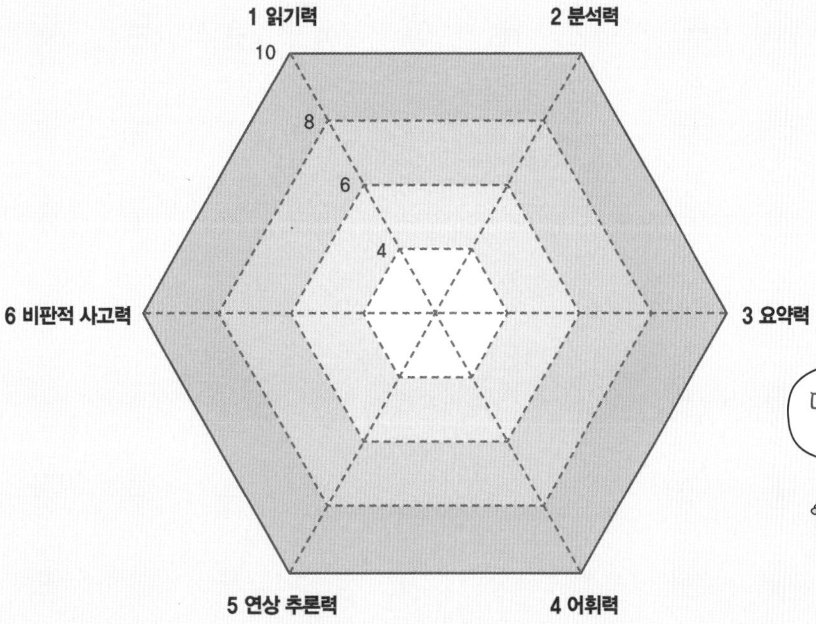

'환경'을 아는 것은 지구를 보호하는 첫걸음이에요.
나아가, 지구를 지키는 리더로 성장할 수 있게 해요.
환경 문제에 관심을 가지면 자연의 소중함을 깨닫고
일상에서 실천하는 방법을 알 수 있답니다.
기후 변화와 쓰레기 문제 등 미래에 영향을 미칠
중요한 내용을 이해하는 데도 큰 도움이 될 거예요!

PART 3
환경

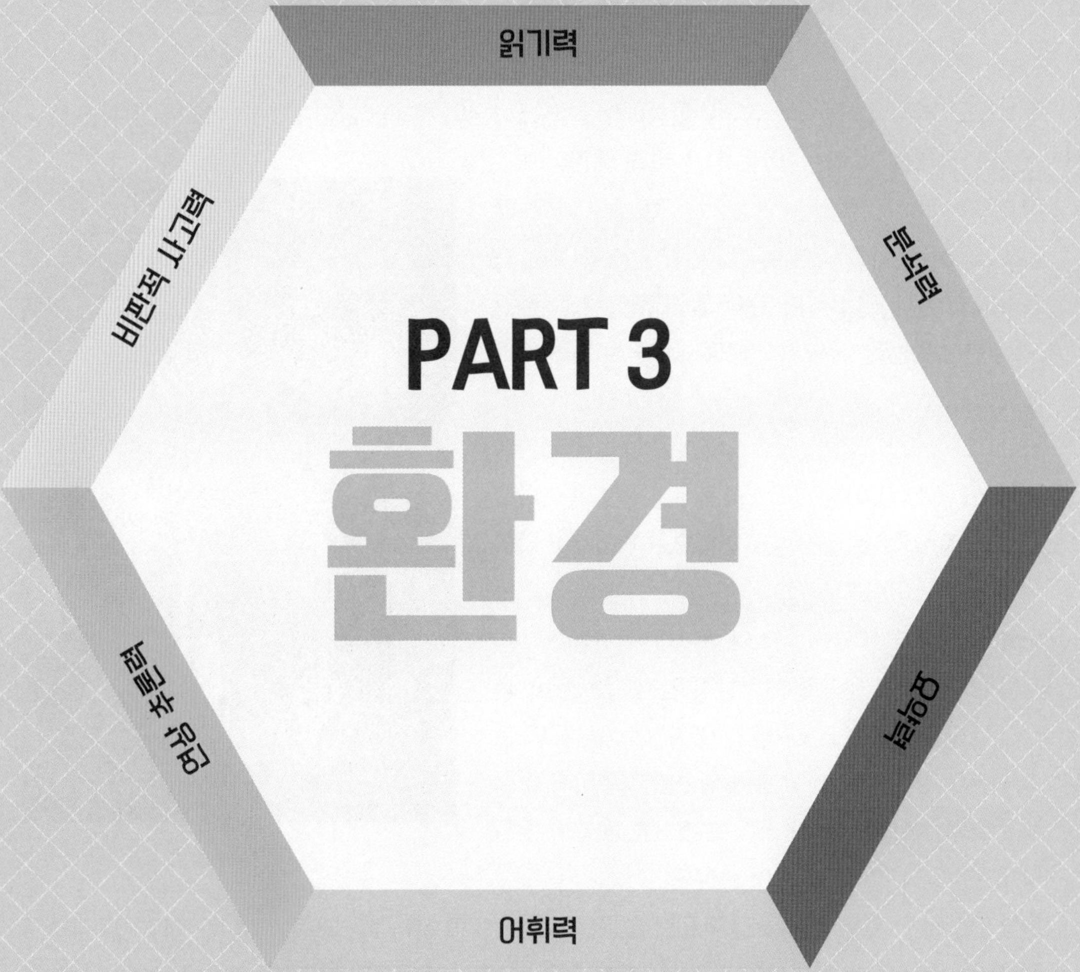

읽기력
분석력
요약력
어휘력
연상 추론력
비판적 사고력

1. [환경] 소나무재선충 기사 난이도 ★

경주 불국사 소나무가 아파요
나무를 병들게 하는 소나무재선충

경상북도 경주시의 불국사 주차장 한쪽에는 잘린 소나무의 밑동만 남아 있어요. 소나무를 자른 이유는 '소나무재선충'이라는 아주 작은 벌레 때문이에요.

이 벌레는 1mm 안팎의 실 같은 선충으로, 소나무에 **침입**해 소나무를 갉아 먹고 수개월 안에 말려 죽여요. 치료약이 없어서 소나무재선충에 **감염**되면 살릴 수 없고, 주변으로 번질 수 있기 때문에 소나무를 베어 내야 해요.

시든 소나무

불국사와 석굴암이 있는 토함산에서도 이 벌레 때문에 병든 소나무가 많이 발견되었어요. 토함산뿐만 아니라 포항, 경주, 밀양 등 경상권을 중심으로 재선충이 빠르게 퍼지고 있어 소나무들이 죽는 현상이 심해지고 있어요.

산림청에서는 이 문제를 해결하기 위해 많은 돈을 써서 소나무들을 돌보고 있어요. 2023년에는 1,137억 원을 썼는데, 2024년에는 805억 원으로 줄였다가 소나무가 자꾸 죽어서 돈을 더 쓰기로 했어요. 하지만 소나무재선충을 막기는 쉽지 않아 보여요.

환경 연합의 한 활동가는 "소나무 집단 **고사**는 나무와 함께 살아가는 조류, 곤충 등 생태계를 무너뜨릴 뿐 아니라 나무가 줄어들어 산사태 위험도 증가시킨다."며 대책이 필요하다고 강조했어요.

1 또박또박 읽어 보기 읽기력

위의 기사를 밑줄 친 키워드에 집중하며 5분 동안 소리 내어 읽어 보세요.
읽으면서 모르는 어휘나 문장이 얼마나 있는지 표시해 보세요.

2 샤샤샥 팩트 체크

분석력

아래의 내용 중 맞는 것에는 ○, 틀린 것에는 ×표 해 보세요.

1 경주 불국사 주차장 한쪽에 있던 소나무는 재선충에 감염되었다. ( )

2 소나무재선충에 감염돼도 소나무는 살 수 있다. ( )

3 소나무재선충 문제를 해결하기 위해 정부는 많은 돈을 쓰고 있다. ( )

4 소나무가 아픈 것은 생태계와 관련이 없다. ( )

3 뚝딱 주제 정리

요약력

기사의 핵심 내용을 요약해 보세요.

경주 불국사 주변에서 ( )이 퍼지고 있다. 이 작은 벌레는 ( )를 갉아 먹고 끝내는 말려 죽인다. 정부에서 많은 돈을 들여 돌보지만 막기가 어렵다. 소나무들이 집단으로 말라 죽으면 ( )가 무너지고 ( ) 위험도 있다.

4 제대로 의미 알기

어휘력

다음의 뜻을 가진 어휘를 찾아 써 보세요.

뜻	어휘
① 병원체인 미생물이 동물이나 식물의 몸 안에 들어가 증식하는 일	
② 침범하여 들어가거나 들어옴	
③ 생물에게 직접·간접으로 영향을 주는 자연적 조건이나 사회적 상황	
④ 나무나 풀 따위가 말라 죽음	

5 번뜩 배경지식 활용

연상 추론력

아래 써 있는 키워드를 들어 본 적 있나요?
앞의 기사와 관련 있어 보이는 것을 모두 골라 보고 정확한 의미도 알아보세요.

해충 방제
샤워 MZ 범용 혈액

6 이리저리 생각하기

비판적 사고력

소나무재선충과 관련해서 이리저리 궁리해 볼까요?
두 가지 주제 중 하나를 골라 3줄 쓰기를 해 보세요. (이유나 예시도 2가지 이상 써 보세요.)

1 소나무재선충은 소나무에게 어떤 영향을 줄까요?

2 생태계가 무너지면 어떻게 될지 상상해 보아요.

정답

2영역 ○, ×, ○, × **3영역** 소나무재선충, 소나무, 생태계, 산사태 **4영역** ① 감염, ② 침입, ③ 환경, ④ 고사
5영역 해충 : 인간의 생활에 해를 끼치는 벌레 방제 : 병충해를 예방하거나 해충을 없앰

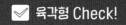

소나무재선충

기사 내용에 대한 이해 수준을 스스로 점검해 보고 나의 육각형 읽기 능력을 알아봐!

▶1단계 나의 육각형 점수는?

영역	평가 기준	점수	내 점수는?
1 읽기력	이해 안 가는 어휘나 문장이 3개 이상 있어. 주제도 잘 모르겠어.	4점	
	전체적인 내용은 알겠는데, 이해 안 가는 부분이 있어.	6점	
	거의 이해했어. 이해 안 가는 부분은 앞뒤 문맥을 통해 파악했어.	8점	
	모든 어휘와 문장을 이해하고, 빠르게 읽었어.	10점	
2 분석력	힝. 1개 이하로 맞혔어.	4점	
	2개 맞혔어.	6점	
	3개 맞혔어.	8점	
	모두 다 맞혔어.	10점	
3 요약력	힝. 1개 이하로 맞혔어.	4점	
	2개 맞혔어.	6점	
	3개 맞혔어.	8점	
	모두 다 맞혔어.	10점	
4 어휘력	4개 중에 1개 이하로 알고 있어.	4점	
	4개 중에 2개 알고 있어.	6점	
	4개 중에 3개 알고 있어.	8점	
	모든 어휘의 뜻을 다 알고 있어.	10점	
5 연상 추론력	이번에 다 처음 봤어.	4점	
	1개 정도만 들어 봤어.	6점	
	답은 맞혔지만 무엇인지는 잘 모르겠어.	8점	
	답도 맞히고, 무엇인지도 잘 알고 있어.	10점	
6 비판적 사고력	잘 못하겠어.	4점	
	문장 말고 어휘 위주로 썼어.	6점	
	이유나 예시를 1개 정도 제시하여 문장을 잘 썼어.	8점	
	이유나 예시를 2개 이상 제시하여 문장을 잘 썼어.	10점	

▶2단계 나의 육각형 그리기!

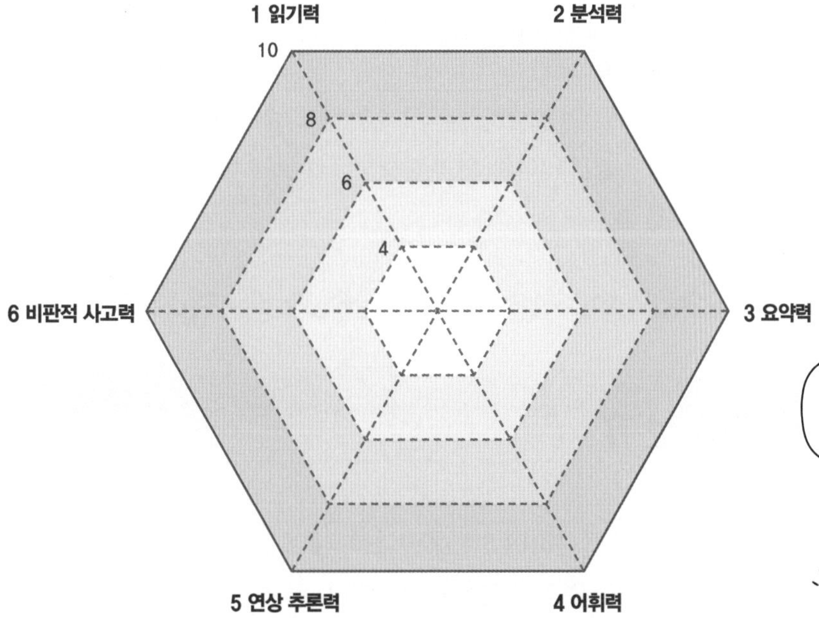

2. [환경] 친환경 딜레마

기사 난이도 ★★

친환경인데 환경이 오염된다고?
탄소 중립의 딜레마

작은 얼음 조각 위에 북극곰이 힘겹게 서 있는 모습을 본 적 있나요? 북극곰이 사는 북극 지방의 빙하와 빙붕이 점점 줄어들고 있는데, 지구 온난화로 북극 지방의 기온이 전 세계 **평균**보다 2배 이상 빠르게 올라서예요.

사람들은 얼음 조각 위에 있는 북극곰의 모습을 보고 충격을 받았어요. 그래서 지구 온난화의 한 요인인 환경 오염을 줄이기 위해 여러 가지 방법을 생각했어요. 그중에는 발전기나 전기차 배터리 같은 친환경 에너지 기술 개발도 있어요. 그런데 이런 친환경 에너지 기술 개발이 정말 친환경적인지 생각해 본 적 있나요?

금속 니켈

태양광 발전이나 풍력 발전 같은 재생 에너지와 전기차 배터리 같은 '녹색 기술'에는 다양한 금속이 많이 필요해요. 이 금속들을 '녹색 광물'이라고 하는데, 풍력 발전 터빈에는 니켈과 망간 등이, 전기차 배터리에는 리튬, 코발트 같은 금속이 사용되지요. 국제 에너지 기구(IEA)에 따르면, 2040년까지 탄소 **중립**을 **달성**하려면 2020년보다 6배 많은 녹색 광물이 필요하다고 해요.

그런데 문제는 리튬 1톤을 만들기 위해서는 이산화 탄소 15톤이 발생하고 물 200만 리터(L)가 필요하다는 거예요. 또 니켈이 **매장**된 곳의 40%는 서식하는 생물도 다양해서 광물을 캐기가 쉽지 않아요. 환경을 보호하기 위한 '녹색 기술'이 오히려 환경을 오염시켜 지구에 또 다른 피해를 줄 수도 있어요.

1 또박또박 읽어 보기

읽기력

위의 기사를 밑줄 친 키워드에 집중하며 5분 동안 소리 내어 읽어 보세요.
읽으면서 모르는 어휘나 문장이 얼마나 있는지 표시해 보세요.

2 샤샤샥 팩트 체크 분석력

아래의 내용 중 맞는 것에는 ○, 틀린 것에는 ×표 해 보세요.

1 지구 온난화로 북극의 기온이 빠르게 오르고 있다. ☐

2 화력 발전은 친환경 에너지 기술이다. ☐

3 녹색 기술에는 많은 양의 금속이 필요하다. ☐

4 녹색 기술이 오히려 환경을 오염시킬 수도 있다. ☐

3 뚝딱 주제 정리 요약력

기사의 핵심 내용을 요약해 보세요.

( ) 에너지 기술 개발에는 다양한 ( )이 필요하다. 이 금속들은 ( )이라고도 하는데, 이 광물을 얻기 위해서는 또 다른 ( )이 발생할 수 있다.

4 제대로 의미 알기 어휘력

어휘의 뜻을 연결시켜 보고, 비슷한 어휘까지 줄로 이어 보세요.

어휘			뜻			비슷한 어휘
① 평균	•	•	⑤ 어느 편에도 치우치지 않고 중간적인 입장에 섬	•	•	㉠ 표준
② 중립	•	•	⑥ 여러 사물의 질이나 양 따위를 통일적으로 고르게 한 것	•	•	㉡ 성취
③ 달성	•	•	⑦ 목적한 것을 이룸	•	•	㉢ 균형
④ 매장	•	•	⑧ 지하자원 따위가 땅속에 묻혀 있음	•	•	㉣ 매립

5 번뜩 배경지식 활용

연상 추론력

아래 써 있는 것 중 '녹색 광물-친환경 에너지'와 같은 관계에 있는 것이 무엇인지 골라 보고, 그 이유도 이야기해 보세요.

① 물 - 농사

② 소금 - 설탕

③ 팔 - 다리

6 이리저리 생각하기

비판적 사고력

친환경 에너지와 관련해서 이리저리 궁리해 볼까요?
두 가지 주제 중 하나를 골라 3줄 쓰기를 해 보세요. (이유나 예시도 2가지 이상 써 보세요.)

1 친환경 에너지의 긍정적인 면과 부정적인 면은 무엇일까요?

2 우리는 에너지를 사용하지 않고는 살 수 없어요. 지구를 지키면서 에너지를 사용할 수 있는 방법을 생각해 보아요.

정답

2영역 ○, ×, ○, ○ **3영역** 친환경, 금속, 녹색 광물, 환경 오염 **4영역** ①-⑥-㉠, ②-⑤-㉢, ③-⑦-㉡, ④-⑧-㉣

5영역 ① 물-농사 / 예 친환경 에너지 개발에 녹색 광물이 필요한 것처럼, 농사에 물이 필요한 요소라서.

친환경 딜레마

기사 내용에 대한 이해 수준을 스스로 점검해 보고 나의 육각형 읽기 능력을 알아봐!

▶1단계 나의 육각형 점수는?

영역	평가 기준	점수	내 점수는?
1 읽기력	이해 안 가는 어휘나 문장이 3개 이상 있어. 주제도 잘 모르겠어.	4점	
	전체적인 내용은 알겠는데, 이해 안 가는 부분이 있어.	6점	
	거의 이해했어. 이해 안 가는 부분은 앞뒤 문맥을 통해 파악했어.	8점	
	모든 어휘와 문장을 이해하고, 빠르게 읽었어.	10점	
2 분석력	힝. 1개 이하로 맞혔어.	4점	
	2개 맞혔어.	6점	
	3개 맞혔어.	8점	
	모두 다 맞혔어.	10점	
3 요약력	힝. 1개 이하로 맞혔어.	4점	
	2개 맞혔어.	6점	
	3개 맞혔어.	8점	
	모두 다 맞혔어.	10점	
4 어휘력	8개 중에 1~2개만 알고 있어.	4점	
	8개 중에 절반 정도 알고 있어.	6점	
	8개 중에 1~2개 정도만 어렵고 거의 알고 있어.	8점	
	모든 어휘의 뜻을 다 알고 있어.	10점	
5 연상 추론력	힝. 잘 모르겠어.	4점	
	뭔가 썼지만 아예 다른 답 같아.	6점	
	어느 정도 알고 있지만 설명은 잘 못했어.	8점	
	답도 맞히고 설명도 잘했어.	10점	
6 비판적 사고력	잘 못하겠어.	4점	
	문장 말고 어휘 위주로 썼어.	6점	
	이유나 예시를 1개 정도 제시하여 문장을 잘 썼어.	8점	
	이유나 예시를 2개 이상 제시하여 문장을 잘 썼어.	10점	

▶2단계 나의 육각형 그리기!

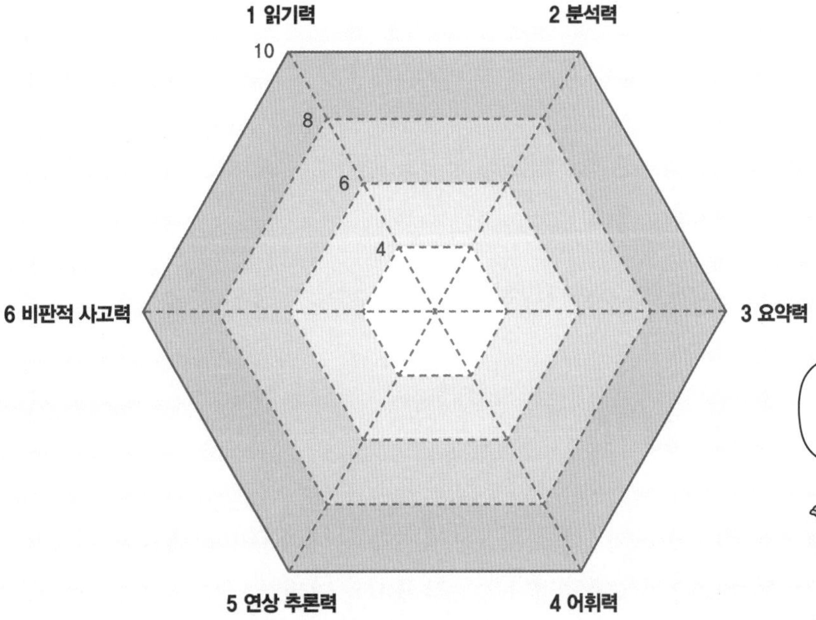

3. [환경] 생분해 포장지 기사 난이도 ★★

물에서 분해되는 종이 포장재가 있다고?

친환경 생분해성 종이 포장재

최근 해양 미세 플라스틱이 문제가 되면서 종이 포장재가 친환경 포장재로 주목받고 있어요. 하지만 종이 포장재에 코팅제로 쓰이는 물질들은 **분해**되지 않는다는 한계가 있어요. 그래서 바닷속에서 미세 플라스틱을 남기지 않고 분해되는 생분해성 포장재가 필요해졌어요.

이에 카이스트와 연세대 공동 연구팀이 해양에서 82%까지 생분해되는 종이 포장재를 개발했어요. 이 포장재는 기존의 플라스틱 대신 생분해성 플라스틱인 폴리비닐 알코올(PVA)을 사용해 미세 플라스틱 **발생**을 막을 수 있어요.

개발된 코팅 종이는 산소나 수증기에 우수한 차단성을 보이며, 강도가 뛰어나요. 자연에 버려져도 환경 오염을 일으키지 않아 플라스틱 포장재를 **대체**할 수 있을 거예요.

연구팀은 코팅제의 지속 가능성을 평가하기 위해 생분해도와 생체 적합성을 심층 검증했어요. 생분해가 가장 어려운 해양 환경과 비슷하게 만들어서 코팅제의 생분해도를 측정했는데, 코팅제 성분에 따라 59~82%로 생분해한다는 것을 확인했어요. 전자 현미경으로 해양 미생물이 코팅 소재를 분해하는 현상도 관찰했고요. 쥐 생체 반응 실험을 통해 코팅 종이의 높은 생체 적합성도 검증했지요.

연구팀은 이 코팅제가 자연환경에서 생분해되면서도, 저독성 물질이기 때문에 환경 오염을 **심화**시키지 않을 것이라고 했어요.

1 또박또박 읽어 보기 읽기력

위의 기사를 밑줄 친 키워드에 집중하며 5분 동안 소리 내어 읽어 보세요.
읽으면서 모르는 어휘나 문장이 얼마나 있는지 표시해 보세요.

2 샤샤샥 팩트 체크

분석력

아래의 내용 중 맞는 것에는 ○, 틀린 것에는 ×표 해 보세요.

1 일반 종이 포장재의 코팅제는 분해되지 않는다. ( )

2 생분해되는 코팅제는 해양 환경에서 대체로 생분해되었다. ( )

3 생분해 코팅제가 자연에 버려지면 환경 오염을 심화시킬 것이다. ( )

4 전자 현미경으로 보니 해양 미생물이 개발된 코팅 소재를 분해했다. ( )

3 뚝딱 주제 정리

요약력

기사의 핵심 내용을 요약해 보세요.

국내에서 생분해되는 (   )를 개발했다. 이 포장재는 (   ) 나 수증기를 차단하고 강도가 뛰어나며 (   )을 일으키지 않기 때문에 (   ) 포장재를 대체할 수 있을 것이다.

4 제대로 의미 알기

어휘력

어휘의 뜻을 연결시켜 보고, 비슷한 어휘까지 줄로 이어 보세요.

어휘			뜻			비슷한 어휘
① 분해	•	•	⑤ 여러 부분이 결합되어 이루어진 것을 그 낱낱으로 나눔	•	•	㉠ 생성
② 발생	•	•	⑥ 다른 것으로 대신함	•	•	㉡ 분리
③ 대체	•	•	⑦ 어떤 일이나 사물이 생겨남	•	•	㉢ 강화
④ 심화	•	•	⑧ 정도나 경지가 점점 깊어짐. 또는 깊어지게 함	•	•	㉣ 교체

5 번뜩 배경지식 활용

연상 추론력

아래 써 있는 키워드를 들어 본 적 있나요?
앞의 기사와 관련 있어 보이는 것을 모두 골라 보고 정확한 의미도 알아보세요.

일회용품　　소셜 네트워크
파스타　　환경 호르몬　　마우스

6 이리저리 생각하기

비판적 사고력

환경 보호 방법과 관련해서 이리저리 궁리해 볼까요?
두 가지 주제 중 하나를 골라 3줄 쓰기를 해 보세요. (이유나 예시도 2가지 이상 써 보세요.)

1 환경을 보호하기 위해 물건을 어떻게 사용해야 할까요?

2 우리는 물건을 사용할 때도 환경을 생각해야 해요. 환경을 보호하기 위해 우리가 할 수 있는 일을 생각해 보아요.

정답

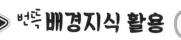

2영역 ○, ○, ×, ○　　**3영역** 종이 포장재, 산소, 환경 오염, 플라스틱
4영역 ①-⑤-㉡, ②-⑦-㉠, ③-⑥-㉣, ④-⑧-㉢
5영역 일회용품 : 한 번만 쓰고 버리도록 되어 있는 물건　　환경 호르몬 : 인체에 이상을 가져올 가능성이 있는 물질

생분해 포장지

기사 내용에 대한 이해 수준을 스스로 점검해 보고 나의 육각형 읽기 능력을 알아봐!

▶1단계 나의 육각형 점수는?

영역	평가 기준	점수	내 점수는?
1 읽기력	이해 안 가는 어휘나 문장이 3개 이상 있어. 주제도 잘 모르겠어.	4점	
	전체적인 내용은 알겠는데, 이해 안 가는 부분이 있어.	6점	
	거의 이해했어. 이해 안 가는 부분은 앞뒤 문맥을 통해 파악했어.	8점	
	모든 어휘와 문장을 이해하고, 빠르게 읽었어.	10점	
2 분석력	힝. 1개 이하로 맞혔어.	4점	
	2개 맞혔어.	6점	
	3개 맞혔어.	8점	
	모두 다 맞혔어.	10점	
3 요약력	힝. 1개 이하로 맞혔어.	4점	
	2개 맞혔어.	6점	
	3개 맞혔어.	8점	
	모두 다 맞혔어.	10점	
4 어휘력	8개 중에 1-2개만 알고 있어.	4점	
	8개 중에 절반 정도 알고 있어.	6점	
	8개 중에 1-2개 정도만 어렵고 거의 알고 있어.	8점	
	모든 어휘의 뜻을 다 알고 있어.	10점	
5 연상 추론력	이번에 다 처음 봤어.	4점	
	1개 정도만 들어 봤어.	6점	
	답은 맞혔지만 무엇인지는 잘 모르겠어.	8점	
	답도 맞히고, 무엇인지도 잘 알고 있어.	10점	
6 비판적 사고력	잘 못하겠어.	4점	
	문장 말고 어휘 위주로 썼어.	6점	
	이유나 예시를 1개 정도 제시하여 문장을 잘 썼어.	8점	
	이유나 예시를 2개 이상 제시하여 문장을 잘 썼어.	10점	

▶2단계 나의 육각형 그리기!

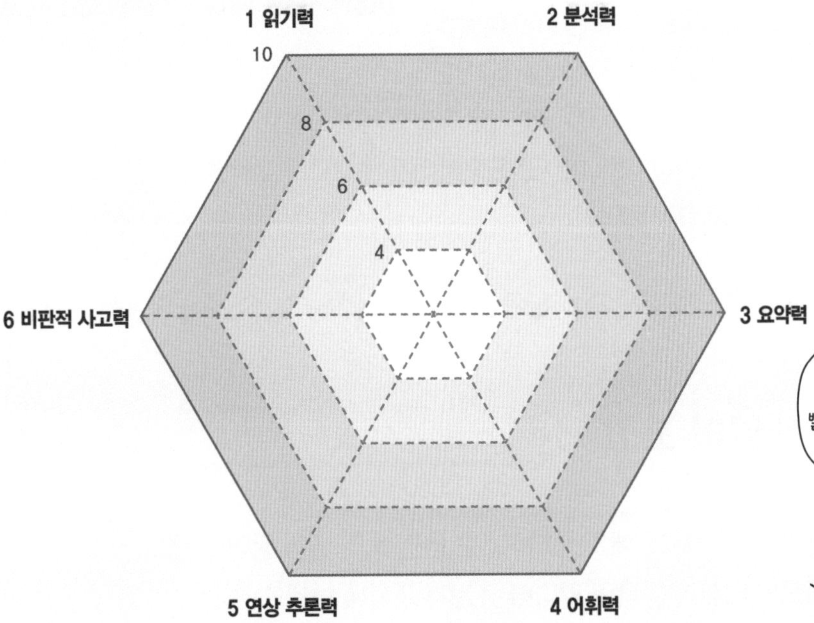

기사 난이도 ★★

빛 때문에 곤충이 위험해졌다고?
심각해지는 광공해 문제

광공해란 인공 조명으로 발생하는 빛 공해를 말해요. 가로등, 광고판, 건물의 외부 조명 따위의 인공 조명이 늘어나면서 곤충들이 큰 위험에 처했어요.

나방은 인공 조명에 몰려들다가 몸을 뒤집어 **급강하**해요. 이렇게 되면 천적에게 쉽게 잡힐 수 있어요. 실제로 영국에서는 나방 개체 수가 1970년대 이래 3분의 1이나 줄었다고 해요. 또, 반딧불이는 빛을 발산해 짝을 찾는데, 인공 조명의 방해로 영국에서는 2001년 이후 반딧불이 수가 4분의 3 수준으로 **급감**했다고 해요.

가로등에 몰려든 나방 떼

곤충들이 인공 조명에 몰려드는 이유는 인공 조명을 달로 착각하거나, 자신의 등을 밝은 곳에 두려는 반사 행동 때문이라고 해요. 과학자들은 인공 조명의 빛을 줄이고, 아래에서 위로 비추는 간접 조명을 설치해야 곤충들의 피해를 줄일 수 있다고 제안했어요. LED 가로등에서 나오는 파란색 계열의 단파장 빛이 곤충들에게 더 큰 피해를 주기 때문에 LED 가로등보다 나트륨 전등을 사용하는 것도 한 방법이에요.

과학자들은 실제로 조명을 아래로 비추면 곤충이 전등 쪽으로 곤두박질했지만, 위로 비추면 곤충이 정상적으로 비행했다고 설명했어요.

1 또박또박 읽어 보기

읽기력

위의 기사를 밑줄 친 키워드에 집중하며 5분 동안 소리 내어 읽어 보세요.
읽으면서 모르는 어휘나 문장이 얼마나 있는지 표시해 보세요.

2 샤샤샥 팩트 체크 분석력

아래의 내용 중 맞는 것에는 ○, 틀린 것에는 ×표 해 보세요.

1 자연 조명으로 발생하는 빛 공해가 광공해다. ( )

2 곤충들은 인공 조명에 많이 몰려든다. ( )

3 영국에서는 2010년 이후 반딧불이 수가 4분의 3 수준으로 줄었다. ( )

4 LED 가로등의 파란색 계열 빛은 곤충들에게 더 큰 피해를 준다. ( )

3 뚝딱 주제 정리 요약력

기사의 핵심 내용을 요약해 보세요.

( )이 늘어나면서 ( )들이 위험에 처하는 ( ) 문제가 발생하고 있다. 전문가들은 인공 조명의 빛을 줄이고 아래에서 위로 비추는 ( )을 설치해 곤충들의 피해를 막아야 한다고 경고한다.

4 제대로 의미 알기 어휘력

다음 두 어휘에서 '급-'이라는 말의 뜻이 무엇일지 생각해 보고, '급-'이 들어가는 어휘를 3개만 써 보세요.

급강하 : 비행기 따위가 아래를 향해 갑자기 빠른 속도로 내려감
급감 : 급작스럽게 줄어듦

'급-' 의 뜻 :

'급-'이 들어가는 어휘 :

5 번뜩 배경지식 활용

연상 추론력

아래 써 있는 키워드를 들어 본 적 있나요?
앞의 기사와 관련 있어 보이는 것을 모두 골라 보고 정확한 의미도 알아보세요.

생태계 피해　　미세 먼지

종교　　바이오　　야경

6 이리저리 생각하기

비판적 사고력

광공해와 관련해서 이리저리 궁리해 볼까요?
두 가지 주제 중 하나를 골라 3줄 쓰기를 해 보세요. (이유나 예시도 2가지 이상 써 보세요.)

1 광공해로 생기는 피해는 무엇이 있을까요?

2 광공해를 줄이기 위해 우리가 할 수 있는 일은 무엇이 있을지 생각해 보아요.

정답

2영역 ×, ○, ×, ○　**3영역** 인공 조명, 곤충, 광공해, 간접 조명　**4영역** 갑작스러운, 매우 급한 / ㉠ 급작, 급속, 급류 등

5영역 생태계 피해 : 생물 및 서식지 등의 건강과 균형이 손상되는 일　야경 : 밤의 경치. 도시 불빛, 달빛 등이 어우러져 만들어 내는 풍경

광공해

기사 내용에 대한 이해 수준을 스스로 점검해 보고 나의 육각형 읽기 능력을 알아봐!

▶1단계 나의 육각형 점수는?

영역	평가 기준	점수	내 점수는?
1 읽기력	이해 안 가는 어휘나 문장이 3개 이상 있어. 주제도 잘 모르겠어.	4점	
	전체적인 내용은 알겠는데, 이해 안 가는 부분이 있어.	6점	
	거의 이해했어. 이해 안 가는 부분은 앞뒤 문맥을 통해 파악했어.	8점	
	모든 어휘와 문장을 이해하고, 빠르게 읽었어.	10점	
2 분석력	힝. 1개 이하로 맞혔어.	4점	
	2개 맞혔어.	6점	
	3개 맞혔어.	8점	
	모두 다 맞혔어.	10점	
3 요약력	힝. 1개 이하로 맞혔어.	4점	
	2개 맞혔어.	6점	
	3개 맞혔어.	8점	
	모두 다 맞혔어.	10점	
4 어휘력	힝. 잘 모르겠어.	4점	
	뜻만 맞혔어.	6점	
	뜻과 어휘 1-2개 정도만 맞혔어.	8점	
	뜻과 어휘 모두 맞혔어.	10점	
5 연상 추론력	이번에 다 처음 봤어.	4점	
	1개 정도만 들어 봤어.	6점	
	답은 맞혔지만 무엇인지는 잘 모르겠어.	8점	
	답도 맞히고, 무엇인지도 잘 알고 있어.	10점	
6 비판적 사고력	잘 못하겠어.	4점	
	문장 말고 어휘 위주로 썼어.	6점	
	이유나 예시를 1개 정도 제시하여 문장을 잘 썼어.	8점	
	이유나 예시를 2개 이상 제시하여 문장을 잘 썼어.	10점	

▶2단계 나의 육각형 그리기!

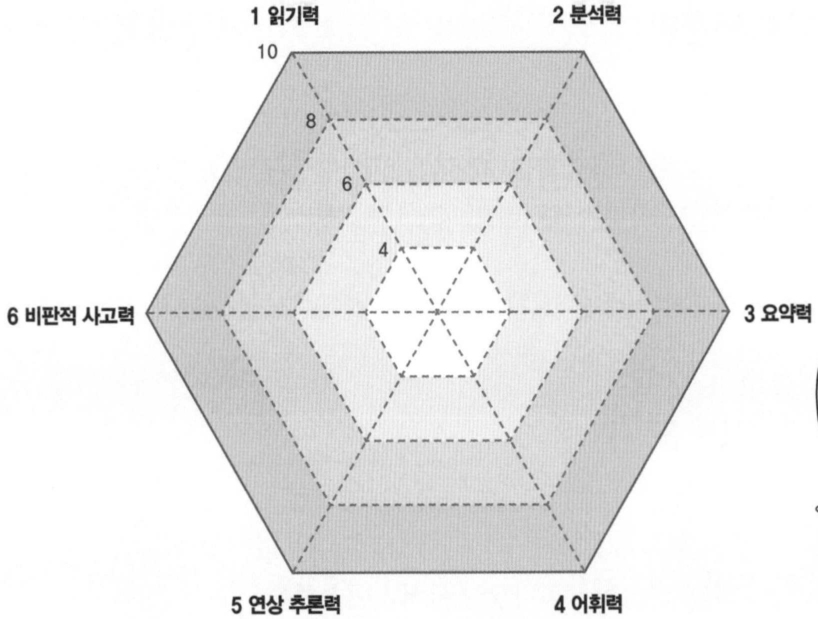

5. [환경] 이상 기후 기사 난이도 ★

매년 가장 더운 여름이 계속된다

폭염과 가뭄 장기화

유럽 연합(EU)의 코페르니쿠스 기후 변화 연구소(C3S)에 따르면, C3S가 1940년 관측을 시작한 이후로 2024년 북반구의 여름이 가장 더웠다고 해요. C3S는 2024년 6~8월 북반구의 평균 기온이 섭씨 16.8°C 를 기록했다고 했어요.

앞서 학술지 '네이처'에 **게재**된 논문에서 2023년 북반구의 여름이 지난 2000년 동안의 여름 중 가장 더웠다고 발표했는데, **종전** 최고치보다 0.03°C 올라갔어요. 과학자들은 화산 폭발이 있었던 시기에는 기온이 낮아졌지만, 바닷물의 온도가 높아지는 엘니뇨 현상이 있었던 시기에는 기온이 올라갔다는 것을 발견했어요. 엘니뇨는 북반구의 여름 기온을 높이는 경우가 많아요.

엘니뇨 현상은 2024년 여름까지 계속되었고, 해마다 여름 기온 기록을 **경신**할 가능성이 높아요. 지난 60년 동안 온실가스 배출로 인한 지구 온난화로 엘니뇨 현상이 더욱 강해지면서 매년 여름은 점점 더 더워지고 있어요.

과학자들은 기후가 항상 변화하기는 하지만, 2024년의 고온 현상은 엘니뇨 현상으로 더욱 심해졌고 결국 점점 더 심한 폭염과 가뭄이 **장기화**될 거라고 강조했어요. 또한 온실가스 배출량을 획기적으로 줄이지 않는다면 지구의 온도가 계속 올라갈 것이라고 경고했어요.

1 또박또박 읽어 보기 읽기력

위의 기사를 밑줄 친 키워드에 집중하며 5분 동안 소리 내어 읽어 보세요.

읽으면서 모르는 어휘나 문장이 얼마나 있는지 표시해 보세요.

2 샤샤샥 팩트 체크 분석력

아래의 내용 중 맞는 것에는 ○, 틀린 것에는 ×표 해 보세요.

1 2024년 여름은 지난 2000년의 여름 중 가장 시원했다. ( )

2 화산 폭발이 있던 시기에는 기온이 낮아졌다. ( )

3 엘니뇨는 남반구 여름 기온을 높인다. ( )

4 과학자들은 앞으로 폭염과 가뭄이 계속될 것이라고 했다. ( )

3 뚝딱 주제 정리 요약력

기사의 핵심 내용을 요약해 보세요.

(   )로 지구가 점점 뜨거워지고 있다. 게다가 (   ) 현상으로 고온 현상이 더 심해지고 있다. (   ) 배출량을 줄이지 않으면 지구의 (   )가 더 올라갈 것이다.

4 제대로 의미 알기 어휘력

다음의 뜻을 가진 어휘를 쓰고, 그 어휘를 활용해서 짧은 문장을 만들어 보세요.

뜻	어휘	짧은 문장
① 지금보다 이전	ㅈ ㅈ	
② 기록 경기 따위에서, 종전의 기록을 깨뜨림	ㄱ ㅅ	
③ 일이 빨리 끝나지 않고 오래 끌어짐	ㅈ ㄱ ㅎ	
④ 글이나 그림 따위를 신문이나 잡지 따위에 실음	ㄱ ㅈ	

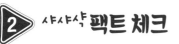

5 번뜩 배경지식 활용

연상 추론력

다음 글은 지구 대기에 대한 설명이에요.
이 글을 읽고, 지구 온난화와 온실가스의 관계에 대해 이야기해 보세요.

지구 대기는 태양 에너지는 통과시키지만, 지구 표면의 열이 우주로 나가는 것은 막아서 지구의 온도를 약 15℃ 내외로 유지시켜요. 만약 대기가 없으면 평균 온도가 -18℃로 내려가지요. 문제는 인간의 활동으로 인해 온실가스 배출이 증가하면서, 대기의 온실 효과를 강화해 지구 온난화가 일어난다는 거예요. 이러한 지구 온난화로, 지구의 평균 기온이 점점 올라가고 있어요. 최근 100년 동안 약 1℃ 증가했고, 지금 같은 속도라면 21세기 말에는 약 1.5℃~4.5℃의 기온 증가가 예상돼요.

6 이리저리 생각하기

비판적 사고력

지구 온난화와 관련해서 이리저리 궁리해 볼까요?
두 가지 주제 중 하나를 골라 3줄 쓰기를 해 보세요. (이유나 예시도 2가지 이상 써 보세요.)

1 지구 온난화가 계속되면 우리의 생활은 어떻게 달라질까요?

2 지구 온난화를 줄이기 위해 우리가 할 수 있는 일은 무엇이 있을지 생각해 보아요.

정답

2영역 ×, ○, ×, ○ **3영역** 지구 온난화, 엘니뇨, 온실가스, 온도

4영역 ① 종전, ② 경신, ③ 장기화, ④ 게재 **5영역** 예 온실가스가 증가하면서 지구 온난화가 심해진다.

이상 기후

기사 내용에 대한 이해 수준을 스스로 점검해 보고 나의 육각형 읽기 능력을 알아봐!

▶1단계 나의 육각형 점수는?

영역	평가 기준	점수	내 점수는?
1 읽기력	이해 안 가는 어휘나 문장이 3개 이상 있어. 주제도 잘 모르겠어.	4점	
	전체적인 내용은 알겠는데, 이해 안 가는 부분이 있어.	6점	
	거의 이해했어. 이해 안 가는 부분은 앞뒤 문맥을 통해 파악했어.	8점	
	모든 어휘와 문장을 이해하고, 빠르게 읽었어.	10점	
2 분석력	힝. 1개 이하로 맞혔어.	4점	
	2개 맞혔어.	6점	
	3개 맞혔어.	8점	
	모두 다 맞혔어.	10점	
3 요약력	힝. 1개 이하로 맞혔어.	4점	
	2개 맞혔어.	6점	
	3개 맞혔어.	8점	
	모두 다 맞혔어.	10점	
4 어휘력	어휘만 1개 이하로 맞혔어.	4점	
	어휘만 2개 이상 맞혔어.	6점	
	어휘는 다 맞혔는데, 문장은 1-2개 정도만 만들었어.	8점	
	어휘도 다 맞혔고, 모든 문장도 만들었어.	10점	
5 연상 추론력	힝. 잘 모르겠어.	4점	
	뭔가 썼지만 아예 다른 답 같아.	6점	
	어느 정도 알고 있지만 설명은 잘 못했어.	8점	
	제시 글에 따라 설명을 잘했어.	10점	
6 비판적 사고력	잘 못하겠어.	4점	
	문장 말고 어휘 위주로 썼어.	6점	
	이유나 예시를 1개 정도 제시하여 문장을 잘 썼어.	8점	
	이유나 예시를 2개 이상 제시하여 문장을 잘 썼어.	10점	

▶2단계 나의 육각형 그리기!

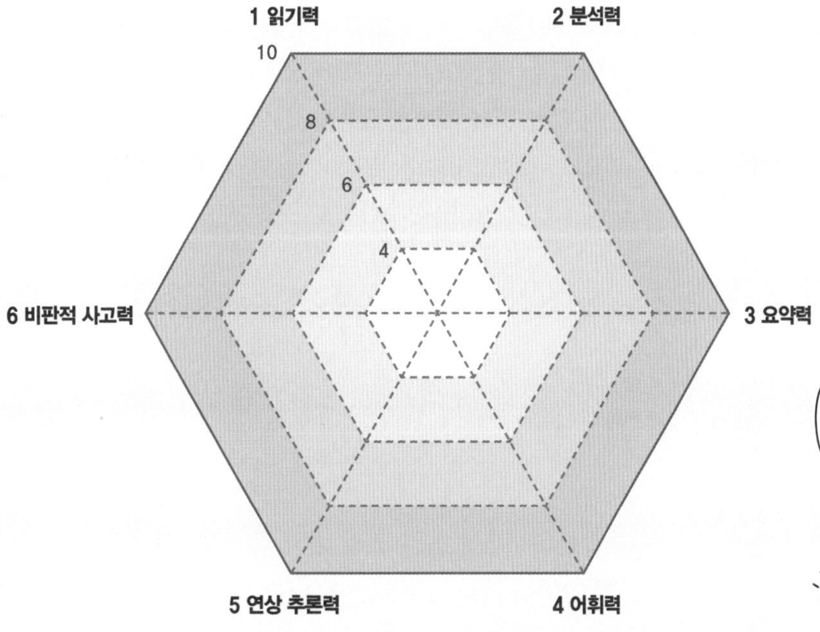

6. 【환경】 태풍 기사 난이도 ★

태풍의 이름을 만드는 방법

알면 재미있는 태풍 이름

태풍은 열대 지방의 해상에서 만들어진 열대 저기압으로 중심 부근의 최대 풍속이 17.2m/s 이상인 강한 폭풍우를 동반해요. 해마다 여러 개의 태풍이 우리나라에 상륙해요. 어떨 때는 조용히 지나가기도 하지만, 어떨 때는 큰 피해를 입히기도 해요. 특히 1995년 사라, 2002년 루사, 2003년 매미는 우리나라에 큰 피해를 입혔지요. '사라', '루사', '매미'는 태풍의 이름이에요. 태풍의 이름은 어떻게 만드는 걸까요?

태풍 누리

태풍의 이름은 동시에 발생하는 여러 개의 태풍으로 인한 예보에 **혼동**을 주지 않기 위해 붙여졌어요. 20세기 초 호주의 예보관인 '클레멘트 레기'가 처음으로 태풍에 이름을 붙였어요. 그는 자신이 싫어하는 정치인의 이름을 태풍에 붙였어요. 태풍의 나쁜 이미지를 정치인의 이름과 연결한 거죠.

그러다가 2000년부터 태풍의 영향을 받는 아시아 14개 나라에서 이름을 정했어요. 국가별로 10개씩 제출해서 총 140개의 이름을 만들었어요. 이름은 순서대로 사용하고 140개를 전부 사용하고 나면 처음부터 다시 사용하도록 했어요. 태풍은 보통 1년에 약 25개 정도 발생하기 때문에 약 4~5년이 지나면 140개를 다 사용하게 돼요. 회원국에는 북한도 포함되어 있어 한글로 된 태풍 이름은 20개예요.

다만, 태풍 피해를 크게 입은 나라는 태풍 이름 **교체**를 요청할 수 있어요. 태풍이 큰 피해를 끼친 경우에는 앞으로 **유사**한 피해가 일어나지 않기를 바라는 뜻에서 새로운 이름으로 교체하는 거죠. 우리나라에 큰 피해를 줬던 태풍 루사는 '누리'로, 매미는 '무지개'로 바뀌었답니다.

1 또박또박 읽어 보기

읽기력

위의 기사를 밑줄 친 키워드에 집중하며 5분 동안 소리 내어 읽어 보세요.
읽으면서 모르는 어휘나 문장이 얼마나 있는지 표시해 보세요.

2 샤샤샥 팩트 체크

분석력

아래의 내용 중 맞는 것에는 ○, 틀린 것에는 ×표 해 보세요.

1 한글로 된 태풍의 이름은 20개이다. ( )

2 태풍은 1년에 약 50개 정도 발생한다. ( )

3 태풍에 처음 이름을 붙인 시기는 19세기이다. ( )

4 한번 정해진 태풍의 이름은 절대 바뀌지 않는다. ( )

3 뚝딱 주제 정리

요약력

기사의 핵심 내용을 요약해 보세요.

(　　　　　)의 이름은 여러 개의 태풍이 동시에 발생할 경우, (　　　　　)에 혼동이 없도록 다양한 (　　　　　)으로 붙인다. 태풍이 큰 (　　　　　)를 끼친 경우, 앞으로 유사한 피해가 일어나지 않기를 바라는 뜻에서 새로운 이름으로 교체하기도 한다.

4 제대로 의미 알기

어휘력

어휘의 뜻을 연결시켜 보고, 비슷한 어휘와 반대 어휘까지 줄로 이어 보세요.

어휘	뜻	비슷한 어휘	반대 어휘
① 혼동 •	• ④ 구별하지 못하고 뒤섞어서 생각함 •	• ㉠ 대체 •	• ㉣ 분명
② 교체 •	• ⑤ 서로 비슷함 •	• ㉡ 닮음 •	• ㉤ 차이
③ 유사 •	• ⑥ 사람이나 사물을 다른 사람으로 대신함 •	• ㉢ 착각 •	• ㉥ 고정

5 번뜩 배경지식 활용

연상 추론력

아래 써 있는 키워드를 들어 본 적 있나요?
앞의 기사와 관련 있어 보이는 것을 모두 골라 보고 정확한 의미도 알아보세요.

색소　　허리케인
사이클론　　디토 소비　　기상청

6 이리저리 생각하기

비판적 사고력

태풍과 관련해서 이리저리 궁리해 볼까요?
두 가지 주제 중 하나를 골라 3줄 쓰기를 해 보세요. (이유나 예시도 2가지 이상 써 보세요.)

1 태풍이 우리나라를 지나가면 어떤 일이 일어나나요?
2 내가 태풍 이름을 만든다면 무엇으로 만들고 싶나요?

정답

2영역 ○, ×, ×, ×　**3영역** 태풍, 예보, 이름, 피해　**4영역** ①-④-ⓒ-ⓔ, ②-⑥-ⓐ-ⓗ, ③-⑤-ⓛ-ⓜ

5영역 허리케인 : 대서양 서부나 북태평양 동부에서 발생하는 열대성 저기압　사이클론 : 벵골만과 아라비아해에서 발생하는 열대성 저기압
기상청 : 우리나라의 기상 상태를 관측하고 예보하는 기관

태풍

기사 내용에 대한 이해 수준을 스스로 점검해 보고 나의 육각형 읽기 능력을 알아봐!

▶1단계 나의 육각형 점수는?

영역	평가 기준	점수	내 점수는?
1 읽기력	이해 안 가는 어휘나 문장이 3개 이상 있어. 주제도 잘 모르겠어.	4점	
	전체적인 내용은 알겠는데, 이해 안 가는 부분이 있어.	6점	
	거의 이해했어. 이해 안 가는 부분은 앞뒤 문맥을 통해 파악했어.	8점	
	모든 어휘와 문장을 이해하고, 빠르게 읽었어.	10점	
2 분석력	힝, 1개 이하로 맞혔어.	4점	
	2개 맞혔어.	6점	
	3개 맞혔어.	8점	
	모두 다 맞혔어.	10점	
3 요약력	힝, 1개 이하로 맞혔어.	4점	
	2개 맞혔어.	6점	
	3개 맞혔어.	8점	
	모두 다 맞혔어.	10점	
4 어휘력	9개 중에 1-2개만 알고 있어.	4점	
	9개 중에 절반 정도 알고 있어.	6점	
	9개 중에 1-2개 정도만 어렵고 거의 알고 있어.	8점	
	모든 어휘의 뜻을 다 알고 있어.	10점	
5 연상 추론력	이번에 다 처음 봤어.	4점	
	1개 정도만 들어 봤어.	6점	
	답은 맞혔지만 무엇인지는 잘 모르겠어.	8점	
	답도 맞히고, 무엇인지도 잘 알고 있어.	10점	
6 비판적 사고력	잘 못하겠어.	4점	
	문장 말고 어휘 위주로 썼어.	6점	
	이유나 예시를 1개 정도 제시하여 문장을 잘 썼어.	8점	
	이유나 예시를 2개 이상 제시하여 문장을 잘 썼어.	10점	

▶2단계 나의 육각형 그리기!

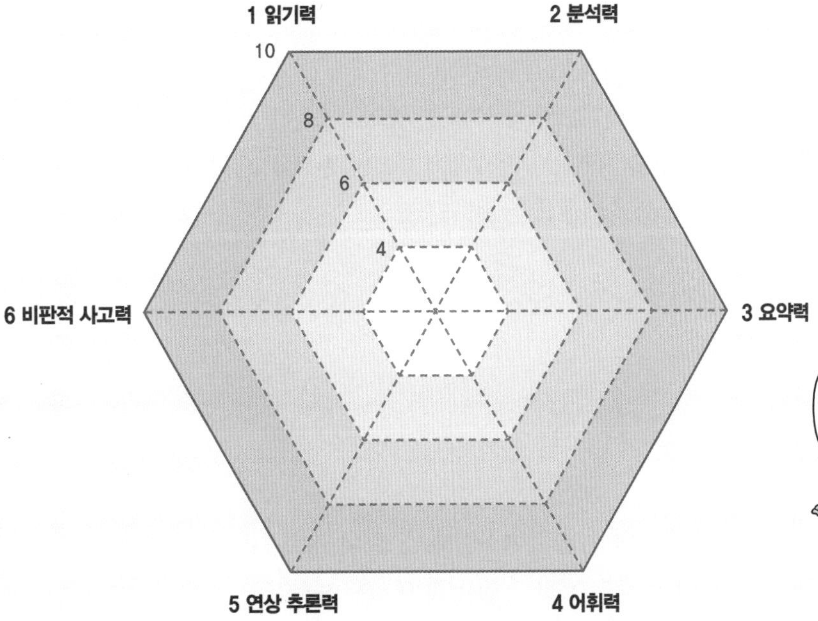

토착종은 줄고, 외래종은 늘고
무너지는 생물 다양성

전 세계적으로 멸종 위기에 처한 동식물이 무려 200만 종에 이른다고 해요. 생물종이 멸종되는 속도도 과거보다 최대 1,000배나 빨라졌어요. 세계 자연 기금(WWF)에 따르면, 지난 40여 년간 생물 개체 수의 52%가 **감소**했다고 해요.

생물종의 위기는 사람 때문이에요. 도시가 점점 더 넓어지면서 서식지가 파괴되고, 무분별한 사냥으로 개체 수가 줄어들었어요. 하지만 전문가들이 꼽는 가장 큰 원인은 사람들이 들인 '외래 생물'이에요. 외래 생물들이 우리나라에 많이 들어오면서 우리 고유의 동식물들이 위험에 처하게 된 거죠.

우리나라의 가장 대표적인 외래 생물은 황소개구리, 붉은귀거북, 뉴트리아 같은 것들이에요. 외래 생물의 가장 큰 문제는 국내에 **천적**이 없거나, 생태계를 파괴하거나, 인체에 해를 끼친다는 거예요.

뉴트리아

다른 나라에서도 '침입 외래종'들이 큰 피해를 주고 있어요. 미국은 침입 외래종 방제 비용으로 1,200억 달러를 썼지만, 농업 피해 규모가 130억 달러에 달했다고 해요.

이런 문제를 해결하기 위해 정부에서는 '생물 다양성 보전 및 이용에 관한 법률(생물 다양성법)'을 시행하고 있어요. 토착종, 유전자 변형종, 외래 생물 중 현재 생태계의 균형을 해치고 있는 생물을 '생태계 **교란**종'으로 지정해 수입, 반입, 사육, 재배 등을 금지한 거예요. 이걸 어기면 2년 이하 징역, 2천만 원 이하 벌금에 처해요. 생태계를 훼손할 '**위해** 우려종'을 법으로 지정해 유입을 막는 것이지요.

1 또박또박 읽어 보기

읽기력

위의 기사를 밑줄 친 키워드에 집중하며 5분 동안 소리 내어 읽어 보세요.
읽으면서 모르는 어휘나 문장이 얼마나 있는지 표시해 보세요.

2 샤샤샥 팩트 체크

분석력

아래의 내용 중 맞는 것에는 ○, 틀린 것에는 ×표 해 보세요.

1 전 세계적으로 멸종 위기에 처한 동식물이 200만 종에 달한다. ( )

2 생물종이 줄어든 가장 큰 이유는 환경 때문이다. ( )

3 외래 생물의 가장 큰 문제는 천적이 없거나 생태계를 파괴하는 것이다. ( )

4 위해 우려종은 국내 생태계를 보호할 외래 생물을 말한다. ( )

3 뚝딱 주제 정리

요약력

기사의 핵심 내용을 요약해 보세요.

전 세계적으로 동식물이 (   ) 위기에 처했다. 도시가 점점 넓어지면서 (   )가 파괴되고 무분별한 사냥으로 (   )가 줄어들었다. 특히 천적이 없거나 유해한 (   )이 많아지면 생태계에 큰 피해를 준다. 세계 여러 나라는 이를 해결하기 위해 노력 중이다.

4 제대로 의미 알기

어휘력

어휘의 뜻을 연결시켜 보고, 비슷한 어휘까지 줄로 이어 보세요.

어휘			뜻			비슷한 어휘
① 감소	•	•	⑤ 잡아먹는 동물을 잡아먹히는 동물에 상대해서 이르는 말	•	•	㉠ 감량
② 천적	•	•	⑥ 마음이나 상황 따위를 뒤흔들어서 어지럽고 혼란하게 함	•	•	㉡ 혼돈
③ 교란	•	•	⑦ 위험과 재해를 아울러 이르는 말	•	•	㉢ 해악
④ 위해	•	•	⑧ 양이나 수치가 줆	•	•	㉣ 목숨앗이

5 번뜩 배경지식 활용

연상 추론력

아래 써 있는 키워드를 들어 본 적 있나요?
앞의 기사와 관련 있어 보이는 것을 모두 골라 보고 정확한 의미도 알아보세요.

토종　　포획

정보 처리　　멀티미디어　　나노

6 이리저리 생각하기

비판적 사고력

생물 다양성과 관련해서 이리저리 궁리해 볼까요?
두 가지 주제 중 하나를 골라 3줄 쓰기를 해 보세요. (이유나 예시도 2가지 이상 써 보세요.)

1 외래 생물들이 우리나라에 들어오게 된 이유는 무엇일까요?

2 토착 생물과 외래 생물이 함께 살 수 있는 방법은 무엇이 있을지 생각해 보아요.

정답

2영역 ○, ×, ○, ×　**3영역** 멸종, 서식지, 개체 수, 외래 생물　**4영역** ①-⑧-㉠, ②-⑤-㉣, ③-⑥-㉡, ④-⑦-㉢

5영역 토종 : 본디 그곳에서 나는 종자　포획 : 짐승을 잡음

생물 다양성

기사 내용에 대한 이해 수준을 스스로 점검해 보고 나의 육각형 읽기 능력을 알아봐!

▶1단계 나의 육각형 점수는?

영역	평가 기준	점수	내 점수는?
1 읽기력	이해 안 가는 어휘나 문장이 3개 이상 있어. 주제도 잘 모르겠어.	4점	
	전체적인 내용은 알겠는데, 이해 안 가는 부분이 있어.	6점	
	거의 이해했어. 이해 안 가는 부분은 앞뒤 문맥을 통해 파악했어.	8점	
	모든 어휘와 문장을 이해하고, 빠르게 읽었어.	10점	
2 분석력	힝. 1개 이하로 맞혔어.	4점	
	2개 맞혔어.	6점	
	3개 맞혔어.	8점	
	모두 다 맞혔어.	10점	
3 요약력	힝. 1개 이하로 맞혔어.	4점	
	2개 맞혔어.	6점	
	3개 맞혔어.	8점	
	모두 다 맞혔어.	10점	
4 어휘력	8개 중에 1-2개만 알고 있어.	4점	
	8개 중에 절반 정도 알고 있어.	6점	
	8개 중에 1-2개 정도만 어렵고 거의 알고 있어.	8점	
	모든 어휘의 뜻을 다 알고 있어.	10점	
5 연상 추론력	이번에 다 처음 봤어.	4점	
	1개 정도만 들어 봤어.	6점	
	답은 맞혔지만 무엇인지는 잘 모르겠어.	8점	
	답도 맞히고, 무엇인지도 잘 알고 있어.	10점	
6 비판적 사고력	잘 못하겠어.	4점	
	문장 말고 어휘 위주로 썼어.	6점	
	이유나 예시를 1개 정도 제시하여 문장을 잘 썼어.	8점	
	이유나 예시를 2개 이상 제시하여 문장을 잘 썼어.	10점	

▶2단계 나의 육각형 그리기!

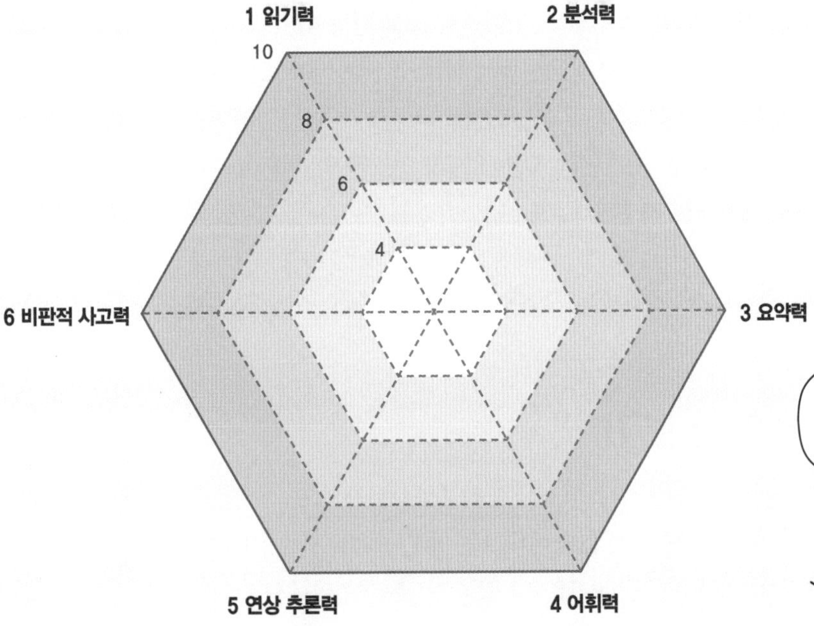

8. 【환경】 호주 산불 기사 난이도 ★

호주에서 최악의 산불이 났어
코알라 6만 마리를 죽게 한 무서운 산불

호주에서 일어난 산불

2024년 2월, 오스트레일리아(호주) 빅토리아 주에서 대규모 산불이 계속되어 주민 약 3만 명이 집을 떠나 대피했어요. 일부 지역에서는 '재난' 수준의 산불 위험 등급을 **발령**하고 소방관 수천 명과 60대가 넘는 소방 항공기를 **투입**해 산불 잡기에 나섰지요. 하지만 불길이 쉽게 잡히지 않아 많은 가축이 죽고, 주택도 많이 파괴됐어요. 최악의 산불인 '블랙 서머' 이후 가장 위험한 산불이었다고 해요.

블랙 서머는 2019년 9월 호주 남동부 지방에서 발생해 6개월 동안 호주 전역을 태우고 2020년 2월에 **진화**된 화재예요. 이때의 연기와 재가 바람을 타고 날아가 뉴질랜드 오클랜드의 하늘을 뒤덮었어요. 또한 불똥이 바다를 건너 날아가 호주에서 세 번째로 큰 섬인 캥거루섬의 절반을 태우기도 했어요. 이 화재로 캔버라 국제공항 운영이 일시 중단되었고, 미국에서 **파견**된 소방 항공기가 추락해 소방대원이 숨지기도 했어요. 한반도 크기의 땅이 불탔고, 수많은 시민이 죽거나 피해를 입었지요. 호주의 상징인 코알라도 6만 마리 이상 죽거나 다쳤는데, 2050년쯤에는 호주 동부 연안의 코알라가 멸종될 수도 있다고 해요. 그뿐 아니라 당시 오존층이 최대 5% 가량 파괴되었다는 연구 결과가 발표될 정도로 대량의 이산화 탄소가 발생해 지구 온난화를 더욱 심하게 만들었어요.

호주 산불의 원인은 기후 변화로 인한 높은 기온과 건조한 땅 때문이라고 해요. 그런데 산불이 또다시 지구 온난화와 기후 변화를 심화시켰어요.

1 또박또박 읽어 보기 읽기력

위의 기사를 밑줄 친 키워드에 집중하며 5분 동안 소리 내어 읽어 보세요.
읽으면서 모르는 어휘나 문장이 얼마나 있는지 표시해 보세요.

2 샤샤샥 팩트 체크 분석력

아래의 내용 중 맞는 것에는 ○, 틀린 것에는 ×표 해 보세요.

1 2024년 2월, 호주에서 대규모 산불이 일어나 주민들이 대피했다. ( )

2 블랙 서머는 호주에서 6개월간 계속되었다. ( )

3 산불이 나면 오존층은 15% 이상 파괴된다. ( )

4 블랙 서머 때 코알라 6만 마리 이상이 도망쳤다. ( )

3 뚝딱 주제 정리 요약력

기사의 핵심 내용을 요약해 보세요.

블랙 서머 이후 호주에서 또다시 대규모 (　　　　　)이 났다. 블랙 서머 때는 호주에서 세 번째로 큰 섬인 (　　　　　　　　)의 절반이 탔다. 호주의 상징인 (　　　　　　) 도 많이 죽거나 다쳤고 (　　　　　　) 또한 최대 5%가량 파괴되었다.

4 제대로 의미 알기 어휘력

어휘의 뜻을 연결시켜 보고, 비슷한 어휘까지 줄로 이어 보세요.

어휘	뜻	비슷한 어휘
① 발령 •	• ⑤ 불이 난 것을 끔 •	• ㉠ 임명
② 투입 •	• ⑥ 직책이나 직위와 관계된 명령을 내림 •	• ㉡ 유입
③ 진화 •	• ⑦ 자본 따위를 필요한 곳에 넣음 •	• ㉢ 소방
④ 파견 •	• ⑧ 일정한 임무를 주어서 사람을 보냄 •	• ㉣ 파송

5 번뜩 배경지식 활용

연상 추론력

다음 글은 오존층에 대한 설명이에요.
이 글을 읽고, 호주 산불이 왜 오존층에 문제가 되었는지 이야기해 보세요.

호주에서 큰 산불이 나면서 많은 연기가 발생했어요. 이 연기는 지구 대기 중에서 가장 높은 성층권까지 올라가 성층권의 온도를 올렸어요. 성층권은 오존층이 있는 곳이기 때문에, 성층권의 온도가 올라가면 오존층에도 나쁜 영향을 줄 수 있어요. 산불 연기가 오존층에 영향을 줘서 오존층이 얇아지면 오존 구멍이 더 커질 수도 있거든요. 오존층이 없으면 자외선이 그대로 들어와서 사람들에게 해를 끼칠 수 있어요. 전 세계가 오존층을 보호하기 위해 노력하고 있는데 호주 산불처럼 예상하지 못한 일이 생기면 이런 노력에 문제가 생길 수 있어요.

6 이리저리 생각하기

비판적 사고력

호주 산불과 관련해서 이리저리 궁리해 볼까요?
두 가지 주제 중 하나를 골라 3줄 쓰기를 해 보세요. (이유나 예시도 2가지 이상 써 보세요.)

1 호주 산불로 인해 일어난 일은 무엇인가요?
2 산불을 줄이기 위해 우리가 해야 할 일은 무엇일지 생각해 보아요.

정답

2영역 ○, ○, ×, × **3영역** 산불, 캥거루섬, 코알라, 오존층 **4영역** ①-⑥-㉠, ②-⑦-㉡, ③-⑤-㉢, ④-⑧-㉣
5영역 예 산불의 연기가 성층권까지 올라가서 성층권의 온도를 높였고, 이로 인해 오존층이 얇아지는 등 나쁜 영향을 주었기 때문이다.

호주 산불

기사 내용에 대한 이해 수준을 스스로 점검해 보고 나의 육각형 읽기 능력을 알아봐!

▶1단계 나의 육각형 점수는?

영역	평가 기준	점수	내 점수는?
1 읽기력	이해 안 가는 어휘나 문장이 3개 이상 있어. 주제도 잘 모르겠어.	4점	
	전체적인 내용은 알겠는데, 이해 안 가는 부분이 있어.	6점	
	거의 이해했어. 이해 안 가는 부분은 앞뒤 문맥을 통해 파악했어.	8점	
	모든 어휘와 문장을 이해하고, 빠르게 읽었어.	10점	
2 분석력	힝. 1개 이하로 맞혔어.	4점	
	2개 맞혔어.	6점	
	3개 맞혔어.	8점	
	모두 다 맞혔어.	10점	
3 요약력	힝. 1개 이하로 맞혔어.	4점	
	2개 맞혔어.	6점	
	3개 맞혔어.	8점	
	모두 다 맞혔어.	10점	
4 어휘력	8개 중에 1-2개만 알고 있어.	4점	
	8개 중에 절반 정도 알고 있어.	6점	
	8개 중에 1-2개 정도만 어렵고 거의 알고 있어.	8점	
	모든 어휘의 뜻을 다 알고 있어.	10점	
5 연상 추론력	힝. 잘 모르겠어.	4점	
	뭔가 썼지만 아예 다른 답 같아.	6점	
	어느 정도 알고 있지만 설명은 잘 못했어.	8점	
	제시 글에 따라 설명을 잘했어.	10점	
6 비판적 사고력	잘 못하겠어.	4점	
	문장 말고 어휘 위주로 썼어.	6점	
	이유나 예시를 1개 정도 제시하여 문장을 잘 썼어.	8점	
	이유나 예시를 2개 이상 제시하여 문장을 잘 썼어.	10점	

▶2단계 나의 육각형 그리기!

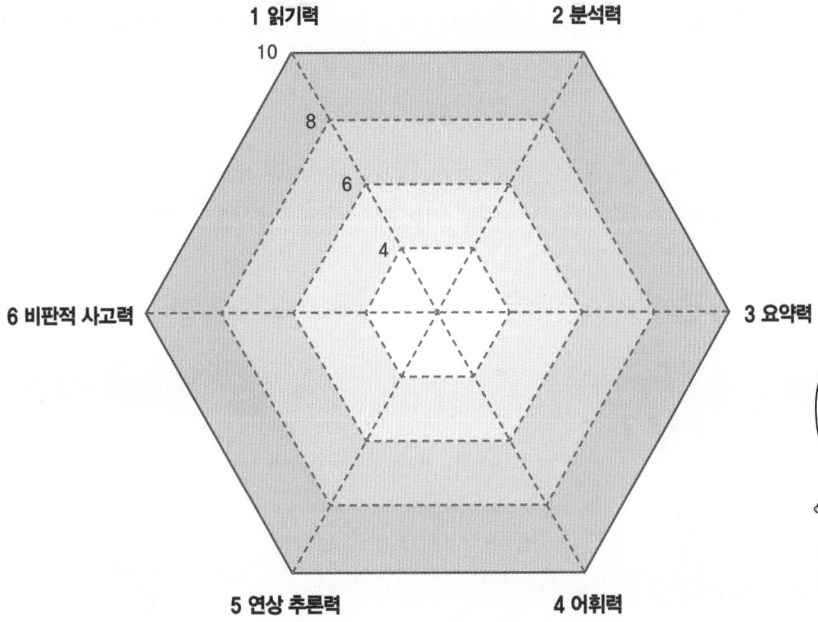

2050년에 아마존이 붕괴될 수도 있어

생태계 붕괴 티핑 포인트 임박

아마존 모습

'지구의 허파'로 불리는 아마존 열대 우림이 기후 변화, 가뭄, **벌목** 등의 영향으로 2050년에는 절반 이상이 **황폐**해진다는 연구 결과가 나왔어요. 연구진은 지구 온난화, 강수량의 변화, 계절에 따른 비의 강도, 건조한 기간, **삼림** 벌채 등이 아마존에 스트레스를 주는 것으로 분석했어요. 이러한 스트레스들로 아마존 열대 우림의 10~47%가 2050년에는 생태계 복원이 불가능한 '티핑 포인트'(작은 변화들이 쌓여 특정 시점에 도달했을 때 큰 변화가 일어나는 순간)에 도달할 수 있다고 했어요.

이전 연구에서는 아마존 우림의 20~25%가 훼손되면 티핑 포인트가 올 수 있다고 했는데 이미 아마존 숲이 25% 이상 훼손되었다는 거예요. 또 건조한 기간인 건기 때의 기온이 40년 전보다 2℃나 높아서 불이 쉽게 날 수 있어요. 2050년이 되면 연간 최고 기온은 2~4℃ 높아지고 건조한 날도 지금보다 10~30일 정도 더 많아진다고 해요.

아마존 열대 우림은 지구 생물 다양성의 10%를 차지하는 중요한 생태계이자, 지구 기후 안정화에 핵심적인 역할을 하는 탄소 저장고예요. 아마존 열대 우림의 생태계 **붕괴**는 지구 전체에 심각한 영향을 미칠 수 있어서 국제 사회가 적극적으로 보호 대책을 세워야 해요. 아마존 열대 우림이 회복할 수 있도록 산림 황폐화를 막는 지역 사회의 노력과 온실가스 배출을 줄이는 전 세계의 노력이 필요한 거죠. 아마존 열대 우림의 보호는 지구 환경 보전을 위해 매우 중요한 과제라고 할 수 있어요.

1 또박또박 읽어 보기

읽기력

위의 기사를 밑줄 친 키워드에 집중하며 5분 동안 소리 내어 읽어 보세요.
읽으면서 모르는 어휘나 문장이 얼마나 있는지 표시해 보세요.

2 샤샤샥 팩트 체크 분석력

아래의 내용 중 맞는 것에는 ○, 틀린 것에는 ×표 해 보세요.

1 아마존은 '지구의 허파'로 불린다. ( )

2 아마존은 지구 생물 다양성의 20%나 차지한다. ( )

3 아마존은 중요한 탄소 저장고이다. ( )

4 아마존 열대 우림은 지구 환경 보호와 상관없다. ( )

3 뚝딱 주제 정리 요약력

기사의 핵심 내용을 요약해 보세요.

지구 온난화, 강수량의 변화 등에 따라 2050년에 (   )의 10~47%가 (   )에 도달할 수 있다. 아마존 열대 (   )의 보호는 지구 환경 (   )을 위해 매우 중요한 과제이다.

4 제대로 의미 알기 어휘력

다음의 뜻을 가진 어휘를 쓰고, 그 어휘를 활용해서 짧은 문장을 만들어 보세요.

뜻	어휘	짧은 문장
① 숲의 나무를 벰	ㅂ ㅁ	
② 집, 토지, 삼림 따위가 거칠어져 못 쓰게 됨	ㅎ ㅍ	
③ 나무가 많이 우거진 숲	ㅅ ㄹ	
④ 무너지고 깨어짐	ㅂ ㄱ	

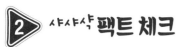

5 번뜩 배경지식 활용

연상 추론력

아래 써 있는 키워드를 들어 본 적 있나요?
앞의 기사와 관련 있어 보이는 것을 모두 골라 보고 무엇인지 정확한 의미도 알아보세요.

탄소 중립 신기록
라인 사태 금리 인하 맹그로브 숲

6 이리저리 생각하기

비판적 사고력

아마존과 관련해서 이리저리 궁리해 볼까요?
두 가지 주제 중 하나를 골라 3줄 쓰기를 해 보세요. (이유나 예시도 2가지 이상 써 보세요.)

1 아마존을 보호하기 위해 우리가 할 수 있는 일은 무엇이 있을까요?
2 아마존의 생태계가 붕괴되면 우리 생활에 어떤 변화가 생길지 상상해 보아요.

정답

2영역 ○, ×, ○, × **3영역** 아마존, 티핑 포인트, 우림, 보전 **4영역** ① 벌목, ② 황폐, ③ 삼림, ④ 붕괴
5영역 탄소 중립 : 탄소를 배출하는 만큼 그에 상응하는 조치를 취해 실질 배출량을 '0'으로 만드는 일
맹그로브 숲 : 열대의 해변이나 하구의 습지에서 발달하는 숲. 탄소 저장고 역할을 함

아마존

기사 내용에 대한 이해 수준을 스스로 점검해 보고 나의 육각형 읽기 능력을 알아봐!

▶1단계 나의 육각형 점수는?

영역	평가 기준	점수	내 점수는?
1 읽기력	이해 안 가는 어휘나 문장이 3개 이상 있어. 주제도 잘 모르겠어.	4점	
	전체적인 내용은 알겠는데, 이해 안 가는 부분이 있어.	6점	
	거의 이해했어. 이해 안 가는 부분은 앞뒤 문맥을 통해 파악했어.	8점	
	모든 어휘와 문장을 이해하고, 빠르게 읽었어.	10점	
2 분석력	힝. 1개 이하로 맞혔어.	4점	
	2개 맞혔어.	6점	
	3개 맞혔어.	8점	
	모두 다 맞혔어.	10점	
3 요약력	힝. 1개 이하로 맞혔어.	4점	
	2개 맞혔어.	6점	
	3개 맞혔어.	8점	
	모두 다 맞혔어.	10점	
4 어휘력	어휘만 1개 이하로 맞혔어.	4점	
	어휘만 2개 이상 맞혔어.	6점	
	어휘는 다 맞혔는데, 문장은 1~2개 정도만 만들었어.	8점	
	어휘도 다 맞혔고, 모든 문장도 만들었어.	10점	
5 연상 추론력	이번에 다 처음 봤어.	4점	
	1개 정도만 들어 봤어.	6점	
	답은 맞혔지만 무엇인지는 잘 모르겠어.	8점	
	답도 맞히고, 무엇인지도 잘 알고 있어.	10점	
6 비판적 사고력	잘 못하겠어.	4점	
	문장 말고 어휘 위주로 썼어.	6점	
	이유나 예시를 1개 정도 제시하여 문장을 잘 썼어.	8점	
	이유나 예시를 2개 이상 제시하여 문장을 잘 썼어.	10점	

▶2단계 나의 육각형 그리기!

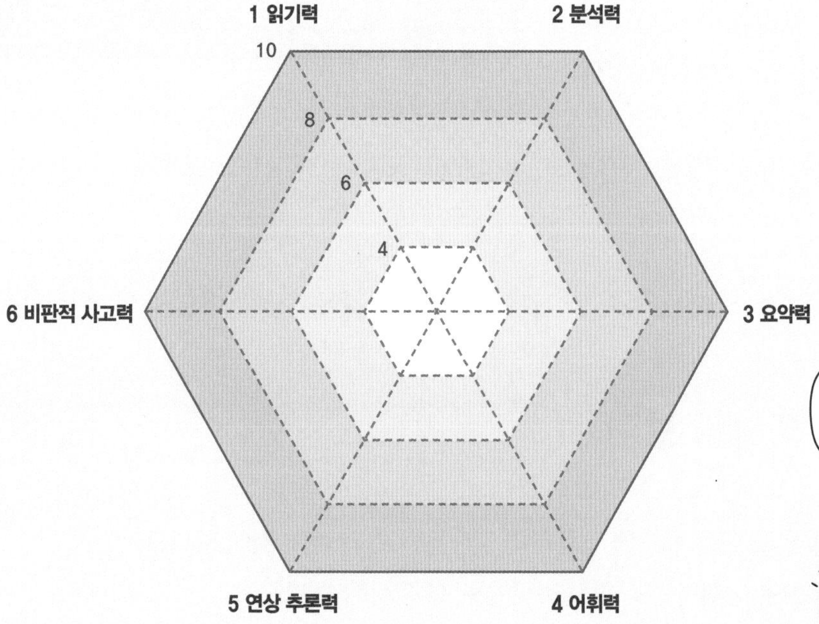

10. 【환경】 산호초 　　　기사 난이도 ★★

그렇게 바르다간 산호초도 죽을 수 있어
바다를 위협하는 자외선 차단제

햇볕이 쨍쨍하면 **자외선**으로부터 피부를 보호하기 위해 선크림을 발라요. 특히 바닷가에 가면 강렬한 태양 때문에 선크림은 **필수**지요. 그런데 피부를 보호하기 위해서 선크림을 듬뿍 바르고 바다에 들어가면 산호초가 다 죽을 수도 있어요.

선크림의 자외선 차단 **성분**인 옥시벤존과 옥티녹세이트는 3,500개가 넘는 자외선 차단 제품에 들어갈 정도로 많이 쓰이고 있어요. 선크림을 잔뜩 바른 사람들의 몸에서 바닷물로 녹아 내린 이 성분들은 산호초의 성장과 번식에 나쁜 영향을 끼쳐요. 심지어 산호초가 하얗게 변해 죽는 백화 현상을 일으키기도 하지요.

남태평양의 작은 섬나라 팔라우와 하와이에서는 옥시벤존과 옥티녹세이트가 포함된 자외선 차단제를 바르지 못하게 법으로 금지했어요. **위반**할 경우 약 340만 원의 벌금을 내야 해요.

그러면 이제 산호초를 보호하기 위해 선크림을 바르지 말아야 할까요? 그건 아니에요. 생태계에 영향을 주는 옥시벤존 등이 없는 자외선 차단제를 쓰면 돼요. 이런 제품을 쓴다면 산호초의 백화 현상을 줄이는 데 도움이 될 거예요. 또 선크림을 바르는 대신 햇빛을 가릴 수 있는 모자를 쓰거나 긴소매 옷을 입으면 산호초도 보호하고 피부도 보호할 수 있지요.

1 또박또박 읽어 보기 　　　읽기력

위의 기사를 밑줄 친 키워드에 집중하며 5분 동안 소리 내어 읽어 보세요.
읽으면서 모르는 어휘나 문장이 얼마나 있는지 표시해 보세요.

2 샤샤샥 팩트 체크 분석력

아래의 내용 중 맞는 것에는 ○, 틀린 것에는 ×표 해 보세요.

1 모든 선크림에는 옥시벤존과 옥티녹세이트 성분이 들어 있다. ( )

2 선크림에 포함된 성분들은 산호초의 성장에 도움을 준다. ( )

3 하와이에서는 모든 자외선 차단제 사용을 금지했다. ( )

4 산호초를 보호하려면 모자와 긴소매 옷만 입어야 한다. ( )

3 뚝딱 주제 정리 요약력

기사의 핵심 내용을 요약해 보세요.

(   )을 바르고 바다에 들어가면 (   )과 옥티녹세이트 성분 때문에 산호초가 죽을 수도 있다. 그래서 (   )와 하와이에서는 이 성분이 있는 자외선 차단제 판매를 (   )했다. 산호초 보호를 위해 안전한 선크림 사용이 필요하다.

4 제대로 의미 알기 어휘력

어휘의 뜻을 아래 설명에서 찾아 써 보세요.

① 자외선 :　　　　② 필수 :

③ 성분 :　　　　④ 위반 :

㉠ 위험이나 곤란 따위가 미치지 않게 잘 보살핌

㉡ 법률, 명령, 약속 따위를 지키지 않고 어김

㉢ 동물의 몸을 감싸고 있는 조직

㉣ 엑스선보다 길고 가시광선보다 파장이 짧은 전자기파

㉤ 화합물이나 혼합물을 구성하는 각각의 원소나 순물질

㉥ 꼭 있어야 하거나 하여야 함

5 번뜩 배경지식 활용

연상 추론력

다음 글은 선크림 종류에 대한 설명이에요.
이 글을 읽고, 바다에 들어갈 때 어떤 선크림을 사용하면 좋을지 생각해 보고 그 이유도 이야기해 보세요.

선크림은 크게 무기 자외선 차단제(무기자차)와 유기 자외선 차단제(유기자차)로 나뉘어요. 무기자차는 피부에 그늘막을 씌워 물리적으로 자외선을 차단하고, 유기자차는 화학적 반응을 일으켜 자외선을 차단해요. 무기자차는 크림이 피부에 하얗게 뜨는 백탁 현상이 있어서 유기자차에 대한 선호도가 더 높지요. 문제는 유기자차에 쓰이는 '옥시벤존'이라는 성분이에요. 이 물질은 바다에 들어가면 바다 생물의 호르몬 체계를 교란시켜요. 물고기의 성별을 바꾸는 등 생식 관련 질환을 일으키기도 하지요.

6 이리저리 생각하기

비판적 사고력

선크림과 관련해서 이리저리 궁리해 볼까요?
두 가지 주제 중 하나를 골라 3줄 쓰기를 해 보세요. (이유나 예시도 2가지 이상 써 보세요.)

1 선크림은 바다 생물에 어떤 영향을 줄까요?

2 바다 생물을 지키는 또 다른 방법은 무엇이 있을지 생각해 보아요.

정답

2영역 ×, ×, ×, × **3영역** 선크림, 옥시벤존, 팔라우, 금지 **4영역** ①-㉣, ②-㉥, ③-㉤, ④-㉡

5영역 무기 자외선 차단제(무기자차) / ㉔ 옥시벤존이 없어서 바다를 오염시키지 않는다.

산호초

기사 내용에 대한 이해 수준을 스스로 점검해 보고 나의 육각형 읽기 능력을 알아봐!

▶1단계 나의 육각형 점수는?

영역	평가 기준	점수	내 점수는?
1 읽기력	이해 안 가는 어휘나 문장이 3개 이상 있어. 주제도 잘 모르겠어.	4점	
	전체적인 내용은 알겠는데, 이해 안 가는 부분이 있어.	6점	
	거의 이해했어. 이해 안 가는 부분은 앞뒤 문맥을 통해 파악했어.	8점	
	모든 어휘와 문장을 이해하고, 빠르게 읽었어.	10점	
2 분석력	힝. 1개 이하로 맞혔어.	4점	
	2개 맞혔어.	6점	
	3개 맞혔어.	8점	
	모두 다 맞혔어.	10점	
3 요약력	힝. 1개 이하로 맞혔어.	4점	
	2개 맞혔어.	6점	
	3개 맞혔어.	8점	
	모두 다 맞혔어.	10점	
4 어휘력	4개 중에 1개 이하로 알고 있어.	4점	
	4개 중에 2개 알고 있어.	6점	
	4개 중에 3개 알고 있어.	8점	
	모든 어휘의 뜻을 다 알고 있어.	10점	
5 연상 추론력	힝. 잘 모르겠어.	4점	
	뭔가 썼지만 아예 다른 답 같아.	6점	
	어느 정도 알고 있지만 설명은 잘 못했어.	8점	
	제시 글에 따라 설명을 잘했어.	10점	
6 비판적 사고력	잘 못하겠어.	4점	
	문장 말고 어휘 위주로 썼어.	6점	
	이유나 예시를 1개 정도 제시하여 문장을 잘 썼어.	8점	
	이유나 예시를 2개 이상 제시하여 문장을 잘 썼어.	10점	

▶2단계 나의 육각형 그리기!

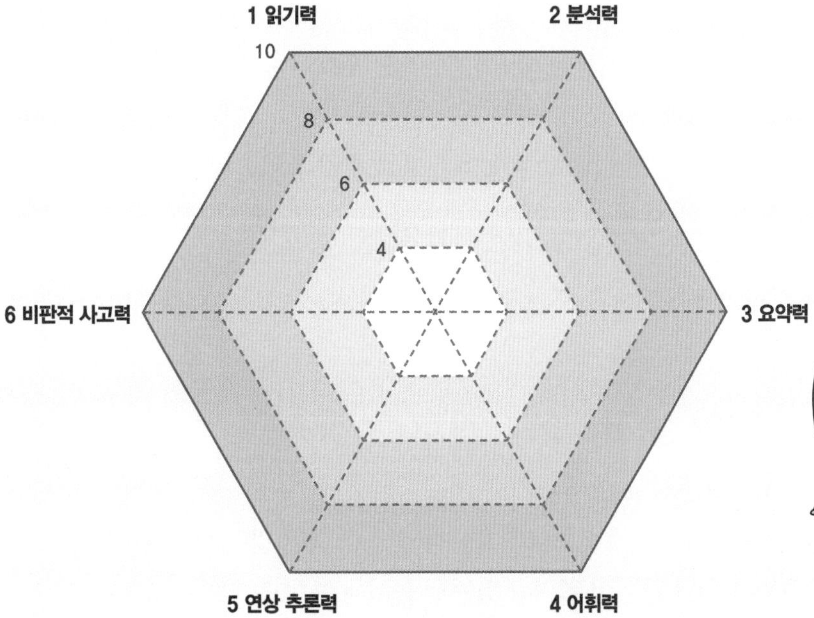

11. 【환경】 개화 시기

기사 난이도 ★

진해 군항제가 점점 빨리 열린대

온난화가 벚꽃 개화 앞당겨

2024년 진해 군항제는 3월 23일부터 10일간 진행되었는데, 역대 가장 빨리 열렸어요. 지구 온난화로 벚꽃 **개화** 시기가 빨라졌기 때문이에요. 1963년 1회 축제는 4월 5일에 **개막**했는데 60여 년 만에 개막일이 2주 가량 앞당겨진 거죠.

창원 기상대에 따르면, 진해구 여좌천 일대 벚꽃은 2015년부터 2018년까지 3월 29일~31일 사이에 만발했어요. 그러다 2019년과 2020년에는 3월 26일, 2021년에는 3월 23일로 개화 시기가 점점 빨라졌어요.

진해 군항제의 여좌천 벚꽃 길

지구 온난화는 진해 군항제뿐 아니라 다른 계절성 축제에도 영향을 미쳤어요. 안동 암산 얼음 축제, 인제 빙어 축제, 낙동강 유채 축제 등이 취소되기도 했지요. 진해 군항제 관계자가 "앞으로 3월 중순에 벚꽃 축제를 열어야 할지도 모르겠다."고 언급할 정도로 이상 기후로 개화 시기를 맞추기가 힘들어졌어요.

빨라진 개화 시기는 사과와 배, 복숭아 등의 과일나무를 키우는 농가에도 영향을 미쳐요. 꽃이 너무 일찍 피면서 4월에 **냉해** 피해를 입기도 해요. 2023년에도 개화가 빨라지면서 냉해로 생산량이 반으로 줄어서 농가가 큰 피해를 봤어요. 소비자는 비싼 값을 주고 과일을 사야 했지요. 이렇게 지구 온난화는 우리의 삶에 많은 영향을 주고 있어요.

1 또박또박 읽어 보기

읽기력

위의 기사를 밑줄 친 키워드에 집중하며 5분 동안 소리 내어 읽어 보세요.
읽으면서 모르는 어휘나 문장이 얼마나 있는지 표시해 보세요.

2 샤샤샥 팩트 체크 — 분석력

아래의 내용 중 맞는 것에는 ○, 틀린 것에는 ×표 해 보세요.

1 진해 군항제의 벚꽃 개화 시기가 점점 빨라지고 있다. ☐

2 지구 온난화로 계절성 축제가 훨씬 활발해졌다. ☐

3 개화 시기가 빨라지면 과일나무에도 영향을 미친다. ☐

4 2024년 군항제는 8일간 열렸다. ☐

3 뚝딱 주제 정리 — 요약력

기사의 핵심 내용을 요약해 보세요.

(   )로 (   )이 일찍 피어 진해 군항제가 빨리 열렸다. 지구 온난화는 진해 군항제뿐만 아니라 다른 (   ) 축제에도 영향을 미치고 (   )를 키우는 농가에도 영향을 미쳤다.

4 제대로 의미 알기 — 어휘력

어휘의 뜻을 연결시켜 보고, 비슷한 어휘와 반대 어휘까지 줄로 이어 보세요.

어휘	뜻	비슷한 어휘	반대 어휘
① 개화 •	• ④ 막을 열거나 올린다는 뜻 •	• ㉠ 동해 •	• ㉣ 폭염
② 개막 •	• ⑤ 여름철의 이상 저온이나 일조량 부족으로 농작물이 자라는 도중에 입는 피해 •	• ㉡ 시작 •	• ㉤ 낙화
③ 냉해 •	• ⑥ 풀이나 나무의 꽃이 핌 •	• ㉢ 발화 •	• ㉥ 폐막

5 번뜩 배경지식 활용

연상 추론력

다음 글은 지역 축제에 대한 설명이에요.
이 글을 읽고, 축제를 못 할 경우 발생하는 피해가 무엇일지 이야기해 보세요.

강원도의 겨울 축제가 이상 고온으로 위기를 맞았어요. 특히, 얼음 낚시 같은 축제는 기온이 상승하면서 더 이상 유지하기가 힘들어졌어요. 강원도 6대 겨울 축제는 경제적 효과가 컸지만 4년 전부터 이상 고온으로 축제가 취소되기도 했어요. 축제를 진행하려면 얼음 두께가 20~25cm이어야 하는데 온도가 높아져 얼음 두께를 유지하기 어렵기 때문이지요. 관광객 유치를 위해서 새로운 축제 프로그램 개발이 필요해요.

6 이리저리 생각하기

비판적 사고력

지역 축제와 관련해서 이리저리 궁리해 볼까요?
두 가지 주제 중 하나를 골라 3줄 쓰기를 해 보세요. (이유나 예시도 2가지 이상 써 보세요.)

1 계절성 지역 축제에 가 본 적이 있나요? 그때의 경험과 느낌은 어땠나요?
2 이상 기후에 대응해 지역 축제가 어떻게 운영되어야 하는지 상상해 보아요.

정답
2영역 ○, ×, ○, × **3영역** 지구 온난화, 벚꽃, 계절성, 과일나무
4영역 ①-⑥-㉢-㉤, ②-④-㉡-㉥, ③-⑤-㉠-㉣ **5영역** 예 경제적 손실이 크다.

개화 시기

기사 내용에 대한 이해 수준을 스스로 점검해 보고 나의 육각형 읽기 능력을 알아봐!

▶1단계 나의 육각형 점수는?

영역	평가 기준	점수	내 점수는?
1 읽기력	이해 안 가는 어휘나 문장이 3개 이상 있어. 주제도 잘 모르겠어.	4점	
	전체적인 내용은 알겠는데, 이해 안 가는 부분이 있어.	6점	
	거의 이해했어. 이해 안 가는 부분은 앞뒤 문맥을 통해 파악했어.	8점	
	모든 어휘와 문장을 이해하고, 빠르게 읽었어.	10점	
2 분석력	힝. 1개 이하로 맞혔어.	4점	
	2개 맞혔어.	6점	
	3개 맞혔어.	8점	
	모두 다 맞혔어.	10점	
3 요약력	힝. 1개 이하로 맞혔어.	4점	
	2개 맞혔어.	6점	
	3개 맞혔어.	8점	
	모두 다 맞혔어.	10점	
4 어휘력	9개 중에 1-2개만 알고 있어.	4점	
	9개 중에 절반 정도 알고 있어.	6점	
	9개 중에 1-2개 정도만 어렵고 거의 알고 있어.	8점	
	모든 어휘의 뜻을 다 알고 있어.	10점	
5 연상 추론력	힝. 잘 모르겠어.	4점	
	뭔가 썼지만 아예 다른 답 같아.	6점	
	어느 정도 알고 있지만 설명은 잘 못했어.	8점	
	제시 글에 따라 설명을 잘했어.	10점	
6 비판적 사고력	잘 못하겠어.	4점	
	문장 말고 어휘 위주로 썼어.	6점	
	이유나 예시를 1개 정도 제시하여 문장을 잘 썼어.	8점	
	이유나 예시를 2개 이상 제시하여 문장을 잘 썼어.	10점	

▶2단계 나의 육각형 그리기!

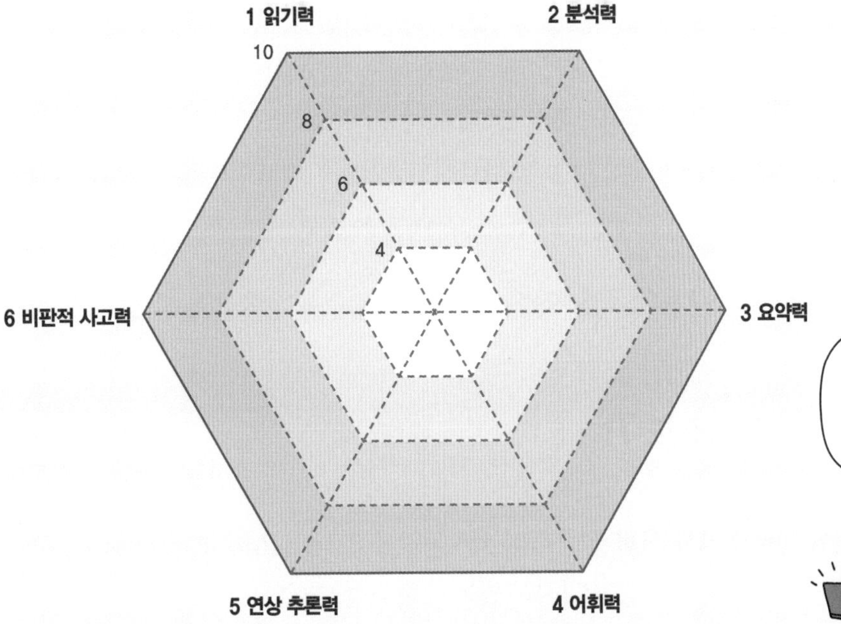

과자에서 플라스틱이 나왔다고?

암을 일으킬 수도 있는 미세 플라스틱

작은 플라스틱 조각들

우리가 즐겨 먹는 과자 중 해산물을 원료로 하는 과자에서 1일 섭취량의 70배가 넘는 **미세** 플라스틱이 **검출**되었어요. 다른 해산물 원료 과자에서도 미세 플라스틱이 검출되었는데, A 과자는 1g당 13개, B 과자는 1g당 21개가 나와서 과자 한 봉지에 각각 1,170개, 1,470개가 들어 있는 거예요.

미세 플라스틱은 플라스틱이 분해되는 과정에서 생기는 아주 작은 크기의 플라스틱 조각이에요. **일반적**으로 한 사람이 먹는 미세 플라스틱의 양은 매주 5g 정도에 이른다고 해요. 바다와 공기 중으로 흩어진 플라스틱 조각들을 동식물이 흡수하고, 이 동식물을 사람들이 일주일 동안 먹게 되는 것이죠.

미세 플라스틱이 우리 몸에 미치는 영향에 대해서는 아직 확실하게 밝혀진 것은 없어요. 하지만 동물 실험에서 암을 일으키거나 혈관을 늙게 만든다는 보고가 있어요. 미세 플라스틱이 몸속에 들어와 혈관을 통해 온몸을 돌면서 염증을 일으킬 수 있다는 걱정도 있지요.

이런 불안을 잠재우려면 플라스틱 쓰레기를 줄여야 해요. 또한 미세 플라스틱에 대한 과학적인 기준을 만들고 법적인 **규제**가 필요해요. 유럽 연합(EU)은 미세 플라스틱 오염을 줄이기 위해 화장품 회사, 제약 회사에 환경 오염 비용을 내게 했어요. 우리나라도 미세 플라스틱에 대한 관리와 규제 대책을 마련해야겠지요.

1 또박또박 읽어 보기

읽기력

위의 기사를 밑줄 친 키워드에 집중하며 5분 동안 소리 내어 읽어 보세요.
읽으면서 모르는 어휘나 문장이 얼마나 있는지 표시해 보세요.

2 샤샤샥 팩트 체크 분석력

아래의 내용 중 맞는 것에는 ○, 틀린 것에는 ×표 해 보세요.

1 해산물을 원료로 하는 과자에서 미세 플라스틱이 검출되었다. ( )

2 미세 플라스틱은 플라스틱이 분해되면서 만들어진다. ( )

3 한 사람이 일주일 동안 먹는 플라스틱 양은 1g이다. ( )

4 유럽 연합은 화장품 회사에 환경 오염 비용을 내게 한다. ( )

3 뚝딱 주제 정리 요약력

기사의 핵심 내용을 요약해 보세요.

(   )은 플라스틱이 분해되면서 생기는 아주 (   )크기의 플라스틱 조각이다. 동물 실험에서 (   )을 일으키거나 (   )을 늙게 한다는 보고가 있다. 미세 플라스틱에 대한 기준과 규제가 필요하다.

4 제대로 의미 알기 어휘력

어휘의 뜻을 연결시켜 보고, 비슷한 어휘까지 줄로 이어 보세요.

어휘			뜻			비슷한 어휘
① 미세	•	•	⑤ 일부에 한정되지 않고 전체에 걸치는 것	•	•	㉠ 추출
② 검출	•	•	⑥ 분간하기 어려울 정도로 아주 작음	•	•	㉡ 마이크로
③ 일반적	•	•	⑦ 규칙이나 규정에 의하여 일정한 한도를 정하거나 정한 한도를 넘지 못하게 막음	•	•	㉢ 보편적
④ 규제	•	•	⑧ 물질 속에 어떤 화학 성분이나 미생물이 있는지를 검사하여 확인하는 일	•	•	㉣ 제한

5 번뜩 배경지식 활용

연상 추론력

다음 글을 읽고, 미세 플라스틱 섭취를 줄이는 방법이 무엇인지 이야기해 보세요.

미세 플라스틱은 5mm 미만의 작은 플라스틱 조각을 말하는데, 하수 처리 시설에서 걸러지지 않고 강이나 바다로 흘러갔다가 우리 식탁에 다시 올라올 수 있어요. 특히 플라스틱 용기에 담긴 생수는 제조나 보관 과정에서 미세 플라스틱을 함유하고 있을 가능성이 있어요. 그러니 플라스틱 용기에 담긴 생수 중, 유통 기한이 임박한 생수는 마시지 않는 게 좋아요. 시간이 지날수록 미세 플라스틱 함유량이 많아지기 때문이에요.

6 이리저리 생각하기

비판적 사고력

미세 플라스틱과 관련해서 이리저리 궁리해 볼까요?
두 가지 주제 중 하나를 골라 3줄 쓰기를 해 보세요. (이유나 예시도 2가지 이상 써 보세요.)

1 미세 플라스틱이 우리 몸에 들어오면 어떻게 될 것 같나요?

2 앞으로 미세 플라스틱을 줄이기 위해 어떻게 해야 할지 생각해 보아요.

정답

2영역 ○, ○, ×, ○ **3영역** 미세 플라스틱, 작은, 암, 혈관

4영역 ①-⑥-㉡, ②-⑧-㉠, ③-⑤-㉢, ④-⑦-㉣ **5영역** 예 유통 기한이 임박한 생수는 먹지 않는다.

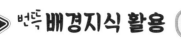

미세 플라스틱

기사 내용에 대한 이해 수준을 스스로 점검해 보고 나의 육각형 읽기 능력을 알아봐!

▶1단계 나의 육각형 점수는?

영역	평가 기준	점수	내 점수는?
1 읽기력	이해 안 가는 어휘나 문장이 3개 이상 있어. 주제도 잘 모르겠어.	4점	
	전체적인 내용은 알겠는데, 이해 안 가는 부분이 있어.	6점	
	거의 이해했어. 이해 안 가는 부분은 앞뒤 문맥을 통해 파악했어.	8점	
	모든 어휘와 문장을 이해하고, 빠르게 읽었어.	10점	
2 분석력	힝. 1개 이하로 맞혔어.	4점	
	2개 맞혔어.	6점	
	3개 맞혔어.	8점	
	모두 다 맞혔어.	10점	
3 요약력	힝. 1개 이하로 맞혔어.	4점	
	2개 맞혔어.	6점	
	3개 맞혔어.	8점	
	모두 다 맞혔어.	10점	
4 어휘력	8개 중에 1-2개만 알고 있어.	4점	
	8개 중에 절반 정도 알고 있어.	6점	
	8개 중에 1-2개 정도만 어렵고 거의 알고 있어.	8점	
	모든 어휘의 뜻을 다 알고 있어.	10점	
5 연상 추론력	힝. 잘 모르겠어.	4점	
	뭔가 썼지만 아예 다른 답 같아.	6점	
	어느 정도 알고 있지만 설명은 잘 못했어.	8점	
	제시 글에 따라 설명을 잘했어.	10점	
6 비판적 사고력	잘 못하겠어.	4점	
	문장 말고 어휘 위주로 썼어.	6점	
	이유나 예시를 1개 정도 제시하여 문장을 잘 썼어.	8점	
	이유나 예시를 2개 이상 제시하여 문장을 잘 썼어.	10점	

▶2단계 나의 육각형 그리기!

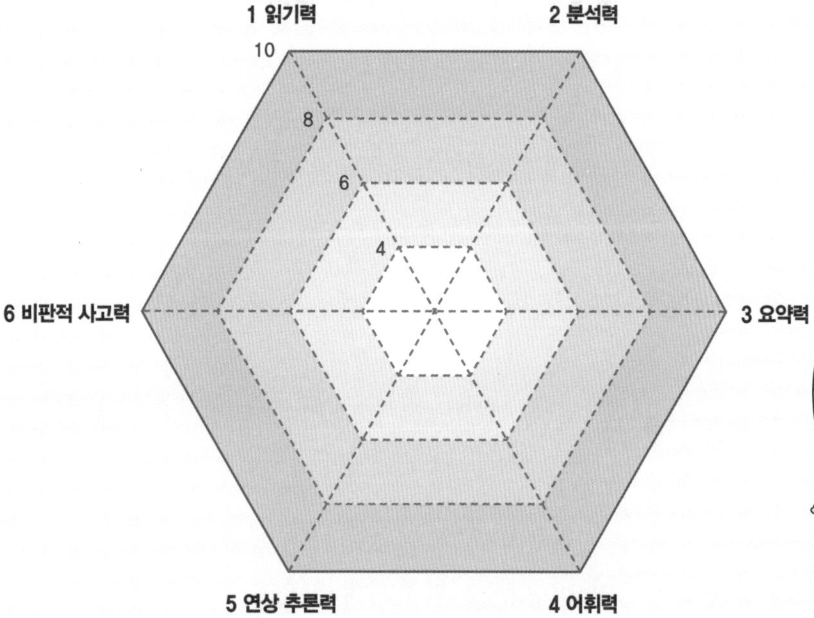

50년 이내에 나라가 사라진대
투발루를 구해 줘

2021년 제26차 유엔 기후 변화 협약 당사국 총회(COP26)에서 한 영상이 소개되어 화제가 되었어요. 투발루 외교부 장관인 사이먼 코페가 무릎까지 바닷물에 잠긴 채 **수중** 연설을 하는 영상이었어요. 코페는 "투발루에서 우리는 기후 변화와 **해수면** 상승이라는 현실을 살아 내고 있다."며 전 세계가 즉각 행동에 나서 달라고 했어요. 그가 들어간 바다는 원래 육지였다고 해요.

투발루 모습

투발루는 오스트레일리아(호주) 근처 폴리네시아 해역에 있어요. 총 9개의 섬으로 된 작은 섬나라로, 영토 규모가 서울의 자치구 정도이며, 인구는 1만 2,000명쯤 돼요. 30여 년 전에는 모래톱도 있고 나무도 있었다고 해요. 하지만 해수면이 높아지면서 세계에서 가장 먼저 사라질 위기에 처했어요. 투발루의 평균 **해발** 고도는 2~3m에 불과한데, 해수면이 매년 0.5cm씩 높아지고 있어요. 수십 년 만에 2개의 섬이 바다에 잠겨 없어졌고, 지구 온난화가 지금 속도로 진행될 경우 50년 이내에 투발루 전체가 물에 잠길 수 있다고 해요.

호주는 투발루와 기후 이동성에 관한 최초의 협의인 '호주-투발루 팔레필리 연맹 조약'을 맺었어요. 이 조약은 '기후 이동성'에 관한 국가 간 첫 번째 합의라는 점에서 중요한 의미가 있어요. 이 조약으로 호주는 투발루 주민들의 생존권을 보장하기 위해 매년 투발루인 280명에게 **영주권**을 주기로 했어요.

투발루의 이야기는 곧 우리의 이야기가 될 수 있어요. 전 세계가 기후 위기를 극복할 방법을 찾아야 해요.

1 또박또박 읽어 보기

읽기력

위의 기사를 밑줄 친 키워드에 집중하며 5분 동안 소리 내어 읽어 보세요.
읽으면서 모르는 어휘나 문장이 얼마나 있는지 표시해 보세요.

2 샤샤샥 팩트 체크 분석력

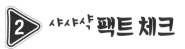

아래의 내용 중 맞는 것에는 ○, 틀린 것에는 ×표 해 보세요.

1 투발루는 세계에서 가장 먼저 사라질 위기에 처해 있다. ( )

2 투발루는 오스트레일리아 근처 폴리네시아 해역에 있다. ( )

3 투발루에는 현재 9개 섬이 남아 있다. ( )

4 호주와 투발루는 기후 이동성에 관한 최초의 협의를 했다. ( )

3 뚝딱 주제 정리 요약력

기사의 핵심 내용을 요약해 보세요.

(　　　　　　)는 기후 변화로 인해 (　　　　　　)의 높이가 점점 높아지고 있다. 육지가 줄어들어 세계에서 가장 먼저 (　　　　　　) 위기에 처했다. 투발루의 문제는 곧 우리의 모습이 될 수 있다. 전 세계가 (　　　　　　)를 극복할 수 있는 방법을 찾아야 한다.

4 제대로 의미 알기 어휘력

어휘의 뜻을 연결시켜 보고, 비슷한 어휘까지 줄로 이어 보세요.

어휘			뜻			비슷한 어휘
① 수중	•	•	⑤ 일정한 자격을 갖춘 외국인에게 주는 그 나라에서 살 수 있는 권리	•	•	㉠ 물속
② 해수면	•	•	⑥ 물의 가운데	•	•	㉡ 해면
③ 해발	•	•	⑦ 바닷물의 표면	•	•	㉢ 영구 거주권
④ 영주권	•	•	⑧ 바닷물의 표면으로부터 계산하여 잰 육지나 산의 높이	•	•	㉣ 고도

5 번뜩 배경지식 활용

연상 추론력

아래에 써 있는 단어들을 들어 본 적 있나요?
앞의 기사와 관련 있어 보이는 것을 모두 골라 보고 정확한 의미도 알아보세요.

개나리　　국제 협력
천문 관측　　기후 난민　　LED 조명

6 이리저리 생각하기

비판적 사고력

투발루와 관련해서 이리저리 궁리해 볼까요?
두 가지 주제 중 하나를 골라 3줄 쓰기를 해 보세요. (이유나 예시도 2가지 이상 써 보세요.)

1 가라앉고 있는 투발루를 위해 우리가 할 수 있는 일은 무엇일까요?
2 지구 온난화로 해수면이 상승하면 우리 생활이 어떻게 변화할지 상상해 보아요.

정답

2영역 ○, ○, ×, ○　**3영역** 투발루, 해수면, 사라질, 기후 위기　**4영역** ①-⑥-㉠, ②-⑦-㉡, ③-⑧-㉣. ④-⑤-㉢
5영역 기후 난민 : 자연재해나 기후 변화로 생존을 위협받아 어쩔 수 없이 이주해야 하는 사람들
국제 협력 : 국가 간 발생하는 다양한 형태의 교류와 도움

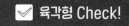

투발루

기사 내용에 대한 이해 수준을 스스로 점검해 보고 나의 육각형 읽기 능력을 알아봐!

▶1단계 나의 육각형 점수는?

영역	평가 기준	점수	내 점수는?
1 읽기력	이해 안 가는 어휘나 문장이 3개 이상 있어. 주제도 잘 모르겠어.	4점	
	전체적인 내용은 알겠는데, 이해 안 가는 부분이 있어.	6점	
	거의 이해했어. 이해 안 가는 부분은 앞뒤 문맥을 통해 파악했어.	8점	
	모든 어휘와 문장을 이해하고, 빠르게 읽었어.	10점	
2 분석력	힝. 1개 이하로 맞혔어.	4점	
	2개 맞혔어.	6점	
	3개 맞혔어.	8점	
	모두 다 맞혔어.	10점	
3 요약력	힝. 1개 이하로 맞혔어.	4점	
	2개 맞혔어.	6점	
	3개 맞혔어.	8점	
	모두 다 맞혔어.	10점	
4 어휘력	8개 중에 1~2개만 알고 있어.	4점	
	8개 중에 절반 정도 알고 있어.	6점	
	8개 중에 1~2개 정도만 어렵고 거의 알고 있어.	8점	
	모든 어휘의 뜻을 다 알고 있어.	10점	
5 연상 추론력	이번에 다 처음 봤어.	4점	
	1개 정도만 들어 봤어.	6점	
	답은 맞혔지만 무엇인지는 잘 모르겠어.	8점	
	답도 맞히고, 무엇인지도 잘 알고 있어.	10점	
6 비판적 사고력	잘 못하겠어.	4점	
	문장 말고 어휘 위주로 썼어.	6점	
	이유나 예시를 1개 정도 제시하여 문장을 잘 썼어.	8점	
	이유나 예시를 2개 이상 제시하여 문장을 잘 썼어.	10점	

▶2단계 나의 육각형 그리기!

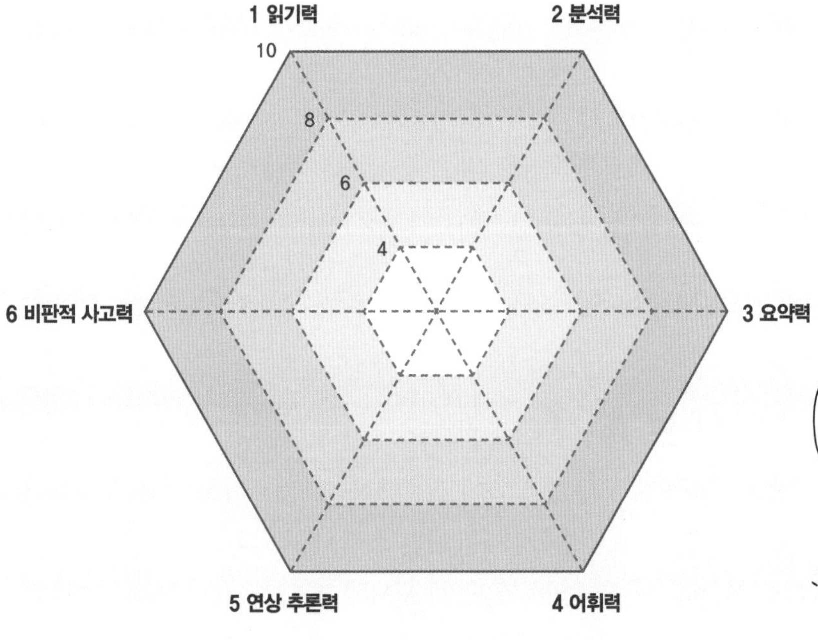

14. [환경] 이메일 기사 난이도 ★

이메일만 지워도 환경 보호가 된다고?

이메일 1통당 4g의 이산화 탄소 배출

보통 메일함에는 스팸 메일을 비롯한 메일이 쌓여 있어요. 이메일을 지우는 것만으로도 환경을 보호할 수 있다면 믿을 수 있나요?

이메일은 전기를 통한 통신 수단으로, 여러 과정에서 에너지를 사용해요. 지우지 않은 이메일은 데이터의 저장과 처리를 담당하는 데이터 센터에 저장돼요. 필요 없는 이메일을 정리하면 데이터 센터의 **전력**과 **냉각** 비용이 감소해 이산화 탄소 배출량을 줄일 수 있어요. 데이터 센터를 사용하는 데도 전기가 사용되고, 냉각 시설이 필요하거든요. 보통 이메일 1통당 4g의 이산화 탄소가 **배출**되고, 첨부 파일이 있으면 50g까지 늘어나요. 한국 인터넷 진흥원에 따르면, 2021년만 해도 우리나라에서 2,504만 건의 스팸 메일 때문에 약 7.5톤의 이산화 탄소가 배출되었다고 해요.

이메일 서비스를 하는 여러 사이트에서 이메일을 정리할 수 있는 다양한 기능을 운영하고 있어요. 자주 방문하는 사이트의 이메일뿐 아니라 자주 확인하지 않는 이메일을 찾아서 지우는 것도 방법이에요.

이메일 정리라는 이 작은 **습관**이 데이터 센터의 전력 소비와 이산화 탄소 배출을 줄이는 데 큰 도움이 될 거예요.

1 또박또박 읽어 보기 읽기력

위의 기사를 밑줄 친 키워드에 집중하며 5분 동안 소리 내어 읽어 보세요.
읽으면서 모르는 어휘나 문장이 얼마나 있는지 표시해 보세요.

2 샤샤샥 팩트 체크

분석력

아래의 내용 중 맞는 것에는 ○, 틀린 것에는 ×표 해 보세요.

1 이메일과 환경은 관련이 없다. ( )

2 이메일을 지우면 이산화 탄소를 줄일 수 있다. ( )

3 이메일을 보관하고 처리하는 시설에는 에너지가 필요 없다. ( )

4 이메일 1통당 6g의 이산화 탄소를 배출한다. ( )

3 뚝딱 주제 정리

요약력

기사의 핵심 내용을 요약해 보세요.

(   )을 지우면 (   ) 배출을 줄이는 데 도움이 된다. 데이터 센터에도 (   )가 사용되기 때문이다. 필요 없는 이메일은 바로 (   )하는 습관을 가지는 것이 좋다.

4 제대로 의미 알기

어휘력

다음 어휘의 뜻을 보고, 알맞은 말을 써 보세요.

어휘	뜻
① 전력	전류가 단위 시간에 하는 일이나 사용되는 (ㅇ ㄴ ㅈ)의 양
② 냉각	식어서 (ㅊ ㄱ) 됨
③ 배출	(ㅇ)에서 (ㅂ)으로 밀어 내보냄
④ 습관	어떤 행위를 오래 (ㄷ ㅍ ㅇ)하는 과정에서 저절로 익혀진 행동 방식

5 번뜩 배경지식 활용

연상 추론력

다음 글을 읽고, 이메일과 인공 지능이 어디에서 공통적으로 전력 소비가 많이 이루어지는지 보고, 그 이유를 이야기해 보세요.

인공 지능(AI) 및 가상 자산 기술 확산으로 전 세계 데이터 센터(DC)의 전력 소비가 급증했어요. 국제 에너지 기구(IEA)에 따르면, 2026년 전 세계 전력 소비량이 2022년 대비 2배 이상 늘어날 수 있다고 해요. DC는 대량의 정보를 계산·저장하는 서버를 운용하는 곳으로 'AI 서비스의 두뇌'라고 할 수 있어요. 많은 양의 연산을 하는 AI 서버의 높은 전력 소비는 전력 수요 증가와 전력·냉각 시스템 부담으로 이어져요. 전력 수요 증가에 어떻게 대응해야 할지 고민해야 해요.

6 이리저리 생각하기

비판적 사고력

지구를 지키는 방법과 관련해서 이리저리 궁리해 볼까요?
두 가지 주제 중 하나를 골라 3줄 쓰기를 해 보세요. (이유나 예시도 2가지 이상 써 보세요.)

1 이메일을 삭제하는 것처럼 지구를 지킬 수 있는 작은 행동에 무엇이 있을까요?

2 AI 산업의 발달로 점차 증가하는 전력 수요에 대비해 우리가 할 수 있는 것을 상상해 보아요.

정답

2영역 ×, ○, ×, × **3영역** 이메일, 이산화 탄소, 전기, 정리(삭제) **4영역** ① 에너지, ② 차게, ③ 안, 밖, ④ 되풀이
5영역 데이터 센터(DC) / 예 많은 양의 정보를 계산 및 저장하는 곳이라 전력 소비가 많이 되기 때문이다.

이메일

기사 내용에 대한 이해 수준을 스스로 점검해 보고 나의 육각형 읽기 능력을 알아봐!

▶1단계 나의 육각형 점수는?

영역	평가 기준	점수	내 점수는?
1 읽기력	이해 안 가는 어휘나 문장이 3개 이상 있어. 주제도 잘 모르겠어.	4점	
	전체적인 내용은 알겠는데, 이해 안 가는 부분이 있어.	6점	
	거의 이해했어. 이해 안 가는 부분은 앞뒤 문맥을 통해 파악했어.	8점	
	모든 어휘와 문장을 이해하고, 빠르게 읽었어.	10점	
2 분석력	힝. 1개 이하로 맞혔어.	4점	
	2개 맞혔어.	6점	
	3개 맞혔어.	8점	
	모두 다 맞혔어.	10점	
3 요약력	힝. 1개 이하로 맞혔어.	4점	
	2개 맞혔어.	6점	
	3개 맞혔어.	8점	
	모두 다 맞혔어.	10점	
4 어휘력	4개 중에 1개 이하로 알고 있어.	4점	
	4개 중에 2개 알고 있어.	6점	
	4개 중에 3개 알고 있어.	8점	
	모든 어휘의 뜻을 다 알고 있어.	10점	
5 연상 추론력	힝. 잘 모르겠어.	4점	
	뭔가 썼지만 아예 다른 답 같아.	6점	
	어느 정도 알고 있지만 설명은 잘 못했어.	8점	
	제시 글에 따라 설명을 잘했어.	10점	
6 비판적 사고력	잘 못하겠어.	4점	
	문장 말고 어휘 위주로 썼어.	6점	
	이유나 예시를 1개 정도 제시하여 문장을 잘 썼어.	8점	
	이유나 예시를 2개 이상 제시하여 문장을 잘 썼어.	10점	

▶2단계 나의 육각형 그리기!

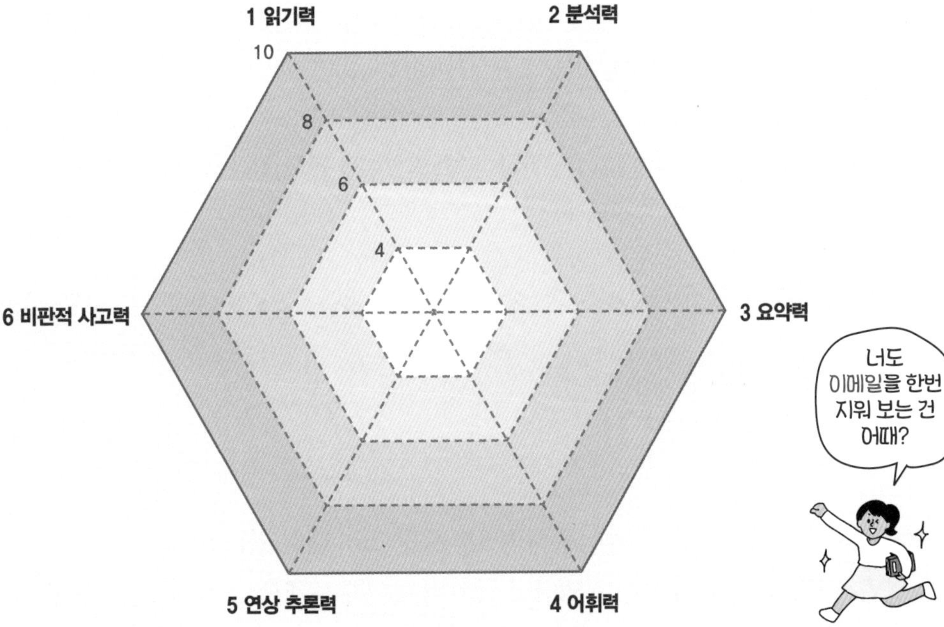

바다에서 오징어와 도루묵이 사라졌어

높아지는 바닷물 온도

최근 동해안의 대표 어종인 오징어와 도루묵의 **어획량**이 크게 줄어들었다고 해요. 2023년 오징어와 도루묵 어획량은 과거 3년 평균의 23%에 불과했거든요.

동해의 수온이 높아지는 등 급격한 바닷물의 온도 변화로 오징어 어장이 제대로 형성되지 않았고, 총알 오징어, 한입 오징어라는 이름으로 어린 오징어를 마구 잡아 오징어 어획량이 줄어든 거라 **추정**해요.

도루묵도 마찬가지예요. 동해의 수온이 높아져서 알을 낳을 수 있는 기간이 짧아졌기 때문이지요. 도루묵이 알을 낳는 시기에 사람들이 **통발**로 마구 잡은 것도 도루묵의 어획량이 줄어든 이유로 추정하고 있어요.

오징어와 도루묵이 사라지면서 동해안 어업 전체가 힘들어지고 있어요. 어민들은 수입이 적어져서 어업을 계속 이어 나가기 힘들어졌고, 소비자들은 비싸진 오징어와 도루묵의 가격에 **부담**이 커졌어요.

바닷물의 온도가 높아지고 겨울철 이상 고온 현상이 계속되면 우리는 더 이상 오징어나 도루묵을 먹지 못할지도 몰라요. 오징어와 도루묵이 사라진다는 건 해양 생태계가 붕괴되고 있다는 뜻이기도 하거든요. 이대로 두면 우리 바다가 더 망가질 거예요. 정부와 관련 기관의 적극적인 대책 마련과 건강한 바다를 지키기 위한 노력이 필요해요.

1 또박또박 읽어 보기

읽기력

위의 기사를 밑줄 친 키워드에 집중하며 5분 동안 소리 내어 읽어 보세요.

읽으면서 모르는 어휘나 문장이 얼마나 있는지 표시해 보세요.

2 샤샤샥 팩트 체크 분석력

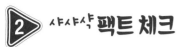

아래의 내용 중 맞는 것에는 ○, 틀린 것에는 ×표 해 보세요.

1 오징어는 대표적인 서해의 어종이다. ☐

2 오징어의 어획량이 점점 줄고 있다. ☐

3 겨울철 이상 고온 현상이 계속되면 오징어를 많이 먹을 수 있다. ☐

4 수온이 높아지면 도루묵이 알을 낳을 수 있는 기간이 길어진다. ☐

3 뚝딱 주제 정리 요약력

기사의 핵심 내용을 요약해 보세요.

바닷물의 (　　　　　　　　)가 높아져서 (　　　　　　　　)의 대표 어종인 (　　　　　　　　)와 도루묵의 어획량이 줄어들었다. 그래서 오징어와 도루묵으로 인한 어민들의 (　　　　　　　　)이 적어졌다. 건강한 바다를 지키기 위한 대책 마련과 노력이 필요하다.

4 제대로 의미 알기 어휘력

다음의 뜻을 가진 어휘를 쓰고, 그 어휘를 활용해서 짧은 문장을 만들어 보세요.

뜻	어휘	짧은 문장
① 수산물을 잡거나 채취한 수량	ㅇ ㅎ ㄹ	
② 어떠한 의무나 책임을 짐	ㅂ ㄷ	
③ 가는 댓조각이나 싸리를 엮어서 통같이 만든 고기잡이 기구	ㅌ ㅂ	
④ 미루어 생각하여 판정함	ㅊ ㅈ	

5 번뜩 배경지식 활용

연상 추론력

다음 글은 우리나라 주변 바다에서 일어나는 현상에 대한 설명이에요.
이 글을 읽고 동해, 남해, 서해에서 공통적으로 일어나는 현상이 무엇인지 이야기해 보세요.

2023년, 남해안 가두리 양식장에서 우럭이 60톤 가까이 죽어 어민들이 큰 피해를 입었어요. 그 외에도 거제, 남해 등 4개의 시, 군에서 고등어, 우럭, 광어 등 7개 어종이 죽었어요. 이 7개 어종은 한대성 어종인데 높아진 바닷물의 온도를 견디지 못한 거예요. 서해안 태안군에서는 조피볼락, 넙치 등 560만 마리 이상의 물고기가 죽었어요. 갈치의 어획량도 70% 줄었고요.
바다 수온이 점차 높아지면서 우리나라 주변에서 잡히는 물고기 종류가 달라지고 있어요. 이제 어부들은 자신들이 찾는 물고기를 잡기 위해 더 먼 바다로 나가야 해요.

6 이리저리 생각하기

비판적 사고력

동해 어류와 관련해서 이리저리 궁리해 볼까요?
두 가지 주제 중 하나를 골라 3줄 쓰기를 해 보세요. (이유나 예시도 2가지 이상 써 보세요.)

1 동해 바닷물이 따뜻해지는 것과 오징어와 도루묵의 어획량 사이에 어떤 상관관계가 있나요?
2 어린 오징어들을 보호하기 위해 우리가 할 수 있는 일을 이야기해 보아요.

정답

2영역 ×, ○, ×, × **3영역** 온도, 동해, 오징어, 수입
4영역 ① 어획량, ② 부담, ③ 통발, ④ 추정 **5영역** 예 바다 수온이 높아져 물고기들이 살기 어려워졌다.

동해 어류

기사 내용에 대한 이해 수준을 스스로 점검해 보고 나의 육각형 읽기 능력을 알아봐!

▶1단계 나의 육각형 점수는?

영역	평가 기준	점수	내 점수는?
1 읽기력	이해 안 가는 어휘나 문장이 3개 이상 있어. 주제도 잘 모르겠어.	4점	
	전체적인 내용은 알겠는데, 이해 안 가는 부분이 있어.	6점	
	거의 이해했어. 이해 안 가는 부분은 앞뒤 문맥을 통해 파악했어.	8점	
	모든 어휘와 문장을 이해하고, 빠르게 읽었어.	10점	
2 분석력	힝. 1개 이하로 맞혔어.	4점	
	2개 맞혔어.	6점	
	3개 맞혔어.	8점	
	모두 다 맞혔어.	10점	
3 요약력	힝. 1개 이하로 맞혔어.	4점	
	2개 맞혔어.	6점	
	3개 맞혔어.	8점	
	모두 다 맞혔어.	10점	
4 어휘력	어휘만 1개 이하로 맞혔어.	4점	
	어휘만 2개 이상 맞혔어.	6점	
	어휘는 다 맞혔는데, 문장은 1-2개 정도만 만들었어.	8점	
	어휘도 다 맞혔고, 모든 문장도 만들었어.	10점	
5 연상 추론력	힝. 잘 모르겠어.	4점	
	뭔가 썼지만 아예 다른 답 같아.	6점	
	어느 정도 알고 있지만 설명은 잘 못했어.	8점	
	제시 글에 따라 설명을 잘했어.	10점	
6 비판적 사고력	잘 못하겠어.	4점	
	문장 말고 어휘 위주로 썼어.	6점	
	이유나 예시를 1개 정도 제시하여 문장을 잘 썼어.	8점	
	이유나 예시를 2개 이상 제시하여 문장을 잘 썼어.	10점	

▶2단계 나의 육각형 그리기!

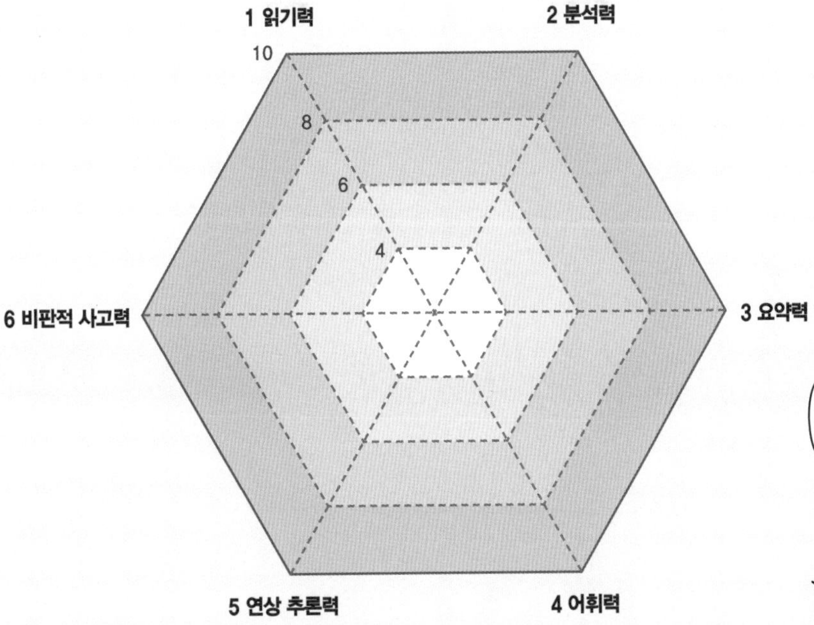

오피니언(사설) 기사는 하나의 주제에 대해
다양한 관점을 접하게 해 줍니다.
이를 통해 세상을 보는 시야가 넓어지고
나의 의견을 정립하는 데 도움을 주지요.
오피니언 기사를 읽으며 자신의 생각과 다른 의견을 존중하고
그 차이를 이해하는 능력을 길러 보세요!

PART 4
오피니언

읽기력

분석력

요약력

어휘력

연상 추론력

비판적 사고력

1. 【오피니언】 탄소세 기사 난이도 ★★

지구를 위한 탄소세 찬성 vs 반대

덴마크는 온실가스 배출량의 절반 정도가 농업 부문에서 발생해요. 그래서 덴마크 정부는 농업에 탄소세를 **부과**하는 방안을 추진하고 있어요. 탄소세는 온실가스를 줄이기 위해 내는 세금인데, 이를 두고 덴마크 내에서도 의견이 갈려요.

지속 가능한 미래를 위해 꼭 필요해

앞서 덴마크는 2030년까지 온실가스 배출량을 1990년 대비 70%까지 줄이겠다고 약속했는데 탄소세를 부과하면 농가에서 온실가스를 적게 배출하려고 노력할 거예요.

덴마크 기후·에너지 유틸리티부 장관은 "2030년 이후에도 기후 위기에 대응하기 위해 계속해서 녹색 전환이 필요하다."라고 했어요. 탄소세는 한 나라의 미래를 더 건강하게 만들기 위한 중요한 결정이에요.

농업 경쟁력이 저하되므로 안 돼

탄소세를 부과하면 덴마크 농업의 경쟁력을 떨어뜨릴 수 있어요. 탄소세를 내면 농가의 비용이 늘어나니까요. 덴마크는 2030년까지 온실가스 배출량을 1990년 대비 70% **감축**하겠다는 기후 목표 달성 **궤도**에 이미 진입했다며, 무리하게 탄소세 계획을 **강행**해선 안 된다는 주장도 있어요.

탄소세가 덴마크의 기후 목표 달성에 도움이 될지, 아니면 농업에 어려움을 줄지 알 수 없지만, 덴마크는 탄소세에 대해 결정을 내려야 해요.

1 또박또박 읽어 보기

읽기력

위의 기사를 밑줄 친 키워드에 집중하며 5분 동안 소리 내어 읽어 보세요.
읽으면서 모르는 어휘나 문장이 얼마나 있는지 표시해 보세요.

2 샤샤샥 팩트 체크 분석력

아래의 내용 중 맞는 것에는 ○, 틀린 것에는 ×표 해 보세요.

1 덴마크는 온실가스 배출량의 절반 정도가 농업 부문에서 발생한다

2 덴마크 정부는 건설 분야에 탄소세를 부과하고 있다.

3 탄소세는 온실가스 배출량에 따라 세금을 부과하는 것이다.

4 탄소세는 기후 위기 대응 방법 중 하나다.

3 뚝딱 주제 정리 요약력

각각의 주장과 근거를 요약해 보세요.

주장 : 탄소세를 내는 것에 ( )한다. **근거** : 탄소세는 덴마크 농가가 온실가스를 ( ) 배출하도록 유도하여 ( ) 위기 대응에 기여할 것이다.	**주장** : 탄소세를 내는 것에 ( )한다. **근거** : 탄소세는 농가의 비용을 ( ) 덴마크 농업의 ( )을 떨어뜨릴 수 있다.

4 제대로 의미 알기 어휘력

어휘의 뜻을 연결시켜 보고, 비슷한 어휘까지 줄로 이어 보세요.

어휘	뜻	비슷한 어휘
① 부과 •	• ⑤ 어려운 점을 무릅쓰고 행함 •	• ㉠ 양세
② 감축 •	• ⑥ 덜어서 줄임 •	• ㉡ 삭감
③ 궤도 •	• ⑦ 세금이나 부담금을 매기어 부담하게 함 •	• ㉢ 경로
④ 강행 •	• ⑧ 일이 발전하는 본격적인 방향과 단계 •	• ㉣ 강제

5 번뜩 배경지식 활용

연상 추론력

다음 글을 읽고, 탄소세에 대한 반대 이유가 앞의 기사와 어떻게 다른지 이야기해 보세요.

> 탄소세를 내는 주체는 생산자인 기업이지만, 소비자인 국민도 부담을 떠안게 될 거예요. 탄소세를 내는 기업이 상품이나 에너지 가격을 올릴 게 분명하기 때문이죠. 결국 국민들은 생활비 부담을 안게 될 거고, 저소득층일수록 부담은 더 크게 다가올 거예요. 탄소세 도입으로 인한 가격 상승이 사회 구성원 중 극빈자에게 가장 심한 영향을 미쳐서 저소득 집단에서 상품이나 에너지 소비량이 줄어들 수 있어요. 호주에서는 탄소세를 부과했다가 2년 만에 폐지했어요. 탄소세 부과에 부담을 느낀 기업들이 에너지 요금을 올리면서 사회적으로 탄소세 폐지를 요구하는 의견이 거세졌기 때문이에요.

6 이리저리 생각하기

비판적 사고력

탄소세와 관련해서 이리저리 궁리해 볼까요?
두 가지 주제 중 하나를 골라 3줄 쓰기를 해 보세요. (이유나 예시도 2가지 이상 써 보세요.)

1 탄소세를 찬성하나요, 반대하나요? 내 생각을 정리해 보아요.

2 앞으로 탄소세가 생긴다면 우리에게 어떤 변화가 있을지 상상해 보아요.

정답

2영역 ○, ×, ○, ○ **3영역** 찬성, 적게, 기후, 반대, 늘려서, 경쟁력

4영역 ①-⑦-㉠, ②-⑥-㉡, ③-⑧-㉢, ④-⑤-㉣ **5영역** 예 소비자에게 경제적 부담을 준다는 이유로 반대한다.

탄소세

기사 내용에 대한 이해 수준을 스스로 점검해 보고 나의 육각형 읽기 능력을 알아봐!

▶1단계 나의 육각형 점수는?

영역	평가 기준	점수	내 점수는?
1 읽기력	이해 안 가는 어휘나 문장이 3개 이상 있어. 주제도 잘 모르겠어.	4점	
	전체적인 내용은 알겠는데, 이해 안 가는 부분이 있어.	6점	
	거의 이해했어. 이해 안 가는 부분은 앞뒤 문맥을 통해 파악했어.	8점	
	모든 어휘와 문장을 이해하고, 빠르게 읽었어.	10점	
2 분석력	힝. 1개 이하로 맞혔어.	4점	
	2개 맞혔어.	6점	
	3개 맞혔어.	8점	
	모두 다 맞혔어.	10점	
3 요약력	힝. 1개 이하로 맞혔어.	4점	
	2-3개 맞혔어.	6점	
	4-5개 맞혔어.	8점	
	모두 다 맞혔어.	10점	
4 어휘력	8개 중에 1-2개만 알고 있어.	4점	
	8개 중에 절반 정도 알고 있어.	6점	
	8개 중에 1-2개 정도만 어렵고 거의 알고 있어.	8점	
	모든 어휘의 뜻을 다 알고 있어.	10점	
5 연상 추론력	힝. 잘 모르겠어.	4점	
	뭔가 썼지만 아예 다른 답 같아.	6점	
	어느 정도 알고 있지만 설명은 잘 못했어.	8점	
	제시 글에 따라 설명을 잘했어.	10점	
6 비판적 사고력	잘 못하겠어.	4점	
	문장 말고 어휘 위주로 썼어.	6점	
	이유나 예시를 1개 정도 제시하여 문장을 잘 썼어.	8점	
	이유나 예시를 2개 이상 제시하여 문장을 잘 썼어.	10점	

▶2단계 나의 육각형 그리기!

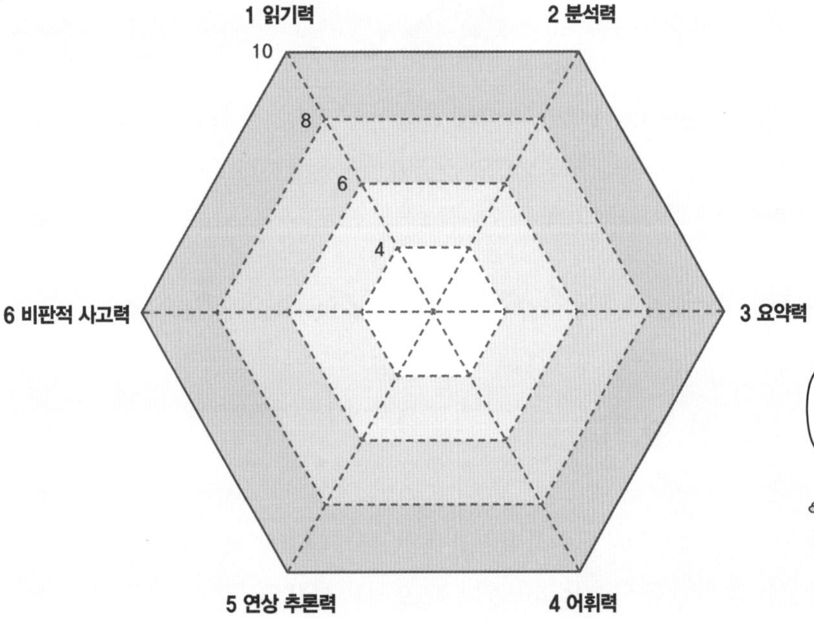

2. 【오피니언】 기술 개발 기사 난이도 ★★★

인공 지능 기술 개발 국제 협력 vs 자국 중심

생성형 인공 지능은 이미지, 음악, 텍스트, 영상 등 다양한 콘텐츠를 만들어 내는 기술이에요. 이 기술은 많은 연구와 논의가 필요하지요. 이에 따라 생성형 인공 지능 기술 개발에 대해 국제 **협력**을 강화해야 한다는 의견과 자국 중심의 기술 개발이 필요하다는 의견이 있어요. 각각의 **접근** 방식에는 장단점이 있으며, 이를 고려하여 최적의 전략을 마련할 필요가 있어요.

국제 협력을 통한 기술 개발이 필요해

인공 지능 기술은 많은 데이터가 필요한데, 아직은 기술의 **한계**가 있어요. 그렇기 때문에 국제 협력을 하면 다양한 국가의 데이터 공유 및 기술 **발전**이 가능해 글로벌 기술 경쟁력을 높일 수 있어요. 또한 개인 정보 침해 같은 인공 지능 기술의 윤리적 문제에 대한 기준을 수립하는 데 도움을 주지요. 인공 지능 기술이 인류의 발전에 기여할 수 있도록 국제 사회가 협력해 건전한 발전 방향을 찾아야 해요.

자국 중심의 기술 개발이 필요해

국제 협력은 기술 유출의 위험이 있으며, 국가 사이에 갈등이 발생하면 협력이 중단될 수 있어요. 지금처럼 미국과 중국 간의 기술 패권 경쟁이 심화되는 상황에서는 자국의 기술 보호와 자립이 더욱 중요하지요. 자국 중심의 기술 개발을 통해 독자적인 기술 역량을 강화하고 기술 주권을 확보해야 해요.

1 또박또박 읽어 보기

읽기력

위의 기사를 밑줄 친 키워드에 집중하며 5분 동안 소리 내어 읽어 보세요.
읽으면서 모르는 어휘나 문장이 얼마나 있는지 표시해 보세요.

2 샤샤샥 팩트 체크 (분석력)

아래의 내용 중 맞는 것에는 ○, 틀린 것에는 ×표 해 보세요.

1 생성형 인공 지능을 만들려면 많은 데이터가 필요하다. ( )

2 미국과 중국은 과학 기술을 위해 서로 협력한다. ( )

3 국가 간 갈등이 있더라도 기술 협력은 별개의 문제이다. ( )

4 인공 지능 기술은 무조건 국제 협력을 해야 한다. ( )

3 뚝딱 주제 정리 (요약력)

각각의 주장과 근거를 요약해 보세요.

주장: 생성형 인공 지능 기술 개발을 위해 국제 (　　　　)이 필요하다. **근거**: 다양한 국가와의 데이터 (　　　　) 및 기술 발전을 가능하게 해, 글로벌 기술 (　　　　)을 높일 수 있다.	**주장**: 생성형 인공 지능 기술 개발을 위해 (　　　　) 중심으로 기술을 개발해야 한다. **근거**: 국제 협력은 기술 (　　　　)의 위험이 있고, 국가 갈등 시 협력이 (　　　　)될 수 있다.

4 제대로 의미 알기 (어휘력)

다음 어휘의 뜻을 보고, 알맞은 말을 써 보세요.

어휘	뜻
① 협력	힘을 합하여 서로 (ㄷ ㅇ)
② 접근	(ㄱ ㄲ ㅇ) 다가감
③ 한계	사물이나 능력, 책임 따위가 실제 작용할 수 있는 (ㅂ ㅇ)
④ 발전	모두 더 낫고 높은 단계로 (ㄴ ㅇ ㄱ)

5 번뜩 배경지식 활용

연상 추론력

아래 써 있는 키워드를 들어 본 적 있나요?
앞의 기사와 관련 있어 보이는 것을 모두 골라 보고 정확한 의미도 알아보세요.

오픈 소스　　기러기

티핑 포인트　　노화　　글로벌 네트워크

6 이리저리 생각하기

비판적 사고력

기술 개발과 관련해서 이리저리 궁리해 볼까요?
두 가지 주제 중 하나를 골라 3줄 쓰기를 해 보세요. (이유나 예시도 2가지 이상 써 보세요.)

1 인공 지능 기술을 협력해서 개발해야 할까요, 자국 중심으로 해야 할까요? 내 생각을 정리해 보아요.

2 만약 우리나라가 독자적으로 기술을 개발하려고 하면 어떤 어려움이 있을지 생각해 보아요.

정답

2영역 ○, ×, ×, ×　**3영역** 협력, 공유, 경쟁력, 자국, 유출, 중단　**4영역** ① 도움, ② 가까이, ③ 범위, ④ 나아감

5영역 오픈 소스 : 소프트웨어 개발에서 사용되는 개념으로, 누구나 공개적으로 접근할 수 있고 누구나 수정하고 공유할 수 있는 것
글로벌 네크워트 : 전 세계의 다양한 요소들이 연결되어 상호 작용하는 시스템

AI 기술 개발

기사 내용에 대한 이해 수준을 스스로 점검해 보고 나의 육각형 읽기 능력을 알아봐!

▶1단계 나의 육각형 점수는?

영역	평가 기준	점수	내 점수는?
1 읽기력	이해 안 가는 어휘나 문장이 3개 이상 있어. 주제도 잘 모르겠어.	4점	
	전체적인 내용은 알겠는데, 이해 안 가는 부분이 있어.	6점	
	거의 이해했어. 이해 안 가는 부분은 앞뒤 문맥을 통해 파악했어.	8점	
	모든 어휘와 문장을 이해하고, 빠르게 읽었어.	10점	
2 분석력	힝. 1개 이하로 맞혔어.	4점	
	2개 맞혔어.	6점	
	3개 맞혔어.	8점	
	모두 다 맞혔어.	10점	
3 요약력	힝. 1개 이하로 맞혔어.	4점	
	2-3개 맞혔어.	6점	
	4-5개 맞혔어.	8점	
	모두 다 맞혔어.	10점	
4 어휘력	4개 중에 1개 이하로 알고 있어.	4점	
	4개 중에 2개 알고 있어.	6점	
	4개 중에 3개 알고 있어.	8점	
	모든 어휘의 뜻을 다 알고 있어.	10점	
5 연상 추론력	이번에 다 처음 봤어.	4점	
	1개 정도만 들어 봤어.	6점	
	답은 맞혔지만 무엇인지는 잘 모르겠어.	8점	
	답도 맞히고, 무엇인지도 잘 알고 있어.	10점	
6 비판적 사고력	잘 못하겠어.	4점	
	문장 말고 어휘 위주로 썼어.	6점	
	이유나 예시를 1개 정도 제시하여 문장을 잘 썼어.	8점	
	이유나 예시를 2개 이상 제시하여 문장을 잘 썼어.	10점	

▶2단계 나의 육각형 그리기!

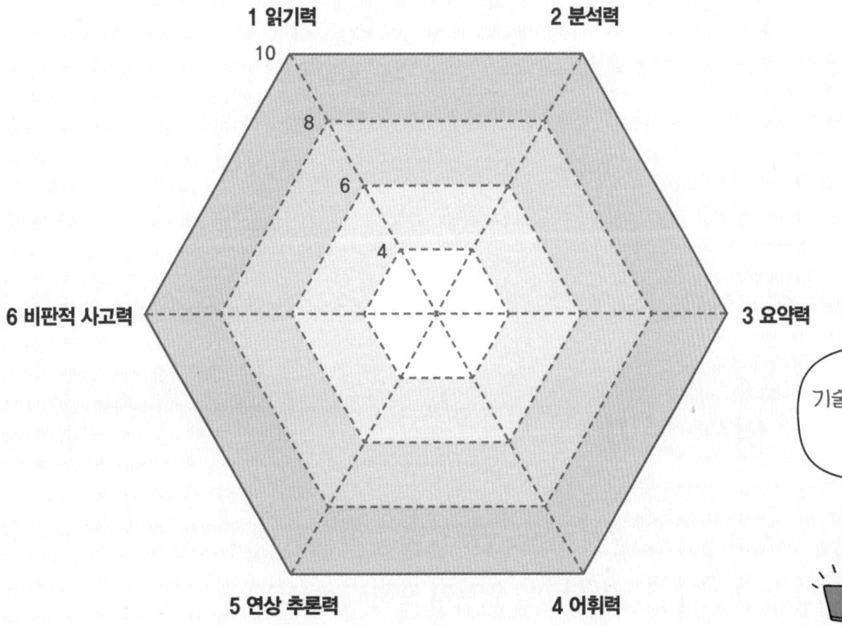

어떤 것을 선택할까? 기업의 이익 VS 국민감정

일본의 국민 메신저라고 할 수 있는 '라인' 메신저는 2011년 네이버의 일본 자회사인 'NHN 재팬'이 개발했어요. 이후 라인 메신저는 한국 네이버와 일본 소프트뱅크가 반씩 투자해 세운 '라인야후'에서 운영하게 되었지요. 그런데 일본 정부가 라인야후에 대해 네이버의 지분 **매각**을 요구했어요. 일본 정부가 네이버의 지분 매각을 요구하는 것은 일본에서 '라인'이 문자를 주고받는 메신저일 뿐만 아니라 쇼핑·금융·오락 등을 할 수 있는 **핵심** 플랫폼으로 자리 잡았기 때문이지요.

기업의 이익을 위해 현명한 결정을 내려야 해

네이버는 한국과 일본의 역사적 갈등보다 기업의 이익을 먼저 생각해야 해요. 기업은 결국 이익을 추구하는 곳이기 때문이에요. 매각을 통해 얻은 자금은 새로운 서비스 개발에 활용되어 기업 경쟁력을 강화할 수 있어요. 그 결과에 대해 국민들의 비판이 있을 수 있지만, 냉정하게 판단하여 최종적으로 기업에 **실익**을 가져다줄 수 있는 선택을 해야 해요.

국가 이익과 국민감정을 고려해야 해

네이버는 한국 기업으로서 국가 이익과 국민감정을 무시할 수 없어요. 국민들은 일본 정부의 라인야후 지분 매각 요구를 '이토 히로부미 손자의 사이버 영토 **침탈**'이라고 강하게 비판하고 있어요. 우리나라와 일본은 오랜 역사적 갈등이 있는 국가이고, 네이버와 일본 회사 라인야후 사이의 갈등도 이러한 역사적 배경과 함께 생각해야 한다는 것이에요. 라인야후를 매각하는 순간 한국 국민들은 네이버에 등을 돌릴지도 몰라요. 네이버는 한국의 이익을 가장 우선시하는 현명한 결정을 내려야 해요.

1 또박또박 읽어 보기

읽기력

위의 기사를 밑줄 친 키워드에 집중하며 5분 동안 소리 내어 읽어 보세요.
읽으면서 모르는 어휘나 문장이 얼마나 있는지 표시해 보세요.

2 샤샤샥 팩트 체크

분석력

아래의 내용 중 맞는 것에는 ○, 틀린 것에는 ×표 해 보세요.

1 한국과 일본은 오래전부터 역사적 갈등 관계이다. ☐

2 일본 정부는 네이버에게 라인야후 지분 매각을 요구했다. ☐

3 라인야후에는 네이버의 지분이 없다. ☐

4 기업은 무언가를 선택할 때, 국가의 이익을 가장 우선한다. ☐

3 뚝딱 주제 정리

요약력

각각의 주장과 근거를 요약해 보세요.

주장 : ( )의 이익을 위해 현명하게 판단해야 한다. **근거** : 기업은 결국에는 ( )을 ( )하는 곳이기 때문이다. 또한 매각 자금으로 기업 경쟁력을 높일 수 있다.	**주장** : ( )의 이익은 물론이고 국민 ( )도 고려해 선택해야 한다. **근거** : 우리나라는 일본과 역사적 갈등이 있었기 때문에 네이버는 국가 이익과 국민감정을 ( )할 수 없다.

4 제대로 의미 알기

어휘력

다음의 뜻을 가진 어휘를 찾아 써 보세요.

뜻	어휘
① 물건을 팔아 버림	
② 침범하여 빼앗음	
③ 사물의 가장 중심이 되는 부분	
④ 실제의 이익	

5 번뜩 배경지식 활용

연상 추론력

아래 써 있는 키워드를 들어 본 적 있나요?
앞의 기사와 관련 있어 보이는 것을 모두 골라 보고 정확한 의미도 알아보세요.

일제 강점기 경영권
한일전 스핀오프 과학 기술

6 이리저리 생각하기

비판적 사고력

라인 사태와 관련해서 이리저리 궁리해 볼까요?
두 가지 주제 중 하나를 골라 3줄 쓰기를 해 보세요. (이유나 예시도 2가지 이상 써 보세요.)

1 내가 네이버의 대표라면 어떤 선택을 할까요? 내 생각을 정리해 보아요.
2 라인 사태와 유사한 사례가 있는지 아는 것이 있으면 써 보세요.

정답

2영역 ○, ○, ×, × **3영역** 기업, 이익, 추구, 국가, 감정, 무시 **4영역** ① 매각, ② 침탈, ③ 핵심, ④ 실익
5영역 일제 강점기 : 일본이 한국을 강제로 점령한 시기 경영권 : 기업이나 조직의 경영을 실질적으로 결정하고 운영할 수 있는 권리
한일전 : 스포츠에서 한국과 일본 두 나라의 대표팀이 맞붙는 경기

LINE 라인 사태

기사 내용에 대한 이해 수준을 스스로 점검해 보고 나의 육각형 읽기 능력을 알아봐!

▶1단계 나의 육각형 점수는?

영역	평가 기준	점수	내 점수는?
1 읽기력	이해 안 가는 어휘나 문장이 3개 이상 있어. 주제도 잘 모르겠어.	4점	
	전체적인 내용은 알겠는데, 이해 안 가는 부분이 있어.	6점	
	거의 이해했어. 이해 안 가는 부분은 앞뒤 문맥을 통해 파악했어.	8점	
	모든 어휘와 문장을 이해하고, 빠르게 읽었어.	10점	
2 분석력	힝. 1개 이하로 맞혔어.	4점	
	2개 맞혔어.	6점	
	3개 맞혔어.	8점	
	모두 다 맞혔어.	10점	
3 요약력	힝. 1개 이하로 맞혔어.	4점	
	2-3개 맞혔어.	6점	
	4-5개 맞혔어.	8점	
	모두 다 맞혔어.	10점	
4 어휘력	4개 중에 1개 이하로 알고 있어.	4점	
	4개 중에 2개 알고 있어.	6점	
	4개 중에 3개 알고 있어.	8점	
	모든 어휘의 뜻을 다 알고 있어.	10점	
5 연상 추론력	이번에 다 처음 봤어.	4점	
	1개 정도만 들어 봤어.	6점	
	답은 맞혔지만 무엇인지는 잘 모르겠어.	8점	
	답도 맞히고, 무엇인지도 잘 알고 있어.	10점	
6 비판적 사고력	잘 못하겠어.	4점	
	문장 말고 어휘 위주로 썼어.	6점	
	이유나 예시를 1개 정도 제시하여 문장을 잘 썼어.	8점	
	이유나 예시를 2개 이상 제시하여 문장을 잘 썼어.	10점	

▶2단계 나의 육각형 그리기!

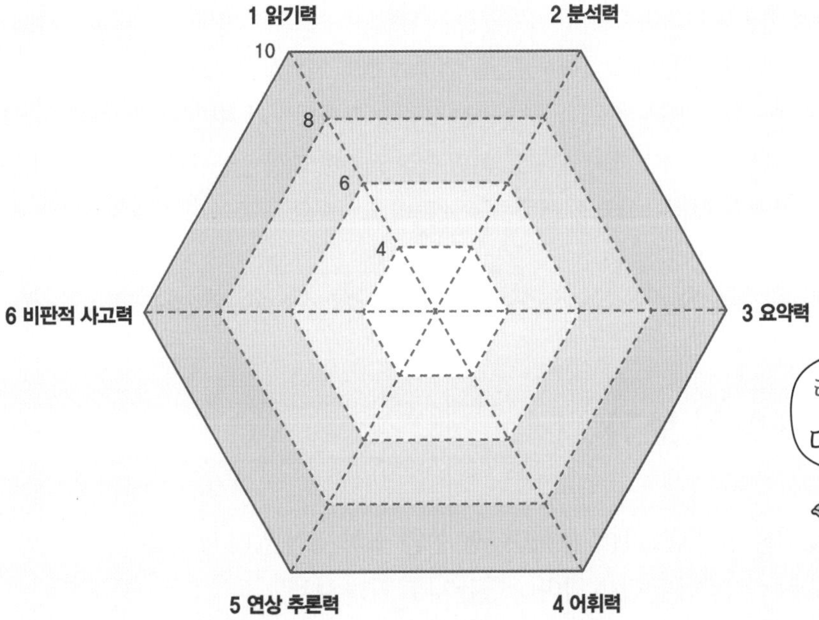

라인 사태에 대한 논의가 더 필요할 것 같아.

4. 【오피니언】 중국 직구 기사 난이도 ★

중국 직구
긍정적 vs 부정적

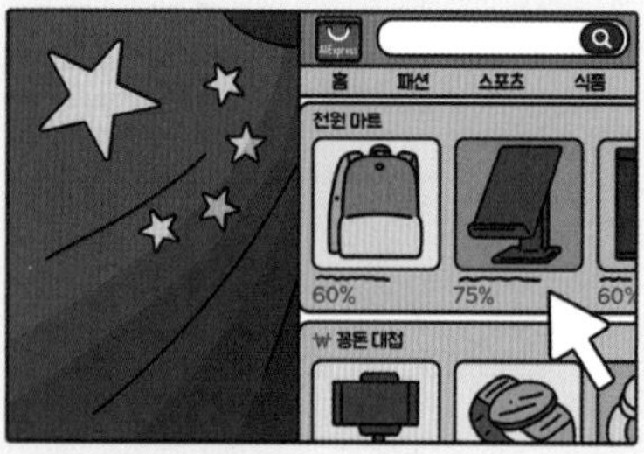

통계청에 따르면 2023년 9월 기준으로 관세청 개인 **통관** 고유 부호 누적 발급 건수는 2,400만 건이에요. 개인 통관 고유 부호는 인터넷을 통해 해외에서 물건을 직접 구매할 때 발급받는 부호예요. 우리나라 소비자의 해외 직구 거래액 중 중국의 비중이 점점 커지고 있어요.

저렴하고 다양한 물품이 가득해서 좋아

중국 직구는 소비자에게 긍정적으로 작용할 수 있어요. 무엇보다 중국 직구를 하면 다른 해외 직구에 비해 상품을 저렴하게 살 수 있거든요. 특히 청소년들을 대상으로 한 설문 조사에서 55%가 저렴한 가격 때문에 중국 직구를 선택한다고 답했을 정도로 가격 경쟁력이 뛰어나요. 다양한 상품이 많아 원하는 제품을 쉽게 찾을 수 있으며, 중국 직구 앱을 이용하면 간편하게 구입할 수 있다는 것도 한 이유이지요.

안전을 위협할 수 있어

하지만 부정적인 문제도 많아요. 중국 직구도 다른 해외 직구처럼 배송 시간이 길고, 교환이나 반품이 어려울 수 있어요. 가장 우려스러운 것은 국내 안전 기준을 충족하지 못하는 제품들이 많다는 거예요. 특히 어린이용품은 아이들의 건강과 안전에 직결되는 중요한 제품인데 어린이용품에서 **유해 물질**이 발견되는 사례가 **빈번**해요. 유해 물질은 건강을 크게 위협할 수 있어요.

중국 직구 제품을 구매할 때는 반드시 국내 안전 기준을 충족하는지 확인하고, 안전 인증 마크가 있는지 주의 깊게 살펴봐야 해요. 정부 당국도 해외 직구 제품에 대한 안전 관리와 검사를 **강화**하고 있지만, 소비자 스스로도 안전한 제품을 선택하는 노력이 필요해요.

1 또박또박 읽어 보기 읽기력

위의 기사를 밑줄 친 키워드에 집중하며 5분 동안 소리 내어 읽어 보세요.

읽으면서 모르는 어휘나 문장이 얼마나 있는지 표시해 보세요.

2 샤샤샥 팩트 체크 　　분석력

아래의 내용 중 맞는 것에는 ○, 틀린 것에는 ×표 해 보세요.

1 해외 직구는 해외 물건을 사는 것인데 구입이 매우 불편하다. ☐

2 모든 직구 제품들은 건강과 안전에 크게 관여하지 않는다. ☐

3 중국 직구 제품은 대체로 가격이 저렴하다. ☐

4 직구 제품 중 어린이용품에서 나쁜 물질이 발견되기도 했다. ☐

3 뚝딱 주제 정리 　　요약력

각각의 주장과 근거를 요약해 보세요.

주장 : 중국 직구는 소비자에게 (　　　　　　) 이다. **근거** : 중국 직구를 하면 (　　　　　　)하고 (　　　　　　) 물건을 살 수 있다.	**주장** : 중국 직구는 소비자에게 (　　　　　　) 이다. **근거** : 국내 안전 기준을 (　　　　　　)하지 못한 제품들도 있어서 (　　　　　　) 문제가 있다.

4 제대로 의미 알기 　　어휘력

다음 어휘의 뜻을 보고, 알맞은 말을 써 보세요.

어휘	뜻
① 통관	관세법에 따른 절차를 이행해 물품을 (ㅅ ㅊ), (ㅅ ㅇ), 반송하는 일
② 유해	(ㅎ ㄹ ㅇ)이 있음
③ 빈번	번거로울 정도로 거듭하는 (ㅎ ㅅ)가 잦음
④ 강화	(ㅅ ㄹ)이나 힘을 더 강하고 튼튼하게 함

5 번뜩 배경지식 활용

연상 추론력

다음 글을 읽고, 중국 직구에 대한 긍정과 부정 의견 중 어느 쪽이며 그 이유는 무엇인지 이야기해 보세요.

중국 플랫폼에서 판매 중인 어린이 머리띠에서 인체 발암 가능 물질이 270배 초과해서 검출되었어요. 서울시가 A와 B 플랫폼에서 판매 중인 어린이용 장신구 총 7개 제품을 검사한 결과, 머리띠 1개와 시계 1개에서 인체 발암 가능 물질인 프탈레이트계 가소제가 기준치의 최대 270배 초과해서 검출되었다고 해요.

6 이리저리 생각하기

비판적 사고력

중국 직구와 관련해서 이리저리 궁리해 볼까요?
두 가지 주제 중 하나를 골라 3줄 쓰기를 해 보세요. (이유나 예시도 2가지 이상 써 보세요.)

1 중국 직구는 긍정적인가요, 부정적인가요? 내 생각을 정리해 보아요.

2 중국 직구 등 해외의 물건을 바로 살 수 없다면 우리 생활에 어떤 변화가 생길지 상상해 보아요.

정답

2영역 ×, ×, ○, ○ **3영역** 긍정적, 저렴, 다양한, 부정적, 충족, 안전

4영역 ① 수출, 수입, ② 해로움, ③ 횟수, ④ 세력

5영역 부정 의견 / ㉮ 중국 직구 물품에서 발암 물질이 검출되어 안전을 위협할 수 있기 때문이다.

중국 직구

기사 내용에 대한 이해 수준을 스스로 점검해 보고 나의 육각형 읽기 능력을 알아봐!

▶1단계 나의 육각형 점수는?

영역	평가 기준	점수	내 점수는?
1 읽기력	이해 안 가는 어휘나 문장이 3개 이상 있어. 주제도 잘 모르겠어.	4점	
	전체적인 내용은 알겠는데, 이해 안 가는 부분이 있어.	6점	
	거의 이해했어. 이해 안 가는 부분은 앞뒤 문맥을 통해 파악했어.	8점	
	모든 어휘와 문장을 이해하고, 빠르게 읽었어.	10점	
2 분석력	힝. 1개 이하로 맞혔어.	4점	
	2개 맞혔어.	6점	
	3개 맞혔어.	8점	
	모두 다 맞혔어.	10점	
3 요약력	힝. 1개 이하로 맞혔어.	4점	
	2-3개 맞혔어.	6점	
	4-5개 맞혔어.	8점	
	모두 다 맞혔어.	10점	
4 어휘력	4개 중에 1개 이하로 알고 있어.	4점	
	4개 중에 2개 알고 있어.	6점	
	4개 중에 3개 알고 있어.	8점	
	모든 어휘의 뜻을 다 알고 있어.	10점	
5 연상 추론력	힝. 잘 모르겠어.	4점	
	뭔가 썼지만 아예 다른 답 같아.	6점	
	어느 정도 알고 있지만 설명은 잘 못했어.	8점	
	제시 글에 따라 설명을 잘했어.	10점	
6 비판적 사고력	잘 못하겠어.	4점	
	문장 말고 어휘 위주로 썼어.	6점	
	이유나 예시를 1개 정도 제시하여 문장을 잘 썼어.	8점	
	이유나 예시를 2개 이상 제시하여 문장을 잘 썼어.	10점	

▶2단계 나의 육각형 그리기!

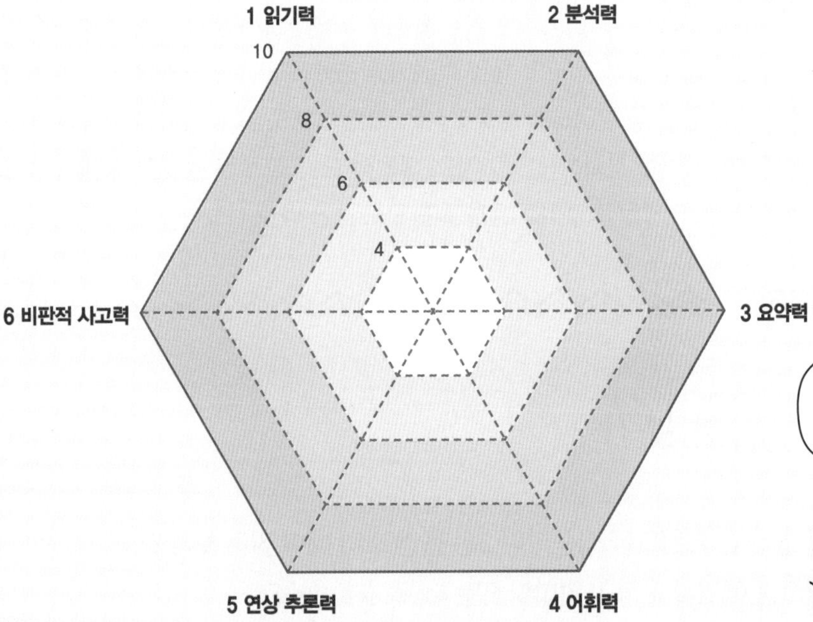

5. [오피니언] 비만 기사 난이도 ★★

비만의 원인
개인의 책임 vs 생물학적 요인

비만은 몸속에 지방 조직이 많은 것을 뜻해요. 세계 대전이 끝나고 식량이 풍부해지면서 비만이 문제가 되기 시작했고, 비만 인구는 전 세계적으로 증가하고 있어요. 비만은 이제 전 세계가 해결해야 할 숙제예요. 세계 비만 연맹은 2035년에 비만 인구가 19억 명으로 증가할 것으로 예상했어요. 비만은 개인의 관리 부족 문제일까요, 아니면 생물학적 **요인**에 의한 **만성** 질환일까요?

비만은 개인의 책임이야

비만은 잘못된 식습관과 운동 부족 등 개인의 관리 부족이 주된 원인이에요. 사람들은 편리한 패스트푸드와 불규칙적인 식사로 인해 영양소의 불균형이 초래되고, 운동 부족으로 인한 체중 증가를 **간과**하고 있어요. 이러한 것은 개인이 내린 결정의 결과이지요. 따라서 비만을 예방하고 치료하기 위해서는 개인의 노력, 즉 건강한 식단과 규칙적인 운동이 필수적이에요.

비만은 생물학적 요인에 의한 만성 질환이야

최근 새로운 약물이 개발되면서 비만이 생물학적 요인에 의한 만성 질환이라는 주장에 힘이 실리고 있어요. GLP-1 **계열** 비만 치료제는 뇌의 특정 부위에 작용해 포만감을 느끼게 해서 식사량을 줄이게 하는 등 식욕 억제를 돕고 체중 감소를 유도하지요. 개인의 게으름이나 잘못된 식습관으로 치부하는 것은 비만의 복잡한 원인을 간과하는 것이에요. 유전적 요인, 호르몬 불균형 등 개인이 통제할 수 없는 요소들이 비만에 크게 영향을 주기 때문에 질환으로 보고 약물 치료가 필요해요.

1 또박또박 읽어 보기

읽기력

위의 기사를 밑줄 친 키워드에 집중하며 5분 동안 소리 내어 읽어 보세요.
읽으면서 모르는 어휘나 문장이 얼마나 있는지 표시해 보세요.

2 샤샤샥 팩트 체크 분석력

아래의 내용 중 맞는 것에는 ○, 틀린 것에는 ×표 해 보세요.

1 2045년에 비만 인구가 25억 명이 될 것이다. ( )

2 비만은 확실히 개인의 관리 부족 때문이다. ( )

3 비만 치료제를 투여하면 식욕이 줄어든다. ( )

4 비만 인구는 점점 줄어들고 있다. ( )

3 뚝딱 주제 정리 요약력

각각의 주장과 근거를 요약해 보세요.

주장 : 비만은 ( )의 ( ) 이다. **근거** : 잘못된 식습관과 운동 ( ) 등에서 비롯된다.	**주장** : 비만은 ( ) 요인에 의한 만성 ( )이다. **근거** : 개인이 ( )할 수 없는 요소들이 비만에 크게 영향을 준다.

4 제대로 의미 알기 어휘력

어휘의 뜻을 연결시켜 보고, 비슷한 어휘를 줄로 이어 보세요.

어휘	뜻	비슷한 어휘
① 요인	⑤ 서로 관련 있거나 유사한 점이 있어서 한 갈래로 이어지는 계통이나 조직	㉠ 유형
② 만성	⑥ 큰 관심 없이 대강 보아 넘김	㉡ 외면
③ 간과	⑦ 사물이나 사건이 성립되는 까닭	㉢ 원인
④ 계열	⑧ 버릇이 되다시피 하여 쉽게 고쳐지지 않는 상태	㉣ 고질

5 번뜩 배경지식 활용

연상 추론력

다음 글을 읽고, 앞에 나온 기사의 주장 중 어느 쪽에 더 가깝고 그 이유는 무엇인지 이야기 해 보세요.

비만은 체내에 과다하게 많은 양의 지방이 쌓인 상태를 의미해요. 1996년 세계 보건 기구는 비만은 장기 치료가 필요한 질병으로 규정했어요. 비만 치료의 목적은 비만과 연관된 합병증을 예방, 치료하는 거예요. 비만은 대부분 유전적이거나 후천적 요인에 의해 발생하는 복합적 현상이에요. 비만은 다양한 질병을 가져오기 때문에 치료하는 것이 좋아요. 지방 분해 효소 억제제나 식욕 억제제 등의 약물 치료는 반드시 의사와 상의한 후에 안전하게 사용해야 해요.

6 이리저리 생각하기

비판적 사고력

비만과 관련해서 이리저리 궁리해 볼까요?
두 가지 주제 중 하나를 골라 3줄 쓰기를 해 보세요. (이유나 예시도 2가지 이상 써 보세요.)

1 비만은 개인의 책임일까요, 생물학적 요인에 의한 질환일까요? 내 생각을 정리해 보아요.
2 앞으로 비만 치료제의 개발로 우리 생활에 어떤 변화가 생길지 상상해 보아요.

정답

2영역 ×, ×, ○, ×　**3영역** 개인, 책임, 부족, 생물학적, 질환, 통제　**4영역** ①-⑦-㉢, ②-⑧-㉣, ③-⑥-㉡, ④-⑤-㉠
5영역 생물학적 요인에 의한 만성 질환 / ㉠ 비만의 원인을 복합적이라고 보고 의학적 치료가 필요하다고 말하고 있기 때문이다.

비만

기사 내용에 대한 이해 수준을 스스로 점검해 보고 나의 육각형 읽기 능력을 알아봐!

▶1단계 나의 육각형 점수는?

영역	평가 기준	점수	내 점수는?
1 읽기력	이해 안 가는 어휘나 문장이 3개 이상 있어. 주제도 잘 모르겠어.	4점	
	전체적인 내용은 알겠는데, 이해 안 가는 부분이 있어.	6점	
	거의 이해했어. 이해 안 가는 부분은 앞뒤 문맥을 통해 파악했어.	8점	
	모든 어휘와 문장을 이해하고, 빠르게 읽었어.	10점	
2 분석력	힝. 1개 이하로 맞혔어.	4점	
	2개 맞혔어.	6점	
	3개 맞혔어.	8점	
	모두 다 맞혔어.	10점	
3 요약력	힝. 1개 이하로 맞혔어.	4점	
	2-3개 맞혔어.	6점	
	4-5개 맞혔어.	8점	
	모두 다 맞혔어.	10점	
4 어휘력	8개 중에 1-2개만 알고 있어.	4점	
	8개 중에 절반 정도 알고 있어.	6점	
	8개 중에 1-2개 정도만 어렵고 거의 알고 있어.	8점	
	모든 어휘의 뜻을 다 알고 있어.	10점	
5 연상 추론력	힝. 잘 모르겠어.	4점	
	뭔가 썼지만 아예 다른 답 같아.	6점	
	어느 정도 알고 있지만 설명은 잘 못했어.	8점	
	제시 글에 따라 설명을 잘했어.	10점	
6 비판적 사고력	잘 못하겠어.	4점	
	문장 말고 어휘 위주로 썼어.	6점	
	이유나 예시를 1개 정도 제시하여 문장을 잘 썼어.	8점	
	이유나 예시를 2개 이상 제시하여 문장을 잘 썼어.	10점	

▶2단계 나의 육각형 그리기!

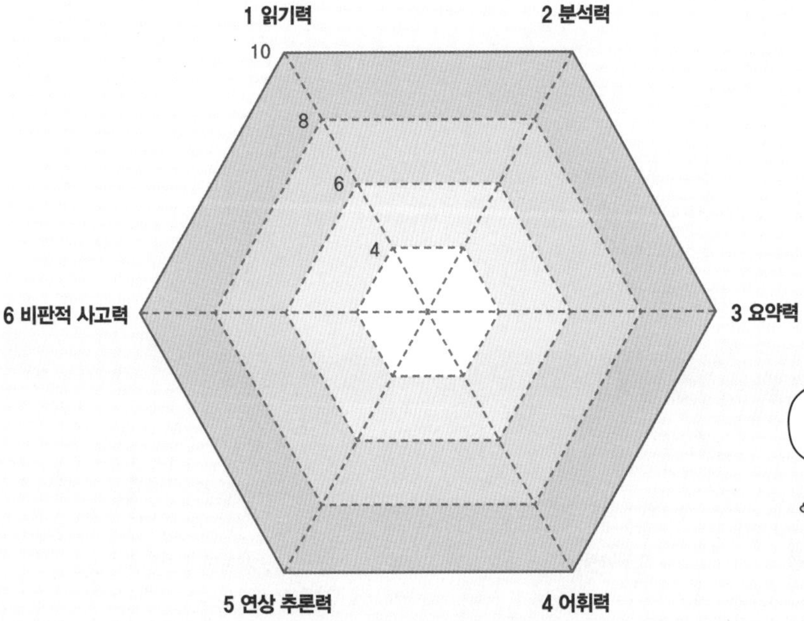

그림 **황대윤**

국민대학교에서 Meta일러스트레이션 석사 과정을 전공하였으며, 교육 분야의 출판물과 영상 매체에 일러스트레이션 작업을 하고 있습니다.

사진 제공 | 34쪽 46쪽 70쪽 108쪽 138쪽 142쪽 150쪽 158쪽 162쪽 166쪽 170쪽 178쪽 182쪽 186쪽 ©wikimedia commons
38쪽 ©클립아트코리아 100쪽 ©KAIST 전기 및 전자공학부 정재웅 교수 132쪽 ©경주시

육각형 신문 기사 읽기 1권

과학·기술·환경·오피니언

초판 1쇄 인쇄 2024년 11월 22일
초판 1쇄 발행 2024년 12월 6일

글 | 배혜림
그림 | 황대윤

발행인 | 손은진
개발 책임 | 김문주
개발 | 김숙영, 서은영, 민고은
디자인 | 이인희
마케팅 | 엄재욱, 김상민
제작 | 이성재, 장병미
발행처 | 메가스터디(주)
주소 | 서울시 서초구 효령로 304 국제전자센터 24층
대표전화 | 1661-5431
홈페이지 | http://www.megastudybooks.com
출판사 신고 번호 | 제2015-000159호
출간 제안/원고 투고 | 메가스터디북스 홈페이지 <투고 문의>에 등록

• **제품명** 육각형 신문 기사 읽기 1권
• **제조자명** 메가스터디㈜ • **제조년월** 판권에 별도 표기 • **제조국명** 대한민국 • **사용연령** 3세 이상
• **주소 및 전화번호** 서울시 서초구 효령로 304(서초동) 국제전자센터 24층 / 1661-5431